港澳台和海外华人学习普通话系列教材

XIN HANYU PUTONGHUA JIAOCHENG

新汉语普通话教程

谷向阳题

◎ 顾　问　张辉
◎ 总主编　何平　王静

读说篇

◎ 本册主编　张建华　郭书林

北京语言大学出版社
BEIJING LANGUAGE AND CULTURE UNIVERSITY PRESS

图书在版编目（CIP）数据

新汉语普通话教程. 读说篇. / 何平，王静主编；张建华，郭书林分册主编. — 北京：北京语言大学出版社，2014.7

ISBN 978-7-5619-3825-6

Ⅰ. ①新… Ⅱ. ①何… ②王… ③张… ④郭… Ⅲ. ①普通话—教材 Ⅳ. ①H102

中国版本图书馆 CIP 数据核字（2014）第 131397 号

书　　名：新汉语普通话教程　读说篇
责任编辑：吴　清　王　静
封面设计：冯志才
责任印制：姜正周

出版发行：北京语言大学出版社
社　　址：北京市海淀区学院路 15 号　　邮政编码：100083
网　　址：www.blcup.com
电　　话：发行部　010-82303650 / 3591 / 3651
编辑部　010-82303390
读者服务部　010-82303653 / 3908
网上订购电话　010-82303668
客户服务信箱　service@blcup.com
印　　刷：北京画中画印刷有限公司
经　　销：全国新华书店

版　　次：2014 年 7 月第 1 版　　2014 年 7 月第 1 次印刷
开　　本：889 毫米 ×1194 毫米　1/16　　印张：16.25
字　　数：430 千字
书　　号：ISBN 978-7-5619-3825-6 / H · 14089
定　　价：48.00 元

编写说明

一、教材编写缘由

中国经济实力的增强使“汉语热”频频升温，境外华人（包括港、澳、台及海外华人）学习汉语普通话的热情亦日益高涨，境内、境外各种普通话培训机构如雨后春笋般应运而生，同时也催生了普通话教材的编写及出版市场。但遗憾的是，除《普通话水平测试实施纲要》作为国家行政机构编制的权威材料常被用作普通话水平测试培训班的教材之外，迄今为止，影响力大、针对性强的系统性普通话教材鲜有问世，普通话教材现状满足不了普通话学习者及培训机构的强烈需求。

作为语言教学的汉语普通话教学，应从听、说、读、写四项语言技能全面培养入手，才能有效提高学习者的普通话综合运用能力。然而，纵观目前已出版的普通话教材，绝大部分为单本口语类教材，且缺乏系统性、层级性的教学设计，不能为有效提高学习者的普通话综合运用能力提供基础性保障。

北京语言大学汉语进修学院（2003 年之前名为“汉语学院”）自 1990 年起就开办针对港澳地区的普通话培训班。时至今日，学生已从最初仅来自港澳地区扩展至台湾地区及海外。学院的普通话教学水平及任课教师的专业素养早已在境外树立起良好的口碑，很多学生慕名前来学习普通话。早在上世纪 90 年代初，学院就组织力量编写、出版了系列普通话教材，一直沿用至今。但随着时间的推移，该教材已不能很好地满足现今的教学需求，急需更新。因此，普通话系列教材《新汉语普通话教程》不仅是北京语言大学普通话教学之需，更能服务于境内外广大普通话学习者及各种普通话教学机构。

二、教材适用对象

《新汉语普通话教程》主要针对港澳台普通话学习者及以汉语粤方言为母语的海外华人学习群体而编写，同时兼顾国内粤方言及其他汉语方言区的普通话学习者。

本套教材除用于课堂教学外，也适用于普通话自学者。

三、教材编写架构

《新汉语普通话教程》由北京语言大学富有普通话教学经验的资深教师编写，吸收了最新的普通话教学研究成果。本套教材包含“语音篇”、“听记篇”、“听说篇”、“读说篇”四册。其中“语音篇”是整套书的主干，“听记篇”、“听说篇”、“读说篇”则是围绕“语音篇”而展开的听、说、读、写四种语言技能的普通话训练，四册之间的内容密切相关，但又各自独立，是语音知识和语言技能训练并存、互补的普通话配套教材。本套教材各篇之间的关系见下图：

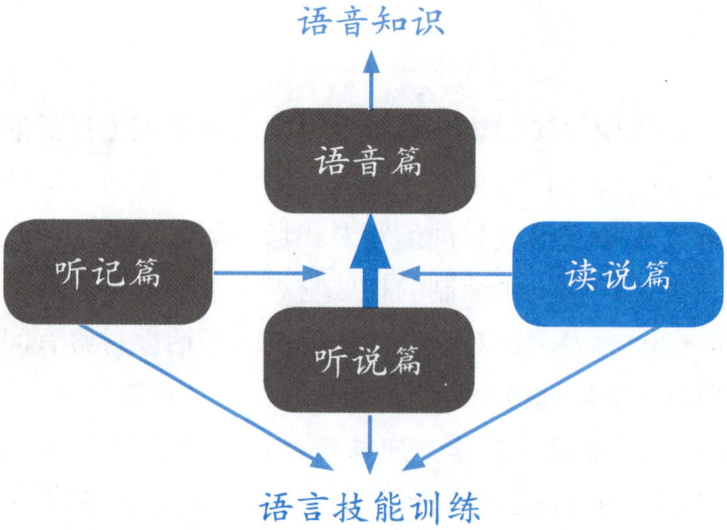

“语音篇”分语音知识和练习两大部分。语音知识是从母语为粤语的学习者学习普通话的难点出发，用简要、通俗的语言详尽地介绍普通话语音系统。通过大量的发音图，直观地展示普通话声韵调的发音部位、发音方法和发音过程，词语变读的发音特点和发音方法，重点提示可能产生的语音偏误，使学习者学习普通话的行为能够建立在理性分析基础之上；通过归纳的各种表格来帮助学习者总结学过的语音知识；还通过大量有针对性的练习，为学习者学习和掌握普通话的发音要领和普通话语感奠定扎实的基础。

“听记篇”把听和写两种语言技能贯穿于普通话知识的全过程，使学习者能尽快提高分辨难音、难词、难句的能力，提高拼写能力，为提升听、写普通话的能力奠定坚实的基础。本册设计的普通话与粤语词汇的互换练习，可以帮助学习者更快地掌握普通话。

“听说篇”把听和说两种语言技能贯穿于篇章的全过程，通过一个个有浓厚生活气息的小故事，使学习者可以迅速提高听辨句段的能力，提高朗读篇章的能力，为提升听普通话的能力而缩短学习时间，为提升说普通话的能力奠定一定的基础。本册设计的普通话词汇与粤语词汇的对比，可以帮助学习者更好地掌握普通话。

“读说篇”把读和说两种语言技能贯穿于篇章的全过程，也通过富有哲理、有生活气息的小故事，使学习者可以迅速提高朗读篇章的能力，提高成段表达的能力，为提升读、说普通话的语感而缩短学习进程。通过普通话与粤语词汇、语法的对比，可以帮助学习者了解普通话与粤语转换的规律，又快又好地掌握标准的普通话。下面是教材各篇的具体架构：

《语音篇》 何　平：语音知识 1 ～ 25 课 王　静：练习部分 1 ～ 25 课	共 25 课。 1 ～ 16 课：语音知识主要介绍普通话的声韵调。 发音练习和综合练习是针对声韵调而设计的。 17 ～ 25 课：语音知识主要介绍普通话音节、词语变读和语调。 发音和综合练习是针对音节、变读和语调而设计的。
《听记篇》 高小丽：1 ～ 13 课、25 课 王　磊：14 ～ 24 课、25 课	共 25 课。 1 ～ 13 课："听"和"写"普通话的声母和韵母。 14 ～ 25 课："听"和"写"普通话的音节、词语变读和语调。
《听说篇》 刘　烨：1 ～ 12 课、25 课 王　瑞：13 ～ 24 课	共 25 课。 "听"普通话的篇章，"说"与之相关的话题。 是"听"普通话的篇章，"说"与之相关的话题。
《读说篇》 张建华：1 ～ 12 课、25 课 郭书林：13 ～ 24 课、25 课	共 25 课。"读"普通话的篇章，"说"与之有关的话题。

四、教材使用说明

《新汉语普通话教程》是一套普通话系列强化教材，各篇的课文与练习并重。使用者可根据教学时间及学习者的普通话起点水平，任意选择或组合各篇开始学习。针对《新汉语普通话教程》使用者的不同学习时间及不同普通话起点水平，本系列教材设计了以下四种不同的普通话课堂教学方案。

方案一：

这一方案适用于学完基础班（12 周）后，又继续学完提高班（5 周）的普通话课堂教学安排。具体安排见下表：

	语音篇 （1 ～ 16 课）	听记篇 （1 ～ 13 课）		
第一周 第二周 第三周 第四周 第五周	一周 10 课时（两天一课）50 课时完成 13 课	一周 10 课时（两天一课）50 课时完成 13 课		

	语音篇（17 ~ 25 课）	听记篇（14 ~ 25 课）	听说篇（1 ~ 12 课）	
第六周	一周 10 课时（两天一课），60 课时完成 12 课（包括复习）。	一周 6 课时（三天两课），36 课时完成 12 课。	一周 4 课时（一天一课），24 课时完成 12 课。	
第七周				
第八周				
第九周				
第十周				
第十一周				
第十二周	考试			
			听说篇（13 ~ 25 课）	读说篇
第一周			一周 8 课时（三天两课），18 天 36课时上完12课。	一周 12 课时（周一至周四，一天一课；周五一课，包括复习）。56 课（24 天）时完成 24 课
第二周				
第三周				
第四周				
第五周				
备注			最后两天一天总复习，一天考试。	最后一天考试。

学习者经过 17 周普通话课堂的教学，可以完成《新汉语普通话教程》各篇的学习。普通话的声韵调发音基本标准，语调比较自然，表达比较准确、流畅，可以运用普通话进行朗读和交谈。若再经过一段时间普通话水平测试的培训，便可以顺利地通过普通话水平测试，并获得理想的成绩。

方案二：

这一方案适用于 20 周的普通话课堂教学安排。具体安排见下表：

	语音篇	听记篇
第一周	10 周 100 课时（两天一课），50 天完成 25 课。	10 周 100 课时（两天一课），50 天完成 25 课。
第二周		
第三周		
第四周		
第五周		
第六周		
第七周		
第八周		
第九周		
第十周		

<table>
<tr><th></th><th>听说篇</th><th>读说篇</th></tr>
<tr><td>第十一周</td><td rowspan="8">10 周 100 课时（两天一课），50 天完成 25 课。</td><td rowspan="8">10 周 100 课时（两天一课），50 天完成 25 课。</td></tr>
<tr><td>第十二周</td></tr>
<tr><td>第十二周</td></tr>
<tr><td>第十三周</td></tr>
<tr><td>第十四周</td></tr>
<tr><td>第十五周</td></tr>
<tr><td>第十六周</td></tr>
<tr><td>第十七周</td></tr>
<tr><td>第十八周</td><td rowspan="3"></td><td rowspan="3"></td></tr>
<tr><td>第十九周</td></tr>
<tr><td>第二十周</td></tr>
<tr><td>备注</td><td>最后一天考试（第二十五课的总复习可上可不上）。</td><td>最后一天考试（第二十五课的总复习可上可不上）。</td></tr>
</table>

学习者经过 20 周普通话课堂的教学，可以完成《新汉语普通话教程》各篇的学习。普通话声韵调的发音标准，语调比较自然，表达比较准确、流畅，可以比较自如地运用普通话进行朗读和交谈。若再经过一段时间普通话水平测试的培训，便可以顺利地通过普通话水平测试，并获得理想的成绩。

方案三：

这一方案适用于基础班（5 周）的普通话课堂教学安排。具体安排见下表：

<table>
<tr><th></th><th>语音篇</th><th>听记篇</th></tr>
<tr><td>第一周</td><td rowspan="5">一周 10 课时（一天一课），25 天完成 25 课。</td><td rowspan="5">一周 10 课时（一天一课），25 天完成 25 课。</td></tr>
<tr><td>第二周</td></tr>
<tr><td>第三周</td></tr>
<tr><td>第四周</td></tr>
<tr><td>第五周</td></tr>
<tr><td>备注</td><td></td><td>最后一天考试（第二十五课的总复习可上可不上）。</td></tr>
</table>

这是专为没有普通话基础或普通话基础薄弱的学习者设计的普通话课堂教学安排。在 5 周的时间内，通过“语音篇”和“听记篇”的配合使用，可以为学习者打下良好的普通话基础，为进一步提高普通话的综合运用能力做好准备。

方案四：

这一方案适用于提高班（5 周）的普通话课堂教学安排。具体安排见下表：

	听说篇	读说篇
第一周 第二周 第三周 第四周 第五周	一周 10 课时（一天一课），25 天完成 25 课。	一周 10 课时（一天一课），25 天完成 25 课。
备注	最后一天考试（第二十五课的总复习可上可不上）。	最后一天考试（第二十五课的总复习可上可不上）。

这是为有了一定普通话基础的学习者安排的普通话课堂教学。通过 5 周的学习，学习者可以迅速提高普通话水平，声韵调发音标准，语调自然，表达准确、流畅，可以自如地运用普通话进行朗读和交谈，为参加普通话水平测试做好准备。

本套教材附有录音文本和部分练习答案，供教师和学生参考；还配有用标准的普通话录制的光盘，供学习者模仿练习。

北京语言大学张辉副教授作为顾问一直关注这套书的编写和出版，在此表示衷心的感谢。书名由北京大学教授、中国楹联学会副会长兼楹联书法艺术委员会主任谷向阳先生题写，对谷向阳先生和北京语言大学何惠琴女士、北京语言大学出版社王静编辑为本书的出版所给予的大力支持和帮助，也表示深深的感谢。

目 录

第一课

○主课文

二手房里的低碳技术

我有个80平方米的小屋，里面包含了多种低碳技术，
Wǒ yǒu ge bāshí píngfāngmǐ de xiǎo wū, lǐmiàn bāohánle duō zhǒng dītàn jìshù,
整个小屋的材料费仅花了1万元左右，就实现了地面、墙
zhěnggè xiǎo wū de cáiliàofèi jǐn huāle yīwàn yuán zuǒyòu, jiù shíxiànle dìmiàn、qiáng-
面、内门、暖气的全面更新。
miàn、nèimén、nuǎnqì de quánmiàn gēngxīn.

我的小屋是二手房。我采用了简单的沙子打磨技术，将
Wǒ de xiǎo wū shì èrshǒufáng. Wǒ cǎiyòngle jiǎndān de shāzi dǎmó jìshù, jiāng
原有的实木地板表面磨掉，让地板呈现出木头自身漂
yuán yǒu de shímù dìbǎn biǎomiàn módiào, ràng dìbǎn chéngxiàn chū mùtou zìshēn piào-
亮的纹路，然后刷上清漆，使老木板焕然一新，而且花费很
liang de wénlù, ránhòu shuāshàng qīngqī, shǐ lǎo mùbǎn huànrán-yīxīn, érqiě huāfèi hěn
低。这种实木地板打磨再生的价钱只有1000元左右。
dī. Zhè zhǒng shímù dìbǎn dǎmó zàishēng de jiàqián zhǐyǒu yīqiān yuán zuǒyòu.

在墙面装修、翻新时，我加入了一层相变材料，能
Zài qiángmiàn zhuāngxiū、fānxīn shí, wǒ jiārùle yī céng xiàngbiàn cáiliào, néng
调节室内温度，将温度保持在15度至25度左右。墙面
tiáojié shìnèi wēndù, jiāng wēndù bǎochí zài shíwǔ dù zhì èrshíwǔ dù zuǒyòu. Qiángmiàn
"变身"成空调，即使是夏天也不用开空调，同时节省
"biànshēn" chéng kōngtiáo, jíshǐ shì xiàtiān yě bùyòng kāi kōngtiáo, tóngshí jiéshěng
的能源很可观。
de néngyuán hěn kěguān.

在房间里把暖气巧妙地隐藏在踢脚线、门窗框内，
Zài fángjiān li bǎ nuǎnqì qiǎomiào de yǐncáng zài tījiǎoxiàn、mén-chuāngkuàng nèi,
不但能让房间显得宽敞，而且还能形成"空气幕"。暖
bùdàn néng ràng fángjiān xiǎnde kuānchang, érqiě hái néng xíngchéng "kōngqìmù". Nuǎn-
气"隐身"不仅省能耗，而且对流效果、散热性能更好，还
qì "yǐnshēn" bùjǐn shěng nénghào, érqiě duìliú xiàoguǒ、sàn rè xìngnéng gèng hǎo, hái
可以节省30%至50%的能耗。
kěyǐ jiéshěng bǎi fēn zhī sānshí zhì bǎi fēn zhī wǔshí de nénghào.

因此，应该说“低碳”并不是靠节约，而是靠技术。我们只
Yīncǐ, yīnggāi shuō “dītàn” bìng bù shì kào jiéyuē, ér shì kào jìshù. Wǒmen zhǐ
需稍加创新，低碳效果就很明显，花费也不多，就能在
xū shāo jiā chuàngxīn, dītàn xiàoguǒ jiù hěn míngxiǎn, huāfèi yě bù duō, jiù néng zài
用科技节约能源的同时，提高我们的生活质量。
yòng kējì jiéyuē néngyuán de tóngshí, tígāo wǒmen de shēnghuó zhìliàng.

读重点词语

1. 小屋 (xiǎo wū)	2. 包含 (bāohán)	3. 低碳 (dītàn)
4. 技术 (jìshù)	5. 整个 (zhěnggè)	6. 材料费 (cáiliàofèi)
7. 左右 (zuǒyòu)	8. 实现 (shíxiàn)	9. 地面 (dìmiàn)
10. 墙面 (qiángmiàn)	11. 内门 (nèimén)	12. 暖气 (nuǎnqì)
13. 更新 (gēngxīn)	14. 二手房 (èrshǒufáng)	15. 采用 (cǎiyòng)
16. 沙子 (shāzi)	17. 打磨 (dǎmó)	18. 实木地板 (shímù dìbǎn)
19. 呈现 (chéngxiàn)	20. 漂亮 (piàoliang)	21. 纹路 (wénlù)
22. 清漆 (qīngqī)	23. 焕然一新 (huànrán-yīxīn)	24. 再生 (zàishēng)
25. 价钱 (jiàqián)	26. 装修 (zhuāngxiū)	27. 翻新 (fānxīn)
28. 加入 (jiārù)	29. 相变 (xiàngbiàn)	30. 调节 (tiáojié)
31. 温度 (wēndù)	32. 保持 (bǎochí)	33. 变身 (biànshēn)
34. 空调 (kōngtiáo)	35. 即使 (jíshǐ)	36. 夏天 (xiàtiān)
37. 节省 (jiéshěng)	38. 能源 (néngyuán)	39. 可观 (kěguān)
40. 巧妙 (qiǎomiào)	41. 隐藏 (yǐncáng)	42. 踢脚线 (tījiǎoxiàn)
43. 门窗框 (mén-chuāngkuàng)	44. 宽敞 (kuānchang)	45. 形成 (xíngchéng)
46. 空气幕 (kōngqìmù)	47. 能耗 (nénghào)	48. 效果 (xiàoguǒ)
49. 散热 (sàn rè)	50. 性能 (xìngnéng)	51. 创新 (chuàngxīn)
52. 科技 (kējì)	53. 提高 (tígāo)	54. 质量 (zhìliàng)

■ 读句子

1. 我 有 个 80 平方米 的 小 屋，里面 包含了 多 种 低碳 技术。
Wǒ yǒu ge bāshí píngfāngmǐ de xiǎo wū, lǐmiàn bāohánle duō zhǒng dītàn jìshù.

2. 整个 小 屋 的 材料费 仅 花了 1万 元 左右。
Zhěnggè xiǎo wū de cáiliàofèi jǐn huāle yīwàn yuán zuǒyòu.

3. 实现了 地面、 墙面、 内门、 暖气 的 全面 更新。
Shíxiànle dìmiàn、qiángmiàn、nèimén、nuǎnqì de quánmiàn gēngxīn.

4. 让 地板 呈现 出 木头 自身 漂亮 的 纹路，然后 刷上 清漆，使 老 木板 焕然一新。
Ràng dìbǎn chéngxiàn chū mùtou zìshēn piàoliang de wénlù, ránhòu shuāshàng qīngqī, shǐ lǎo mùbǎn huànrán-yīxīn.

5. 墙面 “变身” 成 空调，即使 是 夏天 也 不用 开 空调。
Qiángmiàn “biànshēn” chéng kōngtiáo, jíshǐ shì xiàtiān yě bùyòng kāi kōngtiáo.

6. 在 房间 里 把 暖气 巧妙 地 隐藏 在 踢脚线、 门窗框 内。
Zài fángjiān li bǎ nuǎnqì qiǎomiào de yǐncáng zài tījiǎoxiàn、mén-chuāngkuàng nèi.

7. 不但 能 让 房间 显得 宽敞，而且 还 能 形成 “空气幕”。
Bùdàn néng ràng fángjiān xiǎndé kuānchang, érqiě hái néng xíngchéng “kōngqìmù”.

8. 暖气 “隐身”不仅 省 能耗，而且 对流 效果、散 热 性能 更 好。
Nuǎnqì “yǐnshēn” bùjǐn shěng nénghào, érqiě duìliú xiàoguǒ、sàn rè xìngnéng gèng hǎo.

9. 因此，应该 说 “低碳” 并 不是 靠 节约，而是 靠 技术。
Yīncǐ, yīnggāi shuō “dītàn” bìng bù shì kào jiéyuē, ér shì kào jìshù.

10. 我们 只 需 稍 加 创新，就 能 在 用 科技 节约 能源 的 同时，提高 生活 质量。
Wǒmen zhǐ xū shāo jiā chuàngxīn, jiù néng zài yòng kējì jiéyuē néngyuán de tóngshí, tígāo shēnghuó zhìliàng.

读会话

小　张： Xiǎo Zhāng：	听说你最近用低碳技术装修了二手房，是吗？ Tīngshuō nǐ zuìjìn yòng dītàn jìshù zhuāngxiūle èrshǒufáng，shì ma？
小　李： Xiǎo Lǐ：	可不是。真是又好又便宜。你想知道，那我跟你说说。 Kě bù shì. Zhēn shì yòu hǎo yòu piányi. Nǐ xiǎng zhīdào，nà wǒ gēn nǐ shuōshuo.
小　张： Xiǎo Zhāng：	好啊！我最想知道的是实木地板，你是怎么装修的？ Hǎo a！Wǒ zuì xiǎng zhīdào de shì shímù dìbǎn，nǐ shì zěnme zhuāngxiū de？
小　李： Xiǎo Lǐ：	我用打磨再生的技术，让地板现出本色，再刷一层清漆，就跟新的一样，别提多棒了。 Wǒ yòng dǎmó zàishēng de jìshù，ràng dìbǎn xiànchū běnsè，zài shuā yī céng qīngqī，jiù gēn xīn de yīyàng，biétí duō bàng le.
小　张： Xiǎo Zhāng：	那么空调是怎么处理的？ Nàme kōngtiáo shì zěnme chǔlǐ de？
小　李： Xiǎo Lǐ：	不装空调。我把墙面“变身”成空调后，就是夏天也用不着开空调了。 Bù zhuāng kōngtiáo. Wǒ bǎ qiángmiàn “biànshēn” chéng kōngtiáo hòu，jiùshì xiàtiān yě yòng bu zháo kāi kōngtiáo le.
小　张： Xiǎo Zhāng：	真不错。还有什么？ Zhēn bùcuò. Hái yǒu shénme？
小　李： Xiǎo Lǐ：	我还把暖气隐藏在踢脚线、门窗框内，房间就显得很宽敞，空气对流效果特别好。 Wǒ hái bǎ nuǎnqì yǐncáng zài tījiǎoxiàn、mén-chuāngkuàng nèi，fángjiān jiù xiǎnde hěn kuānchang，kōngqì duìliú xiàoguǒ tèbié hǎo.
小　张： Xiǎo Zhāng：	现在我明白了，“低碳”不是靠节约，而是靠技术，对不对？ Xiànzài wǒ míngbai le，“dītàn” bù shì kào jiéyuē，ér shì kào jìshù，duì bu duì？
小　李： Xiǎo Lǐ：	太对了。我们只要稍加创新，低碳效果就很明显，而且装修费也不贵，80平方米的屋子，我才花了1万多块钱，就全搞定了。 Tài duì le。Wǒmen zhǐyào shāo jiā chuàngxīn，dītàn xiàoguǒ jiù hěn míngxiǎn，érqiě zhuāngxiūfèi yě bù guì，bāshí píngfāngmǐ de wūzi，wǒ cái huāle yīwàn duō kuài qián，jiù quán gǎodìng le.
小　张： Xiǎo Zhāng：	那我回去把刚买的房子也“低碳”一回吧。 Nà wǒ huíqù bǎ gāng mǎi de fángzi yě “dītàn” yī huí ba.

表达练习

1. 复述课文

词语提示：

小屋	低碳	材料费	更新	二手房	打磨	实木	清漆	焕然一新	
花费	墙面	装修	翻新	相变	调节	空调	节省	能源	暖气
隐藏	空气幕	能耗	散热性	节约	创新	能源	生活	质量	

2. 谈谈你对低碳生活的看法

提示：

"低碳生活"，是指尽量减少人们生活作息时所消耗的能量，从而降低碳、特别是二氧化碳的排放量，减少对大气的污染，阻止生态恶化。近几年来，人们就如何"低碳"提出了诸如节约用水、节约用电、简单生活等许多倡议。

普通话与粤语对比

（一）日常用语——称谓

请读与粤语对应的普通话词语

普通话	粤语
公公	家公 / 老爷
婆婆	家婆 / 奶奶
奶奶	嫲嫲
哥哥	哥哥 / 亚哥
小叔子	叔仔

普通话	粤语
舅舅	舅父
舅妈	妗母
嫂子	亚嫂
男孩儿	男仔
女孩儿	女仔

（二）词的分类——代词

普通话中指示代词最基本的构成有两种：近指的"这"和远指的"那"，其他指示代词基本上是由这两个词派生出来的。例如："这儿、这里"；"那儿、那里"。而粤语中的指示代词最基本的构成是"呢"和"嗰"，其他基本上也是由这两个词派生出来的。例如："呢道、嗰道""呢啲、嗰啲"等。可以看出，粤语指示代词与普通话不同，但是构成句子的方式却很相近，例如，粤语的"你系邉个？"汉语普通话要说"你是谁？"。

1. 请读与粤语对应的普通话词语

普通话 —— 粤语	普通话 —— 粤语
我们 —— 我哋	这 —— 呢
他们 —— 佢哋	那 —— 嗰
人家 —— 人哋	那些 —— 嗰的
人们 —— 啲人	那天 —— 嗰日
他们俩 —— 佢两个	那儿 —— 嗰度
这个 —— 呢个	哪儿 —— 边度

2. 请把下面的粤语句子翻译成普通话句子，然后写在横线上

（1）点话点好喇。 ______
（2）搅成点呀？ ______
（3）好似佢咁点得？ ______
（4）使乜咁紧张喎。 ______
（5）佢行得咁快嘅！ ______

○副课文

期盼春天

在一个明媚的春天里，爷爷带着小孙女，走到一片树林
Zài yī ge míngmèi de chūntiān li，yéye dàizhe xiǎo sūnnü，zǒudào yī piàn shùlín

里。小孙女用小手指指着树干上一个个的结说：“为什
li. Xiǎo sūnnü yòng xiǎo shǒuzhǐ zhǐzhe shùgàn shang yī gègè de jié shuō：“Wèi shén-

么树会长眼睛？”爷爷很认真地想了想，说：“冬天，
me shù huì zhǎng yǎnjing？”Yéye hěn rènzhēn de xiǎngle xiǎng，shuō：“Dōngtiān，

有些人砍下树枝后走了，于是在树的伤口处就长出了眼
yǒuxiē rén kǎnxià shùzhī hòu zǒu le，yúshì zài shù de shāngkǒu chù jiù zhǎngchūle yǎn-

睛。”“树长眼睛是为了流眼泪吗？”小孙女接着又问。“不是，
jing.”“Shù zhǎng yǎnjing shì wèile liú yǎnlèi ma？”Xiǎo sūnnü jiēzhe yòu wèn. “Bù shì，

树长眼睛是在期盼着春天早点儿到来。”“春天是它们盼
shù zhǎng yǎnjing shì zài qīpànzhe chūntiān zǎo diǎnr dàolái.”“Chūntiān shì tāmen pàn-

来的吗？”小孙女继续追问。“是啊，即使是再深的伤口，只要
lái de ma？”Xiǎo sūnnü jìxù zhuīwèn. “Shì a，jíshǐ shì zài shēn de shāngkǒu，zhǐyào

长出 一 双 期盼 春天 的 眼睛，它 就 一定 会 拥有 一 个 美好
zhǎngchū yī shuāng qīpàn chūntiān de yǎnjing，tā jiù yīdìng huì yōngyǒu yī ge měihǎo
的 明天。”
de míngtiān.”

读词语

1. 请跟读与第一声相连的词语

chūntiān（春天）	dōngtiān（冬天）	dāngrán（当然）
yōngyǒu（拥有）	shāngkǒu（伤口）	zhuīwèn（追问）
qīpàn（期盼）		

2. 请跟读第二声和与第二声相连的词语

jié（结）	míngtiān（明天）	jíshǐ（即使）
míngmèi（明媚）	yúshì（于是）	liú yǎnlèi（流眼泪）

3. 请跟读与第三声相连的词语

xiǎo shǒuzhǐ（小手指）	měihǎo（美好）	zhǎngchū（长出）
yǒu rén（有人）	yǎnlèi（眼泪）	zǒudào（走到）
zhǐyào（只要）	kǎnxià（砍下）	

4. 请跟读与第四声相连的词语

jiù huì（就会）	jìxù（继续）	shùgàn（树干）
pàn chūn（盼春）	shùzhī（树枝）	rènzhēn（认真）
zài shēn（再深）	shùlín（树林）	dàolái（到来）

5. 请跟读与“一”相连的词语

yí piàn（一片）	yídìng（一定）	yí ge（一个）
yíyàng（一样）	yí gègè（一个个）	yì shuāng（一双）

6. 请跟读与“不”相连的词语

bú shì（不是）		

7. 请跟读轻声词

sūnnü（孙女）	jiēzhe（接着）	tāmen（它们）

yéye （爷爷）	xǐhuan （喜欢）	yǎnjing （眼睛）
zhǐzhe （指着）	zǒule （走了）	xiǎngle （想了）
zhǎng yǎnjing （长眼睛）	xiǎo sūnnü （小孙女）	wèile （为了）
wèi shénme （为什么）	shùgàn shang （树干上）	

8. 请跟读儿化词

zǎo diǎnr （早点儿）		

9. 请跟读带语气词“啊”的语句

shì ra （是啊）		

读句子

1. 在 一个 明媚 的 春天 里，爷爷 带着 小 孙女，走到 一 片 树林 里。
Zài yī ge míngmèi de chūntiān li，yéye dàizhe xiǎo sūnnü，zǒudào yī piàn shùlín li.

2. 为 什么 树 会 长 眼睛？
Wèi shénme shù huì zhǎng yǎnjing？

3. 爷爷 很 认真 地 想了 想。
Yéye hěn rènzhēn de xiǎngle xiǎng.

4. 于是 在 树 的 伤口 处 就 长出了 眼睛。
Yúshì zài shù de shāngkǒu chù jiù zhǎngchūle yǎnjing.

5. 树 长 眼睛 是 为了 流 眼泪 吗？
Shù zhǎng yǎnjing shì wèile liú yǎnlèi ma？

6. 不 是，树 长 眼睛 是 在 期盼着 春天 早 点儿 到来。
Bù shì，shù zhǎng yǎnjing shì zài qīpànzhe chūntiān zǎo diǎnr dàolái.

7. 春天 是 它们 盼来 的 吗？
Chūntiān shì tāmen pànlái de ma？

8. 即使 是 再 深 的 伤口， 只要 长出 一 双 期盼 春天 的 眼睛，它 就 一定 会 拥有 一个 美好 的 明天。
Jíshǐ shì zài shēn de shāngkǒu，zhǐyào zhǎngchū yī shuāng qīpàn chūntiān de yǎnjing，tā jiù yīdìng huì yōngyǒu yī ge měihǎo de míngtiān.

读会话

孙女： Sūnnü：	树 上 怎么 会 有 那么 多 眼睛？ Shù shang zěnme huì yǒu nàme duō yǎnjing？
爷爷： Yéye：	那 是 冬天 有 人 砍下 树枝 留下 的 结。 Nà shì dōngtiān yǒu rén kǎnxià shùzhī liúxià de jié.
孙女： Sūnnü：	树 长 眼睛 是 为了 流泪 吗？ Shù zhǎng yǎnjing shì wèile liúlèi ma？
爷爷： Yéye：	不 是，是 期盼着 春天 早 点儿 到来。 Bù shì，shì qīpànzhe chūntiān zǎo diǎnr dàolái.
孙女： Sūnnü：	它们 喜欢 春天 吗？ Tāmen xǐhuan chūntiān ma？
爷爷： Yéye：	当然，春天 来 了，它们 就 会 长出 新 的 嫩芽。 Dāngrán，chūntiān lái le，tāmen jiù huì zhǎngchū xīn de nènyá.
孙女： Sūnnü：	我 和 它们 一样，都 爱 春天。 Wǒ hé tāmen yīyàng，dōu ài chūntiān.
爷爷： Yéye：	是 啊，春天 会 给 我们 每 一 个 人 带来 惊喜 和 快乐！ Shì a，chūntiān huì gěi wǒmen měi yī ge rén dàilái jīngxǐ hé kuàilè！

表达练习

1. 复述课文

词语提示：

春天　爷爷　小孙女　树干　长　眼睛　砍下　伤口　期盼　即使
一双　一定　拥有

2. 谈谈关于环境保护的问题

提示：

可以从污水的处理、垃圾的处理，使用环保购物袋，如何才能减少白色污染等方面来谈。

第二课

○主课文

限行后的拥堵

北京市有关部门近日公布，北京机动车尾号限行措施
Běijīng Shì yǒuguān bùmén jìnrì gōngbù，Běijīng jīdòngchē wěihào xiànxíng cuòshī
要继续延续下去。零点调查公司的调查数据显示，对限行
yào jìxù yánxù xiaqu. Língdiǎn Diàochá Gōngsī de diàochá shùjù xiǎnshì，duì xiànxíng
当日有车市民如何出行，40%的有车市民选择公
dāngrì yǒu chē shìmín rúhé chūxíng，bǎi fēn zhī sìshí de yǒu chē shìmín xuǎnzé gōng-
交车出行，12.1%的有车市民选择地铁出行。
jiāochē chūxíng，bǎi fēn zhī shí'èr diǎn yī de yǒu chē shìmín xuǎnzé dìtiě chūxíng.

某公司职员王兵在妻子怀孕后下决心买了一辆车。
Mǒu gōngsī zhíyuán Wáng Bīng zài qīzi huáiyùn hòu xià juéxīn mǎile yī liàng chē.
“北京的地铁实在太挤了，别说妇女和儿童，我早上也常常
“Běijīng de dìtiě shízài tài jǐ le，biéshuō fùnǚ hé értóng，wǒ zǎoshang yě chángcháng
挤不上去呢！”虽然有了自己的车，但王兵还是被拥堵的交
jǐ bu shangqu ne！” Suīrán yǒule zìjǐ de chē，dàn Wáng Bīng háishi bèi yōngdǔ de jiāo-
通折磨着。“我们公司在东四环外，每天九点上班，但
tōng zhémózhe. “Wǒmen gōngsī zài Dōngsìhuán wài，měi tiān jiǔ diǎn shàngbān，dàn
我六点半就得出门。要是七点后出发，那九点半都未必
wǒ liù diǎn bàn jiù děi chūmén. Yàoshi qī diǎn hòu chūfā，nà jiǔ diǎn bàn dōu wèibì
能到。不论走哪条路，都太堵了。晚上下班也一样，我必须
néng dào. Bùlùn zǒu nǎ tiáo lù，dōu tài dǔ le. Wǎnshang xiàbān yě yīyàng，wǒ bìxū
要躲过高峰时段才能开车回家。刚限号那一阵儿路上
yào duǒguò gāofēng shíduàn cái néng kāichē huíjiā. Gāng xiànhào nà yīzhènr lùshang
确实好走，但是现在又堵了。”
quèshí hǎo zǒu，dànshì xiànzài yòu dǔ le.”

在公交依旧不能提供便捷出行的背景下，2012年
Zài gōngjiāo yījiù bù néng tígōng biànjié chūxíng de bèijǐng xià，èr líng yī èr nián
2月，北京的机动车保有量突破了500万大关，达到
èr yuè，Běijīng de jīdòngchē bǎoyǒuliàng tūpòle wǔbǎi wàn dàguān，dádào
501.7万辆。
wǔbǎi líng yī diǎn qī wàn liàng.

可见，限行并不是北京解决交通拥堵的唯一途径，大力
Kějiàn，xiànxíng bìng bù shì Běijīng jiějué jiāotōng yōngdǔ de wéiyī tújìng，dàlì

发展　　公共　　交通　才是　根本　出路。
fāzhǎn gōnggòng jiāotōng cái shì gēnběn chūlù.

读重点词语

1. 部门 (bùmén)	2. 公布 (gōngbù)	3. 机动车 (jīdòngchē)
4. 尾号 (wěihào)	5. 限行 (xiànxíng)	6. 措施 (cuòshī)
7. 延续 (yánxù)	8. 零点 (língdiǎn)	9. 调查 (diàochá)
10. 公司 (gōngsī)	11. 数据 (shùjù)	12. 显示 (xiǎnshì)
13. 当日 (dāngrì)	14. 市民 (shìmín)	15. 出行 (chūxíng)
16. 选择 (xuǎnzé)	17. 公交 (gōngjiāo)	18. 地铁 (dìtiě)
19. 职员 (zhíyuán)	20. 妻子 (qīzi)	21. 怀孕 (huáiyùn)
22. 决心 (juéxīn)	23. 妇女 (fùnǚ)	24. 儿童 (értóng)
25. 拥堵 (yōngdǔ)	26. 交通 (jiāotōng)	27. 折磨 (zhémó)
28. 四环 (sìhuán)	29. 出门 (chūmén)	30. 未必 (wèibì)
31. 不论 (bùlùn)	32. 下班 (xiàbān)	33. 必须 (bìxū)
34. 躲过 (duǒguò)	35. 高峰 (gāofēng)	36. 时段 (shíduàn)
37. 依旧 (yījiù)	38. 提供 (tígōng)	39. 便捷 (biànjié)
40. 保有 (bǎoyǒu)	41. 突破 (tūpò)	42. 解决 (jiějué)
43. 唯一 (wéiyī)	44. 途径 (tújìng)	45. 大力 (dàlì)
46. 发展 (fāzhǎn)	47. 根本 (gēnběn)	48. 出路 (chūlù)

读句子

1. 北京　市　有关　部门　近日　公布，　北京　机动车　尾号　限行　措施
Běijīng Shì yǒuguān bùmén jìnrì gōngbù，Běijīng jīdòngchē wěihào xiànxíng cuòshī
要　继续　延续　下去。
yào jìxù yánxù xiaqu.

2. 某　公司　职员　王　兵　在　妻子　怀孕　后　下　决心　买了　一　辆　车。
Mǒu gōngsī zhíyuán Wáng Bīng zài qīzi huáiyùn hòu xià juéxīn mǎile yī liàng chē.

3. 北京　的　地铁　实在　太　挤了，　别说　妇女　和　儿童，　我　早上　也　常常
Běijīng de dìtiě shízài tài jǐ le，biéshuō fùnǚ hé értóng，wǒ zǎoshang yě chángcháng
挤不　上去　呢！
jǐ bu shangqu ne！

4. 虽然 有了自己的车，但 王兵 还是被 拥堵 的 交通 折磨着。
Suīrán yǒule zìjǐ de chē，dàn Wáng Bīng háishi bèi yōngdǔ de jiāotōng zhémózhe.

5. 我们 公司 在 东四环 外，每天九点 上班，但我六点半就得 出门。
Wǒmen gōngsī zài Dōngsìhuán wài，měi tiān jiǔ diǎn shàngbān，dàn wǒ liù diǎn bàn jiù děi chūmén.

6. 晚上 下班 也一样，我必须要 躲过 高峰 时段 才 能 开车 回家。
Wǎnshang xiàbān yě yīyàng，wǒ bìxū yào duǒguò gāofēng shíduàn cái néng kāichē huíjiā.

7. 刚 限号 那一阵儿 路上 确实 好走，但是 现在 又堵了。
Gāng xiànhào nà yīzhènr lùshang quèshí hǎo zǒu，dànshì xiànzài yòu dǔ le.

8. 限行 并不是 北京 解决 交通 拥堵 的唯一 途径，大力 发展 公共 交通 才是 根本 出路。
Xiànxíng bìng bù shì Běijīng jiějué jiāotōng yōngdǔ de wéiyī tújìng，dàlì fāzhǎn gōnggòng jiāotōng cái shì gēnběn chūlù.

读会话

小刘： Xiǎo Liú：	北京 交通 拥堵 这么 厉害，你 怎么 还 买 车 啊？ Běijīng jiāotōng yōngdǔ zhème lìhai，nǐ zěnme hái mǎi chē a？
王兵： Wáng Bīng：	我 妻子 怀孕 以后，每 天 挤地铁 太 不 容易 了。买了 车，就 可以 开车 送 她 上班 了。 Wǒ qīzi huáiyùn yǐhòu，měi tiān jǐ dìtiě tài bù róngyì le. Mǎile chē，jiù kěyǐ kāichē sòng tā shàngbān le.
小刘： Xiǎo Liú：	自己 开车 以后，感觉 方便 多了，是吗？ Zìjǐ kāichē yǐhòu，gǎnjué fāngbiàn duō le，shì ma？
王兵： Wáng Bīng：	是 方便 一些。不过 我们 公司 每 天 九 点 上班，但 我 六 点 半 就 得 出门。下班 时 也 要 躲过 高峰 时段 才 能 回家。 Shì fāngbiàn yīxiē. Bùguò wǒmen gōngsī měi tiān jiǔ diǎn shàngbān，dàn wǒ liù diǎn bàn jiù děi chūmén. Xiàbān shí yě yào duǒguò gāofēng shíduàn cái néng huíjiā.
小刘： Xiǎo Liú：	听说 北京 机动车 尾号 限行 措施 要继续 延续 下去 呢。 Tīngshuō Běijīng jīdòngchē wěihào xiànxíng cuòshī yào jìxù yánxù xiaqu ne.

王　兵： Wáng Bīng：	是 的。但 我 感觉 刚 限号 那 一阵儿 路上 确实 还 比 Shì de. Dàn wǒ gǎnjué gāng xiànhào nà yīzhènr lùshang quèshí hái bǐ- 较 好 走，现在 又 堵 了。 jiào hǎo zǒu，xiànzài yòu dǔ le.
小　刘： Xiǎo Liú：	是 吗。看来 限行 并 不 是 北京 解决 交通 拥堵 的 Shì ma. Kànlái xiànxíng bìng bù shì Běijīng jiějué jiāotōng yōngdǔ de 唯一 途径 啊。 wéiyī tújìng a.
王　兵： Wáng Bīng：	大力 发展 公共 交通 才 是 根本 出路。 Dàlì fāzhǎn gōnggòng jiāotōng cái shì gēnběn chūlù.

表达练习

1. 复述课文

词语提示：

机动车	尾号	限行	出行	公交车	地铁	买车	交通	拥堵
上班	出门	下班	躲过	高峰	便捷	机动车	保有量	突破
解决	途径	发展	出路					

2. 谈谈你对解决交通拥堵问题的想法

提示：

人们提出了很多建议，如：设置公交车专用车道；尝试公交车免费乘坐；在上下班时间段，对只有司机一人在行驶的私家车进行警告或处罚，迫使车主想办法提高车辆使用率；各单位实行错峰上下班等。

普通话与粤语对比

（一）日常用语——交通

请读与粤语对应的普通话词语

普通话	粤语
公共汽车	巴士
自行车	单车

普通话	粤语
停车	泊车
骑车	踩单车

小轿车	——	房车
小船	——	艇仔
堵车	——	塞车
出租车	——	的士
人行道	——	行人路

车胎	——	车车
倒车	——	褪车
走路	——	行路
单行线	——	车程路
低速行驶	——	低波行驶

（二）词的分类——形容词

普通话中形容词的构成方式可分为：单音节形容词、双音节形容词、带词缀形容词、复合形容词四种。粤语的形容词也有这四种类型，但表达方式与普通话有所不同，其形容词的重叠形式更丰富一些，例如：某些单音节形容词重叠后加上“哋”，表示“略为……”“稍微……”，“高高哋”意为“稍微高一点儿”。

1. 请读与粤语对应的普通话词语

普通话		粤语
漂亮	——	靓
鲜美	——	甜
繁华	——	旺
胖	——	肥
容易	——	易
方正	——	四正
不错	——	唔错

普通话		粤语
宽敞	——	阔落
贵重	——	矜贵
便利	——	方便
矮小	——	矮细
利落	——	企理
白净净	——	白雪雪
有点儿瘦	——	瘦瘦哋

2. 请把下面的粤语句子翻译成普通话句子，然后写在横线上

（1）有咩桥妙讲嚟听吓喇。________________

（2）揾间阔落啲嘅房先好。________________

（3）你咪喺度嗌生晒。________________

（4）你行先，我跟尾。________________

（5）个细路肥嘟嘟好趣致。________________

○副课文

思考的价值

有 一 位 姑娘 性格 孤僻 内向， 她 打算 养 一只 鸟儿 陪 自己 聊
Yǒu yī wèi gūniang xìnggé gūpì nèixiàng, tā dǎsuàn yǎng yī zhī niǎor péi zìjǐ liáo-

天儿，就来到了一家宠物店。她先挑选了一只羽毛美丽而又嗓
tiānr，jiù láidàole yī jiā chǒngwùdiàn. Tā xiān tiāoxuǎnle yī zhī yǔmáo měilì ér yòu sǎng-
音动听的天堂鸟儿，宠物店老板要4000元。姑娘觉得太
yīn dòngtīng de tiāntángniǎor，chǒngwùdiàn lǎobǎn yào sìqiān yuán. Gūniang juéde tài
贵了，就又选了一只颜色较差的鹦鹉，可老板却要8000元，说
guì le，jiù yòu xuǎnle yī zhī yánsè jiào chà de yīngwǔ，kě lǎobǎn què yào bāqiān yuán，shuō
因为它会说五种语言。于是姑娘又一次改了主意，挑了一只
yīnwèi tā huì shuō wǔ zhǒng yǔyán. Yúshì gūniang yòu yī cì gǎile zhǔyi，tiāole yī zhī
最不起眼儿的鸟儿，没想到，这次老板竟要价3万元。姑娘
zuì bù qǐyǎnr de niǎor，méi xiǎngdào，zhè cì lǎobǎn jìng yàojià sānwàn yuán. Gūniang
不满地问道："你们店里的鸟儿为什么都这么贵啊？"老板回
bùmǎn de wèn dào："Nǐmen diàn li de niǎor wèi shénme dōu zhème guì a？" Lǎobǎn huí-
答说："因为它们会思考。"
dá shuō："Yīnwèi tāmen huì sīkǎo."

这个故事告诉我们，思考重于一切。在科学技术迅猛发展
Zhège gùshi gàosu wǒmen，sīkǎo zhòng yú yīqiè. Zài kēxué jìshù xùnměng fāzhǎn
的今天，好家世，高文凭都不能成为你的骄傲和依靠，只
de jīntiān，hǎo jiāshì，gāo wénpíng dōu bù néng chéngwéi nǐ de jiāo'ào hé yīkào，zhǐ-
有不断地思考和创新，才能成就一番事业。
yǒu bùduàn de sīkǎo hé chuàngxīn，cái néng chéngjiù yī fān shìyè.

读词语

1. 请跟读与第一声相连的词语

tiāoxuǎn （挑选）	kēxué （科学）	tiāntángniǎor （天堂鸟儿）
yīngwǔ （鹦鹉）	sīkǎo （思考）	fāzhǎn （发展）
yīnwèi （因为）	gūpì （孤僻）	jiāshì （家世）
jiāo'ào （骄傲）	yīkào （依靠）	

2. 请跟读与第二声相连的词语

liáotiānr （聊天儿）	wénpíng （文凭）	chéngwéi （成为）
cái néng （才能）	méi xiǎngdào （没想到）	chéngjiù （成就）
yánsè （颜色）	yúshì （于是）	

3. 请跟读与第三声相连的词语

wǔ zhǒng （五种）	zhǐyǒu （只有）	lǎobǎn （老板）
sǎngyīn （嗓音）	yǔmáo （羽毛）	yǔyán （语言）
dǎsuàn （打算）	měilì （美丽）	chǒngwùdiàn （宠物店）

4. 请跟读与第四声相连的词语

nèixiàng （内向）	wèn dào （问道）	shìyè （事业）
jiào chà （较差）	yàojià （要价）	jìshù （技术）
dòngtīng （动听）	chuàngxīn （创新）	xìnggé （性格）
bùmǎn （不满）	xùnměng （迅猛）	

5. 请跟读与"一"相连的词语

yí wèi （一位）	yòu yí cì （又一次）	yì zhī （一只）
yì jiā （一家）	yì fān （一番）	

6. 请跟读与"不"相连的词语

búduàn （不断）	bùmǎn （不满）	bù qǐyǎnr （不起眼儿）

7. 请跟读轻声词

gūniang （姑娘）	tài guì le （太贵了）	zhème （这么）
gùshi （故事）	gàosu （告诉）	

8. 请跟读儿化词

bù qǐyǎnr （不起眼儿）	niǎor （鸟儿）	tiāntángniǎor （天堂鸟儿）

9. 请跟读带语气词"啊"的语句

zhème guì ya （这么贵啊）		

读句子

1. 一 位 姑娘 打算 养 一 只 鸟儿 陪 自己 聊天儿。
Yī wèi gūniang dǎsuàn yǎng yī zhī niǎor péi zìjǐ liáotiānr.

2. 她 先 挑选了 一 只 羽毛 美丽 而 又 嗓音 动听 的 天堂鸟儿。
Tā xiān tiāoxuǎnle yī zhī yǔmáo měilì ér yòu sǎngyīn dòngtīng de tiāntángniǎor.

3. 姑娘 觉得 太 贵 了，就 又 选了 一 只 颜色 较 差 的 鹦鹉。
Gūniang juéde tài guì le，jiù yòu xuǎnle yī zhī yánsè jiào chà de yīngwǔ.

4. 可 老板 却 要 8000 元，说 因为 它 会 说 五 种 语言。
Kě lǎobǎn què yào bāqiān yuán，shuō yīnwèi tā huì shuō wǔ zhǒng yǔyán.

5. 于是 姑娘 又 一 次 改 了 主意，挑 了 一 只 最 不 起眼儿 的 鸟儿。
Yúshì gūniang yòu yī cì gǎile zhǔyi，tiāole yī zhī zuì bù qǐyǎnr de niǎor.

6. 姑娘 不满 地 问 道："你们 店 里 的 鸟儿 为 什么 都 这么 贵 啊？"
Gūniang bùmǎn de wèn dào："Nǐmen diàn li de niǎor wèi shénme dōu zhème guì a？"

7. 这个 故事 告诉 我们，思考 重 于 一切。
Zhège gùshi gàosu wǒmen，sīkǎo zhòng yú yīqiè.

8. 好 家世、高 文凭 都 不 能 成为 你 的 骄傲 和 依靠。
Hǎo jiāshì、gāo wénpíng dōu bù néng chéngwéi nǐ de jiāo'ào hé yīkào.

9. 只有 不断 地 思考 和 创新，才 能 成就 一 番 事业。
Zhǐyǒu bùduàn de sīkǎo hé chuàngxīn，cái néng chéngjiù yī fān shìyè.

读会话

姑娘： Gūniang：	老板，我 想 买 一 只 鸟儿。 Lǎobǎn，wǒ xiǎng mǎi yī zhī niǎor.
老板： Lǎobǎn：	这 只 怎么样？ 羽毛 美丽，而且 嗓音 也 很 动听，4000 元 一 只。 Zhè zhī zěnmeyàng？ Yǔmáo měilì，érqiě sǎngyīn yě hěn dòngtīng，sìqiān yuán yī zhī.
姑娘： Gūniang：	真 的 是 很 好看，但是 太 贵 了。 旁边 的 这 只 多少 钱 啊？ Zhēn de shì hěn hǎokàn，dànshì tài guì le. Pángbiān de zhè zhī duōshao qián a？
老板： Lǎobǎn：	这 只 是 鹦鹉，8000 元 一 只。 Zhè zhī shì yīngwǔ，bāqiān yuán yī zhī.
姑娘： Gūniang：	里边 这 只 鸟儿 最 不 起眼儿，它 应该 很 便宜 吧？ Lǐbian zhè zhī niǎor zuì bù qǐyǎnr，tā yīnggāi hěn piányi ba？
老板： Lǎobǎn：	不，这 只 3万 元。 Bù，zhè zhī sānwàn yuán.

姑娘： Gūniang：	你们 店里的鸟儿 为 什么 都 这么 贵？ Nǐmen diàn li de niǎor wèi shénme dōu zhème guì？
老板： Lǎobǎn：	因为 它们 会思考啊。会 思考 的鸟儿 这个 价钱， 真 的不 算 贵！ Yīnwèi tāmen huì sīkǎo a. Huì sīkǎo de niǎor zhège jiàqián，zhēn de bù suàn guì!

表达练习

1. 复述课文

词语提示：

姑娘　性格　打算　宠物店　美丽　动听　贵　差　鹦鹉　会说
不起眼儿　竟　不满　思考　家世　文凭　依靠　不断地　事业

2. 谈谈独立思考的重要性

提示：

可以参考牛顿发现“万有引力”定律的过程，以及发明大王爱迪生等名人勤于思考、取得成功的例子。

第三课

○主课文

为何被"剩"下

所谓 "剩男剩女"，是指那些在婚姻方面没有得到理想归宿的大龄男女青年。在传统婚姻观念看来，"剩男剩女"们的自身条件并不差，可是他们为什么会被"剩"下呢？

Suǒwèi "shèngnán-shèngnǚ", shì zhǐ nàxiē zài hūnyīn fāngmiàn méiyǒu dédào lǐxiǎng guīsù de dàlíng nán-nǚqīngnián. Zài chuántǒng hūnyīn guānniàn kànlái, "shèngnán-shèngnǚ" men de zìshēn tiáojiàn bìng bù chà, kěshì tāmen wèi shénme huì bèi "shèng" xià ne?

30岁的邹小蕾在广州工作了八年后回到老家河北，打算相亲结婚。大学毕业后的这八年中，她生活在一个人口稠密的城市。从统计学意义上讲，与她般配的男子应该为数众多。然而，她说自己只是"职业"地存在于这个大城市，并没有知根知底的、适合寻找男友的圈子，或者说没有找到这个城市提供的、解决婚姻问题的方式。另一方面，邹小蕾的择偶标准也发生了变化。"其实大学时代我也曾经爱得相当单纯、唯美，什么物质条件都没有想过，只要两个人在一起。现在我踏进了剩女的门槛，反而变得世俗了。现在房子、车、存款，我样样都想要。除非物质条件达标的男人，否则我真的不想见。"

Sānshí suì de Zōu Xiǎolěi zài Guǎngzhōu gōngzuòle bā nián hòu huídào lǎojiā Héběi, dǎsuàn xiāngqīn jiéhūn. Dàxué bìyè hòu de zhè bā nián zhōng, tā shēnghuó zài yī ge rénkǒu chóumì de chéngshì. Cóng tǒngjìxué yìyì shang jiǎng, yǔ tā bānpèi de nánzǐ yīnggāi wéishù-zhòngduō. Rán'ér, tā shuō zìjǐ zhǐshì "zhíyè" de cúnzài yú zhège dà chéngshì, bìng méiyǒu zhīgēn-zhīdǐ de、shìhé xúnzhǎo nányǒu de quānzi, huòzhě shuō méiyǒu zhǎodào zhège chéngshì tígōng de、jiějué hūnyīn wèntí de fāngshì. Lìng yī fāngmiàn, Zōu Xiǎolěi de zé'ǒu biāozhǔn yě fāshēngle biànhuà. "Qíshí dàxué shídài wǒ yě céngjīng ài de xiāngdāng dānchún、wéiměi, shénme wùzhì tiáojiàn dōu méiyǒu xiǎngguo, zhǐyào liǎng ge rén zài yīqǐ. Xiànzài wǒ tàjìnle shèngnǚ de ménkǎn, fǎn'ér biàn de shìsú le. Xiànzài fángzi、chē、cúnkuǎn, wǒ yàngyàng dōu xiǎng yào. Chúfēi wùzhì tiáojiàn dábiāo de nánrén, fǒuzé wǒ zhēn de bù xiǎng jiàn."

对爱情缺席的相亲行为，会有多少人举手赞成呢？

Duì àiqíng quēxí de xiāngqīn xíngwéi, huì yǒu duōshao rén jǔ shǒu zànchéng ne?

两情相悦 并 不 稀缺，婚姻 也 不 稀缺，或许 二 者 兼 有 才 是
Liǎngqíng-xiāngyuè bìng bù xīquē，hūnyīn yě bù xīquē，huòxǔ èr zhě jiān yǒu cái shì
"剩男剩女"们 孜孜 追求 的 理想 吧。
"shèngnán-shèngnǚ" men zīzī zhuīqiú de lǐxiǎng ba.

读重点词语

1. 所谓 (suǒwèi)	2. 剩男剩女 (shèngnán-shèngnǚ)	3. 方面 (fāngmiàn)
4. 婚姻 (hūnyīn)	5. 理想 (lǐxiǎng)	6. 归宿 (guīsù)
7. 大龄 (dàlíng)	8. 传统 (chuántǒng)	9. 观念 (guānniàn)
10. 自身 (zìshēn)	11. 老家 (lǎojiā)	12. 相亲 (xiāngqīn)
13. 结婚 (jiéhūn)	14. 稠密 (chóumì)	15. 统计学 (tǒngjìxué)
16. 般配 (bānpèi)	17. 为数众多 (wéishù-zhòngduō)	18. 知根知底 (zhīgēn-zhīdǐ)
19. 存在 (cúnzài)	20. 寻找 (xúnzhǎo)	21. 圈子 (quānzi)
22. 提供 (tígōng)	23. 择偶 (zé'ǒu)	24. 标准 (biāozhǔn)
25. 曾经 (céngjīng)	26. 单纯 (dānchún)	27. 唯美 (wéiměi)
28. 物质 (wùzhì)	29. 踏进 (tàjìn)	30. 门槛 (ménkǎn)
31. 世俗 (shìsú)	32. 存款 (cúnkuǎn)	33. 除非 (chúfēi)
34. 条件 (tiáojiàn)	35. 达标 (dábiāo)	36. 否则 (fǒuzé)
37. 爱情 (àiqíng)	38. 缺席 (quēxí)	39. 行为 (xíngwéi)
40. 举手 (jǔ shǒu)	41. 赞成 (zànchéng)	42. 两情相悦 (liǎngqíng-xiāngyuè)
43. 稀缺 (xīquē)	44. 或许 (huòxǔ)	45. 二者 (èr zhě)
47. 兼有 (jiān yǒu)	48. 追求 (zhuīqiú)	

读句子

1. 所谓 "剩男剩女"， 是 指 那些 在 婚姻 方面 没有 得到 理想 归宿 的 大龄 男女青年。
Suǒwèi "shèngnán-shèngnǚ"，shì zhǐ nàxiē zài hūnyīn fāngmiàn méiyǒu dédào lǐxiǎng guīsù de dàlíng nán-nǚqīngnián.

2. 在 传统 婚姻 观念 看来，“剩男剩女” 们 的 自身 条件
Zài chuántǒng hūnyīn guānniàn kànlái, “shèngnán-shèngnǚ” men de zìshēn tiáojiàn
并 不 差。
bìng bù chà.

3. 大学 毕业 后 的 这 八 年 中，她 生活 在 一 个 人口 稠密 的 城市。
Dàxué bìyè hòu de zhè bā nián zhōng, tā shēnghuó zài yī ge rénkǒu chóumì de chéngshì.

4. 从 统计学 意义 上 讲，与 她 般配 的 男子 应该 为数众多。
Cóng tǒngjìxué yìyì shang jiǎng, yǔ tā bānpèi de nánzǐ yīnggāi wéishù-zhòngduō.

5. 她 说 自己 只是“职业”地 存在 于 这个 大 城市，她 并 没有 知根
Tā shuō zìjǐ zhǐshì “zhíyè” de cúnzài yú zhège dà chéngshì, tā bìng méiyǒu zhīgēn-
知底 的、适合 寻找 男友 的 圈子。
zhīdǐ de、shìhé xúnzhǎo nányǒu de quānzi.

6. 另 一 方面，邹 小蕾 的 择偶 标准 也 发生了 变化。
Lìng yī fāngmiàn, Zōu Xiǎolěi de zé'ǒu biāozhǔn yě fāshēngle biànhuà.

7. 现在 我 踏进了 剩女 的 门槛，反而 变 得 世俗 了。
Xiànzài wǒ tàjìnle shèngnǚ de ménkǎn, fǎn'ér biàn de shìsú le.

8. 除非 物质 条件 达标 的 男人，否则 我 真 的 不 想 见。
Chúfēi wùzhì tiáojiàn dábiāo de nánrén, fǒuzé wǒ zhēn de bù xiǎng jiàn.

9. 对 爱情 缺席 的 相亲 行为，会 有 多少 人 举 手 赞成 呢？
Duì àiqíng quēxí de xiāngqīn xíngwéi, huì yǒu duōshao rén jǔ shǒu zànchéng ne？

10. 两情相悦 并 不 稀缺，婚姻 也 不 稀缺，或许 二 者 兼 有 才 是
Liǎngqíng-xiāngyuè bìng bù xīquē, hūnyīn yě bù xīquē, huòxǔ èr zhě jiān yǒu cái shì
“剩男剩女” 们 孜孜 追求 的 理想 吧。
“shèngnán-shèngnǚ” men zīzī zhuīqiú de lǐxiǎng ba.

读会话

小 张： 你 知道 “剩男剩女” 是 指 什么 样 的 人 吗？
Xiǎo Zhāng: Nǐ zhīdào “shèngnán-shèngnǚ” shì zhǐ shénme yàng de rén ma？

小　沈：是指那些在婚姻方面没有得到理想归宿的大龄男女青年。
Xiǎo Shěn: Shì zhǐ nàxiē zài hūnyīn fāngmiàn méiyǒu dédào lǐxiǎng guīsù de dàlíng nán-nǚqīngnián.

小　张：听说他们的自身条件都不差，可他们为什么会被“剩”下呢？
Xiǎo Zhāng: Tīngshuō tāmen de zìshēn tiáojiàn dōu bù chà, kě tāmen wèi shénme huì bèi “shèng” xià ne?

小　沈：原因有很多吧。比如我的朋友小蕾在广州工作了八年后，最近回到老家河北，打算相亲结婚。
Xiǎo Shěn: Yuányīn yǒu hěn duō ba. Bǐrú wǒ de péngyou Xiǎolěi zài Guǎngzhōu gōngzuòle bā nián hòu, zuìjìn huídào lǎojiā Héběi, dǎsuàn xiāngqīn jiéhūn.

小　张：广州那么大的城市没有适合她的男朋友吗？
Xiǎo Zhāng: Guǎngzhōu nàme dà de chéngshì méiyǒu shìhé tā de nánpéngyou ma?

小　沈：她说没有知根知底的、适合寻找男友的圈子。成为剩女后，她的择偶标准也发生了变化。
Xiǎo Shěn: Tā shuō méiyǒu zhīgēn-zhīdǐ de、shìhé xúnzhǎo nányǒu de quānzi. Chéngwéi shèngnǚ hòu, tā de zé'ǒu biāozhǔn yě fāshēngle biànhuà.

小　张：现在她的择偶标准是什么？
Xiǎo Zhāng: Xiànzài tā de zé'ǒu biāozhǔn shì shénme?

小　沈：就是男方一定要有房子、有车，还要有存款。
Xiǎo Shěn: Jiù shì nánfāng yīdìng yào yǒu fángzi、yǒu chē, hái yào yǒu cúnkuǎn.

表达练习

1. 复述课文

词语提示：

“剩男剩女”	婚姻	归宿	大龄	观念	不差	剩下	相亲	大城市
般配	为数众多	寻找	圈子	择偶	标准	大学时代	单纯	门槛
世俗	房子	车	存款	达标	爱情	赞成	二者兼有	追求	理想

2. 你认为应该怎样解决“剩男剩女”的婚姻大事

提示：

可以参考下面几个词语：挑剔、冷漠、畏惧、生活方式、生活态度。

普通话与粤语对比

（一）日常用语——交往

请读与粤语对应的普通话词语

普通话 —— 粤语	普通话 —— 粤语
不理他 —— 唔睬佢	伤脑筋 —— 择使
钻空子 —— 博懵	别担心 —— 你同我定
拿主意 —— 揸主意	不服气 —— 唔忿气
没准儿 —— 话唔埋	看情况 —— 睇情况
给面子 —— 畀面	随便 —— 易话为
吃不消 —— 顶唔顺	责怪 —— 怪责
吵架 —— 嗌交	答应 —— 应承

（二）词的分类——副词

副词中常见的类型有时间副词、范围副词等。普通话与粤语在这两种副词的使用上差别较大：普通话的“刚”，粤语说“啱”；普通话的“常常”，粤语说“时时”。而粤语中没有普通话的“早先、正在”这样的表达方式，学习者应该注意区别。

1. 请读与粤语对应的普通话词语

普通话 —— 粤语	普通话 —— 粤语
全吃了 —— 食晒嘞	特别美 —— 零舍靓
挺快的 —— 几快吖	真带劲 —— 够晒劲
仅 —— 唔单止	非常好 —— 非常之好
还好 —— 仲好	相当多 —— 相当之多
肯定 —— 梗	终于 —— 卒之
还有 —— 仲有	然后 —— 然之后
多么 —— 几咁	一起 —— 齐齐

2. 请把下面的粤语句子翻译成普通话句子，然后写在横线上

（1）快啲都唔得？ ____________________

（2）同我攞埋。 ____________________

（3）成个靓晒。 ____________________

（4）成日落雨添。 ____________________

（5）礼拜奉旨唔返工。 ____________________

○副课文

强壮的根

一个 城里 的孩子，从来 没 去过 农村。一 天，他 跟着 爸爸 去 看
Yī ge chéngli de háizi，cónglái méi qùguo nóngcūn. Yī tiān，tā gēnzhe bàba qù kàn
住 在 农村 的大伯。他们 来到 高粱地 里，大伯 正在 干活儿。孩子
zhù zài nóngcūn de dàbó. Tāmen láidào gāoliangdì li，dàbó zhèngzài gànhuór. Háizi
看见 伯伯 快要 把 每 棵 高粱 的 根 都 锄断 了，只 连着 一 点点，
kànjiàn bóbo kuàiyào bǎ měi kē gāoliang de gēn dōu chúduàn le，zhǐ liánzhe yī diǎndiǎn，
就 问："伯伯，你 是 不 是 没 戴 眼镜儿 看 不 清 啊？" 伯伯 笑 了，他 对 孩子
jiù wèn："Bóbo，nǐ shì bu shì méi dài yǎnjìngr kàn bu qīng a？" Bóbo xiào le，tā duì háizi
说："我 不 是 看 不 清，我 是 故意 锄断 的。""可是，这样 它们 会 死
shuō："Wǒ bù shì kàn bu qīng，wǒ shì gùyì chúduàn de." "Kěshì，zhèyàng tāmen huì sǐ
的啊！"孩子 说。"不 懂 了 吧？ 这 叫 晒根，晒根 的意思就是 折磨 它，
de a！" Háizi shuō. "Bù dǒng le ba？ Zhè jiào shàigēn，shàigēn de yìsi jiù shì zhémo tā，
把 它 的 根 锄断， 晒 在 太阳 下。 过 些 时候 再 来 培上 土，高
bǎ tā de gēn chúduàn，shài zài tàiyang xià. Guò xiē shíhou zài lái péishàng tǔ，gāo-
粱 就 开始 疯长， 拼命 地 朝 下 扎根。" "为 什么 要 让 它 拼
liang jiù kāishǐ fēngzhǎng，pīnmìng de cháo xià zhāgēn." "Wèi shénme yào ràng tā pīn-
命 扎根 啊？" "我们 这儿 是 丘陵 山区，一 到 夏天， 风 大 雨 大，要
mìng zhāgēn a？" "Wǒmen zhèr shì qiūlíng shānqū，yī dào xiàtiān，fēng dà yǔ dà，yào-
是 高粱 的 根 扎 得 不 牢， 根本 就 站 不 住。""哦。"孩子 似乎 明白 了。
shi gāoliang de gēn zhā de bù láo，gēnběn jiù zhàn bu zhù." "Ò." Háizi sìhū míngbai le.

人 也 是 这样， 小时候 不 学会 吃苦， 长大了 也 会 很 脆弱， 经
Rén yě shì zhèyàng，xiǎoshíhou bù xuéhuì chīkǔ，zhǎngdàle yě huì hěn cuìruò，jīng
不 起 风吹雨打。 适当 地 晒晒 孩子 的 根，是 很 有 必要 的。
bu qǐ fēngchuī-yǔdǎ. Shìdàng de shàishai háizi de gēn，shì hěn yǒu bìyào de.

◎ 读词语

1. 请跟读与第一声相连的词语

zhāgēn （扎根）	shānqū （山区）	fēngchuī-yǔdǎ （风吹雨打）
qiūlíng （丘陵）	fēngzhǎng （疯长）	chīkǔ （吃苦）
fēng dà yǔ dà （风大雨大）	pīnmìng （拼命）	

2. 请跟读与第二声相连的词语

zhémó （折磨）	cónglái （从来）	nóngcūn （农村）
péishàng tǔ （培上土）	chúduàn （锄断）	cháo xià （朝下）

3. 请跟读与第三声相连的词语

měi kē （每棵）	zhǎngdà （长大）	yǒu bìyào （有必要）

4. 请跟读与第四声相连的词语

gùyì （故意）	zhèyàng （这样）	cuìruò （脆弱）
shìdàng （适当）	sìhū （似乎）	xiàtiān （夏天）
shàigēn （晒根）	tàiyang （太阳）	dàbó （大伯）
bù láo （不牢）		

5. 请跟读与“一”相连的词语

yì diǎndiǎn （一点点）		

6. 请跟读与“不”相连的词语

bù láo （不牢）		

7. 请跟读轻声词

háizi （孩子）	gēnzhe （跟着）	bàba （爸爸）
liánzhe （连着）	kàn bu qīng （看不清）	yìsi （意思）
shíhou （时候）	gāoliangdì （高粱地）	jīng bu qǐ （经不起）
míngbai （明白）	xiǎoshíhou （小时候）	

8. 请跟读儿化词

gànhuór （干活儿）	dài yǎnjìngr （戴眼镜儿）	

9. 请跟读带语气词“啊”的语句

kàn bu qīng nga（看不清啊）	huì sǐ de ya （会死的啊）	zhāgēn na （扎根啊）

读句子

1. 一个 城里 的孩子，从来 没 去过 农村。一 天，他 跟着 爸爸去看 住 在 农村 的大伯。
Yī ge chéngli de háizi，cónglái méi qùguo nóngcūn。Yī tiān，tā gēnzhe bàba qù kàn zhù zài nóngcūn de dàbó.

2. 他们 来到 高粱地 里，大伯 正在 干活儿。
Tāmen láidào gāoliangdì li，dàbó zhèngzài gànhuór.

3. 孩子 看见 伯伯 快要 把 每 棵 高粱 的 根 都 锄断 了，只 连着 一 点点。
Háizi kànjiàn bóbo kuàiyào bǎ měi kē gāoliang de gēn dōu chúduàn le，zhǐ liánzhe yī diǎndiǎn.

4. 伯伯，你 是 不 是 没 戴 眼镜儿 看 不 清 啊?
Bóbo，nǐ shì bu shì méi dài yǎnjìngr kàn bu qīng a？

5. 我 不 是 看 不 清，我 是 故意 锄断 的。
Wǒ bù shì kàn bu qīng，wǒ shì gùyì chúduàn de.

6. 可是， 这样 它们 会 死的啊!
Kěshì，zhèyàng tāmen huì sǐ de a！

7. 晒根 的意思就是 折磨 它，把 它 的 根 锄断， 晒 在 太阳 下。
Shàigēn de yìsi jiù shì zhémó tā，bǎ tā de gēn chúduàn，shài zài tàiyang xià.

8. 过 些 时候 再 来 培上 土， 高粱 就 开始 疯长， 拼命 地 朝 下 扎根。
Guò xiē shíhou zài lái péishàng tǔ，gāoliang jiù kāishǐ fēngzhǎng，pīnmìng de cháo xià zhāgēn.

9. 我们 这儿 是 丘陵 山区，一 到 夏天， 风 大 雨 大。
Wǒmen zhèr shì qiūlíng shānqū，yī dào xiàtiān，fēng dà yǔ dà.

10. 要是 高粱 的 根 扎 得 不 牢， 根本 就 站 不 住。
Yàoshi gāoliang de gēn zhā de bù láo，gēnběn jiù zhàn bu zhù.

11. 人 也 是 这样， 小时候 不 学会 吃苦， 长大了 也 会 很 脆弱， 经 不 起 风吹雨打。
Rén yě shì zhèyàng，xiǎoshíhou bù xuéhuì chīkǔ，zhǎngdàle yě huì hěn cuìruò，jīng bu qǐ fēngchuī-yǔdǎ.

12. 适当地晒晒孩子的根，是很有必要的。
Shìdàng de shàishai háizi de gēn, shì hěn yǒu bìyào de.

读会话

孩子： Háizi:	伯伯，你都快把高粱的根锄断了，你是不是没戴眼镜儿，看不清啊？ Bóbo, nǐ dōu kuài bǎ gāoliang de gēn chúduàn le, nǐ shì bu shì méi dài yǎnjìngr, kàn bu qīng a?
大伯： Dàbó:	我不是看不清，我是故意锄断的。 Wǒ bù shì kàn bu qīng, wǒ shì gùyì chúduàn de.
孩子： Háizi:	可是，这样它们会死的啊！ Kěshì, zhèyàng tāmen huì sǐ de a!
大伯： Dàbó:	孩子，不懂了吧？这叫晒根。 Háizi, bù dǒng le ba? Zhè jiào shàigēn.
孩子： Háizi:	晒根是什么意思啊？ Shàigēn shì shénme yìsi a?
大伯： Dàbó:	晒根的意思就是折磨它，把它的根锄断，晒在太阳下。过些时候再来培上土，高粱就开始疯长，拼命地朝下扎根了。 Shàigēn de yìsi jiù shì zhémó tā, bǎ tā de gēn chúduàn, shài zài tàiyang xià. Guò xiē shíhou zài lái péishàng tǔ, gāoliang jiù kāishǐ fēngzhǎng, pīnmìng de cháo xià zhāgēn le.
孩子： Háizi:	为什么要让它拼命扎根呢？ Wèi shénme yào ràng tā pīnmìng zhāgēn ne?
大伯： Dàbó:	我们这儿是丘陵山区，一到夏天，风大雨大，要是高粱的根扎得不牢，根本就站不住。 Wǒmen zhèr shì qiūlíng shānqū, yī dào xiàtiān, fēng dà yǔ dà, yàoshi gāoliang de gēn zhā de bù láo, gēnběn jiù zhàn bu zhù.
孩子： Háizi:	哦。我明白了。 Ò. Wǒ míngbai le.

表达练习

1. 复述课文

词语提示：

孩子　农村　大伯　高粱地　锄断　连着　看不清　故意　晒根　折磨　太阳　培土　疯长　扎根　丘陵　山区　风大雨大　站不住　吃苦　脆弱　风吹雨打

2. 谈谈你对从小培养孩子吃苦精神的认识

提示：

自然界和人类社会都是在痛苦与奋斗中发展的；现实生活中，人们的不同精神面貌会带来不同的结果。

第四课

○主课文

中式快餐的发展

中国的快餐业起步较晚，1987年4月肯德基快餐连锁店
Zhōngguó de kuàicānyè qǐbù jiào wǎn，yī jiǔ bā qī nián sì yuè Kěndéjī kuàicān liánsuǒdiàn
进入北京市场，揭开了中国现代快餐业迅猛发展的序幕。
jìnrù Běijīng shìchǎng，jiēkāile Zhōngguó xiàndài kuàicānyè xùnměng fāzhǎn de xùmù.
20多年来，西式快餐在突飞猛进地发展，中式快餐也在
Èrshí duō nián lái，xīshì kuàicān zài tūfēi-měngjìn de fāzhǎn，zhōngshì kuàicān yě zài
模仿、借鉴、创新中获得了快速增长的契机。
mófǎng、jièjiàn、chuàngxīn zhōng huòdéle kuàisù zēngzhǎng de qìjī.

在北京工作的陈秉林是中式快餐店的常客。他
Zài Běijīng gōngzuò de Chén Bǐnglín shì zhōngshì kuàicāndiàn de chángkè. Tā
称中式快餐更符合自己的饮食习惯，另外，可选择的菜品
chēng zhōngshì kuàicān gèng fúhé zìjǐ de yǐnshí xíguàn，lìngwài，kě xuǎnzé de càipǐn
种类更多，看起来更有食欲，更有营养，更健康。“西
zhǒnglèi gèng duō，kàn qilai gèng yǒu shíyù，gèng yǒu yíngyǎng，gèng jiànkāng. “Xī-
式快餐中饱和脂肪的含量太高，而膳食纤维的含量又
shì kuàicān zhōng bǎohé zhīfáng de hánliàng tài gāo，ér shànshí xiānwéi de hánliàng yòu
太少。偶尔尝尝鲜还可以，经常吃会对健康不利的。”
tài shǎo. Ǒu'ěr chángchang xiān hái kěyǐ，jīngcháng chī huì duì jiànkāng bùlì de.”

很多营养学家也指出，中式快餐更讲究营养、健
Hěn duō yíngyǎngxuéjiā yě zhǐchū，zhōngshì kuàicān gèng jiǎngjiu yíngyǎng、jiàn-
康，讲究色、香、味、形；中式快餐较西式快餐更有营
kāng，jiǎngjiu sè、xiāng、wèi、xíng；zhōngshì kuàicān jiào xīshì kuàicān gèng yǒu yíng-
养改善的优势，因为它的食物选择范围无限广阔，能够
yǎng gǎishàn de yōushì，yīnwèi tā de shíwù xuǎnzé fànwéi wúxiàn guǎngkuò，nénggòu
更好地提供粗粮、薯类和蔬菜等健康选择。
gèng hǎo de tígōng cūliáng、shǔlèi hé shūcài děng jiànkāng xuǎnzé.

快餐作为一种现代化的商业模式，在欧美、日本等发
Kuàicān zuòwéi yī zhǒng xiàndàihuà de shāngyè móshì，zài Ōu-Měi、Rìběn děng fā-
达国家已经被证明是适合现代社会的产业经济的。在经济
dá guójiā yǐjīng bèi zhèngmíng shì shìhé xiàndài shèhuì de chǎnyè jīngjì de. Zài jīngjì

持续 高速 发展 的 背景 下， 中国 必将 迎来 崭新 的 快餐 时代，
chíxù gāosù fāzhǎn de bèijǐng xià，Zhōngguó bìjiāng yínglái zhǎnxīn de kuàicān shídài，
中式 快餐 必将 得到 更 快 更 好 的 发展。
zhōngshì kuàicān bìjiāng dédào gèng kuài gèng hǎo de fāzhǎn.

▣ 读重点词语

1. 快餐 （kuàicān）	2. 起步 （qǐbù）	3. 连锁店 （liánsuǒdiàn）
4. 揭开 （jiēkāi）	5. 迅猛 （xùnměng）	6. 序幕 （xùmù）
7. 西式 （xīshì）	8. 突飞猛进 （tūfēi-měngjìn）	9. 模仿 （mófǎng）
10. 借鉴 （jièjiàn）	11. 创新 （chuàngxīn）	12. 获得 （huòdé）
13. 增长 （zēngzhǎng）	14. 契机 （qìjī）	15. 常客 （chángkè）
16. 符合 （fúhé）	17. 饮食 （yǐnshí）	18. 菜品 （càipǐn）
19. 种类 （zhǒnglèi）	20. 食欲 （shíyù）	21. 营养 （yíngyǎng）
22. 饱和 （bǎohé）	23. 脂肪 （zhīfáng）	24. 含量 （hánliàng）
25. 膳食 （shànshí）	26. 纤维 （xiānwéi）	27. 偶尔 （ǒu’ěr）
28. 讲究 （jiǎngjiu）	29. 改善 （gǎishàn）	30. 优势 （yōushì）
31. 范围 （fànwéi）	32. 无限 （wúxiàn）	33. 广阔 （guǎngkuò）
34. 粗粮 （cūliáng）	35. 薯类 （shǔlèi）	36. 蔬菜 （shūcài）
37. 模式 （móshì）	38. 欧美 （Ōu-Měi）	39. 发达 （fādá）
40. 产业 （chǎnyè）	41. 必将 （bìjiāng）	42. 崭新 （zhǎnxīn）

▣ 读句子

1. 1987 年 4 月 肯德基 快餐 连锁店 进入 北京 市场， 揭开了 中国
Yī jiǔ bā qī nián sì yuè Kěndéjī kuàicān liánsuǒdiàn jìnrù Běijīng shìchǎng，jiēkāile Zhōngguó
现代 快餐业 迅猛 发展 的 序幕。
xiàndài kuàicānyè xùnměng fāzhǎn de xùmù.

2. 中式 快餐 也在 模仿、借鉴、 创新 中 获得了 快速 增
Zhōngshì kuàicān yě zài mófǎng、jièjiàn、chuàngxīn zhōng huòdéle kuàisù zēng-
长 的 契机。
zhǎng de qìjī.

3. 在 北京 工作 的 陈 秉林 是 中式 快餐店 的 常客。
Zài Běijīng gōngzuò de Chén Bǐnglín shì zhōngshì kuàicāndiàn de chángkè.

4. 另外， 可 选择 的 菜品 种类 更 多， 看 起来 更 有 食欲， 更
Lìngwài，kě xuǎnzé de càipǐn zhǒnglèi gèng duō，kàn qilai gèng yǒu shíyù，gèng
有 营养， 更 健康。
yǒu yíngyǎng，gèng jiànkāng.

5. 西式 快餐 中 饱和 脂肪 的 含量 太 高， 而 膳食 纤维 的 含
Xīshì kuàicān zhōng bǎohé zhīfáng de hánliàng tài gāo，ér shànshí xiānwéi de hán-
量 又 太 少。
liàng yòu tài shǎo.

6. 偶尔 尝尝 鲜 还 可以， 经常 吃 会 对 健康 不利 的。
Ǒu'ěr chángchang xiān hái kěyǐ，jīngcháng chī huì duì jiànkāng bùlì de.

7. 中式 快餐 较 西式 快餐 更 有 营养 改善 的 优势， 因为 它
Zhōngshì kuàicān jiào xīshì kuàicān gèng yǒu yíngyǎng gǎishàn de yōushì，yīnwèi tā
的 食物 选择 范围 无限 广阔。
de shíwù xuǎnzé fànwéi wúxiàn guǎngkuò.

8. 它 能够 更 好 地 提供 粗粮、 薯类 和 蔬菜 等 健康 选择。
Tā nénggòu gèng hǎo de tígōng cūliáng、shǔlèi hé shūcài děng jiànkāng xuǎnzé.

9. 快餐 作为 一 种 现代化 的 商业 模式， 在 欧美、 日本 等 发达
Kuàicān zuòwéi yī zhǒng xiàndàihuà de shāngyè móshì，zài Ōu-Měi、Rìběn děng fādá
国家 已经 被 证明 是 适合 现代 社会 的 产业 经济 的。
guójiā yǐjīng bèi zhèngmíng shì shìhé xiàndài shèhuì de chǎnyè jīngjì de.

10. 在 经济 持续 高速 发展 的 背景 下， 中国 必将 迎来 崭新 的
Zài jīngjì chíxù gāosù fāzhǎn de bèijǐng xià，Zhōngguó bìjiāng yínglái zhǎnxīn de
快餐 时代。
kuàicān shídài.

读会话

小 陈： 你 知道 肯德基 是 什么 时候 进入 中国 市场 的 吗？
Xiǎo Chén： Nǐ zhīdào Kěndéjī shì shénme shíhou jìnrù Zhōngguó shìchǎng de ma？

小　史： Xiǎo Shǐ：	我记得是 1987 年 前后 吧。从 那 以后，中国 快餐业 真 是 飞速 发展 啊！你 喜欢 吃 西式 快餐 吗？ Wǒ jìde shì yī jiǔ bā qī nián qiánhòu ba. Cóng nà yǐhòu，Zhōngguó kuàicānyè zhēn shì fēisù fāzhǎn a！ Nǐ xǐhuan chī xīshì kuàicān ma？
小　陈： Xiǎo Chén：	比起 西式 快餐，我 更 喜欢 吃 中式 快餐。 Bǐ qǐ xīshì kuàicān，wǒ gèng xǐhuan chī zhōngshì kuàicān.
小　史： Xiǎo Shǐ：	为 什么 呢？是 因为 吃 不 惯 西餐 的 口味 吗？ Wèi shénme ne？ Shì yīnwèi chī bu guàn xīcān de kǒuwèi ma？
小　陈： Xiǎo Chén：	我 觉得 中式 快餐 更 符合 自己 的 饮食 习惯，另外，可以 选择 的 菜品 种类 更 多，同时 也 更 有 营养，更 健康。你 呢？ Wǒ juéde zhōngshì kuàicān gèng fúhé zìjǐ de yǐnshí xíguàn，lìngwài，kěyǐ xuǎnzé de càipǐn zhǒnglèi gèng duō，tóngshí yě gèng yǒu yíngyǎng，gèng jiànkāng. Nǐ ne？
小　史： Xiǎo Shǐ：	我 是 中式、西式 的 都 喜欢 吃。一 种 吃了 一 段 时间，就 会 换 另 一 种。 Wǒ shì zhōngshì、xīshì de dōu xǐhuan chī. Yī zhǒng chīle yī duàn shíjiān，jiù huì huàn lìng yī zhǒng.
小　陈： Xiǎo Chén：	这样 也 不错 啊！ Zhèyàng yě bùcuò a！

表达练习

1. 复述课文

词语提示：

快餐业	起步	肯德基	序幕	中式	借鉴	创新	增长	常客
饮食习惯	种类	食欲	营养	健康	西式	脂肪	膳食纤维	偶尔
营养学家	色香味	优势	欧美	证明	适合	现代		

2. 请问你是否喜欢快餐？喜欢哪种快餐？为什么？

普通话与粤语对比

（一）日常用语——餐饮

请读与粤语对应的普通话词语

普通话 —— 粤语	普通话 —— 粤语
喝酒 —— 饮酒	吃零食 —— 食零食
干杯 —— 饮胜	凉开水 —— 冻滚水
喝粥 —— 食粥	巧克力 —— 朱古力
酱油 —— 豉油	三明治 —— 三文治
盛饭 —— 装饭	吃夜宵 —— 消夜
馄饨 —— 云吞	牛排 —— 牛扒
消食 —— 消滞	菜单 —— 餐牌

（二）词的分类——量词

不同的名词通常与不同的量词搭配使用，普通话和粤语都是如此。但粤语里大约有40%的量词与普通话不同。如：粤语的"一间学校"，普通话说"一所学校"；粤语的"一张被"，普通话说"一床被"等。另外，还有一点与粤语不同的是，普通话不能直接用量词修饰名词。如："将本书还翻畀佢"，普通话要说"把这本书还给他"。

1. 请读与粤语对应的普通话词语

普通话 —— 粤语	普通话 —— 粤语
一锅饭 —— 一煲饭	一根针 —— 一支针
一道墙 —— 一栋墙	一把刀 —— 一张刀
一座桥 —— 一度桥	一面旗 —— 一支旗
一顿饭 —— 一餐饭	一束花 —— 一扎花
一双手 —— 一对手	一伙人 —— 一揸人
一扇门 —— 一度门	一颗星 —— 一粒星
一辆车 —— 一架车	一头汗 —— 一额汗

2. 请把下面的粤语句子翻译成普通话句子，然后写在横线上

（1）一丁人都冇。______

（2）截架的士回家。______

（3）嗰条题目唔识做。______

（4）仲未饮完杯茶。______

（5）件衫嘅色水几好。______

○副课文

心灵的距离

有个年轻人在一个小区买了套房子，邻居是一位沉默寡
Yǒu ge niánqīngrén zài yī ge xiǎoqū mǎile tào fángzi，línjū shì yī wèi chénmò-guǎ-
言的老大爷。为了表示友好，年轻人对老大爷总是很客气，可
yán de lǎodàye. Wèile biǎoshì yǒuhǎo，niánqīngrén duì lǎodàye zǒngshì hěn kèqi，kě
老人却总是一副冰冷的面孔。
lǎorén què zǒngshì yī fù bīnglěng de miànkǒng.

春天来了，小区里的草坪上一片绿色的生机。那天，年
Chūntiān lái le，xiǎoqū li de cǎopíng shang yī piàn lǜsè de shēngjī. Nà tiān，nián-
轻人回家，不忍心践踏草坪，便绕路走过去。没想到刚
qīngrén huíjiā，bù rěnxīn jiàntà cǎopíng，biàn rào lù zǒu guoqu. Méi xiǎngdào gāng
上楼，邻居那位老大爷就微笑着迎了上来，笑着说："我很
shàng lóu，línjū nà wèi lǎodàye jiù wēixiàozhe yíngle shanglai，xiàozhe shuō："Wǒ hěn
长时间都在想，也有点儿担心：新来的邻居是个什么样的
cháng shíjiān dōu zài xiǎng，yě yǒudiǎnr dānxīn：Xīn lái de línjū shì ge shénme yàng de
人呢？当你刚才绕过那片草坪时，我已经了解你了。现在
rén ne？ Dāng nǐ gāngcái ràoguò nà piàn cǎopíng shí，wǒ yǐjīng liǎojiě nǐ le. Xiànzài
我知道没有什么可担心的了。"老人的一番话让年轻人颇
wǒ zhīdào méiyǒu shénme kě dānxīn de le." Lǎorén de yī fān huà ràng niánqīngrén pō
感意外。
gǎn yìwài.

生活就是这样，你刻意为之往往不能缩短彼此之间
Shēnghuó jiù shì zhèyàng，nǐ kèyì wéi zhī wǎngwǎng bù néng suōduǎn bǐcǐ zhījiān
的距离，而偶然看到的一个细节、不经意间的一个举动，却可能在
de jùlí，ér ǒurán kàndào de yī ge xìjié、bù jīngyì jiān de yī ge jǔdòng，què kěnéng zài
你和对方之间架起美丽的心灵桥梁。
nǐ hé duìfāng zhījiān jiàqǐ měilì de xīnlíng qiáoliáng.

◉ 读词语

1. 请跟读与第一声相连的词语

chūntiān （春天）	shēngjī （生机）	dānxīn （担心）

zhījiān （之间）	xīnlíng （心灵）	shēnghuó （生活）
xīn lái （新来）	gāngcái （刚才）	suōduǎn （缩短）
bīnglěng （冰冷）	wēixiào （微笑）	

2. 请跟读与第二声相连的词语

línjū （邻居）	niánqīngrén （年轻人）	huíjiā （回家）
qiáoliáng （桥梁）	chénmò-guǎyán（沉默寡言）	

3. 请跟读与第三声相连的词语

liǎojiě （了解）	wǎngwǎng （往往）	yǒuhǎo （友好）
ǒurán （偶然）	rěnxīn （忍心）	yǐjīng （已经）
xiǎoqū （小区）	cǎopíng （草坪）	jǔdòng （举动）
měilì （美丽）	biǎoshì （表示）	

4. 请跟读与第四声相连的词语

lǜsè （绿色）	jiàntà （践踏）	rào lù （绕路）
ràoguò （绕过）	yìwài （意外）	kèyì （刻意）
duìfāng （对方）	jùlí （距离）	shàng lóu （上楼）
xìjié （细节）	miànkǒng （面孔）	

5. 请跟读与“一”相连的词语

yí fù （一副）	yí piàn （一片）	yì fān （一番）

6. 请跟读与“不”相连的词语

bù jīngyì （不经意）		

7. 请跟读轻声词

fángzi （房子）	kèqi （客气）	lǎodàye （老大爷）

读句子

1. 有 个 年轻人 在 一 个 小区 买了 套 房子。
Yǒu ge niánqīngrén zài yī ge xiǎoqū mǎile tào fángzi.

2. 邻居 是一位 沉默寡言 的老大爷。
Línjū shì yī wèi chénmò-guǎyán de lǎodàye.

3. 为了 表示 友好， 年轻人 对 老大爷 总是 很 客气。
Wèile biǎoshì yǒuhǎo，niánqīngrén duì lǎodàye zǒngshì hěn kèqi.

4. 老人 却 总是 一副 冰冷 的 面孔。
Lǎorén què zǒngshì yī fù bīnglěng de miànkǒng.

5. 春天 来了，小区里的 草坪 上 一 片 绿色的 生机。
Chūntiān lái le，xiǎoqū li de cǎopíng shang yī piàn lǜsè de shēngjī.

6. 年轻人 不 忍心 践踏 草坪， 便 绕 路 走 过去。
Niánqīngrén bù rěnxīn jiàntà cǎopíng，biàn rào lù zǒu guoqu.

7. 邻居 那 位 老大爷 就 微笑着 迎了 上来。
Línjū nà wèi lǎodàye jiù wēixiàozhe yíngle shanglai.

8. 我 很 长 时间 都 在 想， 也 有点儿 担心。
Wǒ hěn cháng shíjiān dōu zài xiǎng，yě yǒudiǎnr dānxīn.

9. 新 来 的 邻居 是 个 什么 样 的 人 呢?
Xīn lái de línjū shì ge shénme yàng de rén ne？

10. 当 你 刚才 绕过 那 片 草坪 时，我 已经 了解 你了。
Dāng nǐ gāngcái ràoguò nà piàn cǎopíng shí，wǒ yǐjīng liǎojiě nǐ le.

11. 现在 我 知道 没有 什么 可 担心 的了。
Xiànzài wǒ zhīdào méiyǒu shénme kě dānxīn de le.

12. 老人 的一番 话 让 年轻人 颇 感 意外。
Lǎorén de yī fān huà ràng niánqīngrén pō gǎn yìwài.

13. 你刻意为之 往往 不能 缩短 彼此之间 的距离，而 偶然 看到 的
Nǐ kèyì wéi zhī wǎngwǎng bù néng suōduǎn bǐcǐ zhījiān de jùlí，ér ǒurán kàndào de
一个细节、不经意 间 的一个 举动， 却 可能 在你和 对方 之间 架起
yī ge xìjié、bù jīngyì jiān de yī ge jǔdòng，què kěnéng zài nǐ hé duìfāng zhījiān jiàqǐ
美丽 的 心灵 桥梁。
měilì de xīnlíng qiáoliáng.

读会话

儿子： Érzi：	听说 对面 房间 搬来了一个 年轻人，那个人 怎么样？ Tīngshuō duìmiàn fángjiān bānláile yī ge niánqīngrén，nàge rén zěnmeyàng？
老大爷： Lǎodàye：	对我倒是挺客气，不过，昨天我才第一次跟他说话。 Duì wǒ dào shì tǐng kèqi，bùguò，zuótiān wǒ cái dì-yī cì gēn tā shuōhuà.
儿子： Érzi：	昨天 发生了 什么 事？ Zuótiān fāshēngle shénme shì？
老大爷： Lǎodàye：	那个 年轻人 回家，不忍心 践踏 草坪，是绕路走 过来 的。 Nàge niánqīngrén huíjiā，bù rěnxīn jiàntà cǎopíng，shì rào lù zǒu guolai de.
儿子： Érzi：	他心地 很 善良 啊！ Tā xīndì hěn shànliáng a！
老大爷： Lǎodàye：	我 以前 一直 有点儿 担心，不 知道 他是个 什么 样 的人。 Wǒ yǐqián yīzhí yǒudiǎnr dānxīn，bù zhīdào tā shì ge shénme yàng de rén.
儿子： Érzi：	现在 没 什么 可 担心 的了吧？ Xiànzài méi shénme kě dānxīn de le ba？
老大爷： Lǎodàye：	是啊！ Shì a！

表达练习

1. 复述课文

词语提示：

买房子　邻居　沉默寡言　客气　冰冷　草坪　不忍心　践踏　绕路
微笑　很长时间　担心　什么样　了解　意外　偶尔　不经意　举动
心灵　桥梁

2. 谈谈应该怎样与人沟通

提示：

可以从沟通的重要性谈起。石油大王洛克菲勒曾说："假如人际沟通能力也是同糖或咖啡一样的商品的话，我愿意付出比太阳底下任何东西都珍贵的价格购买这种能力。"

第五课

○主课文

金融危机下如何生存

伴随着世界经济的整体下滑，国内一些企业也面临着减产
Bànsuízhe shìjiè jīngjì de zhěngtǐ xiàhuá，guónèi yīxiē qǐyè yě miànlínzhe jiǎnchǎn
等困境，有些企业甚至采取了降薪和裁员的手段以求立足，
děng kùnjìng，yǒuxiē qǐyè shènzhì cǎiqǔle jiàngxīn hé cáiyuán de shǒuduàn yǐ qiú lìzú，
职场竞争进一步加剧。
zhíchǎng jìngzhēng jìnyībù jiājù.

在某外资企业供职的孙小姐，是朋友圈里有名的购物
Zài mǒu wàizī qǐyè gòngzhí de Sūn xiǎojiě，shì péngyou quān li yǒumíng de gòuwù-
狂。但近几个月来，孙小姐购物时变得谨慎多了。“虽然目
kuáng. Dàn jìn jǐ ge yuè lái，Sūn xiǎojiě gòuwù shí biàn de jǐnshèn duō le. “Suīrán mù-
前来看，我的生活质量并没有下降，但是一想到投到
qián lái kàn，wǒ de shēnghuó zhìliàng bìng méiyǒu xiàjiàng，dànshì yī xiǎngdào tóudào
股市里的钱缩水了三分之二以上，每月还要还房贷，我就
gǔshì li de qián suōshuǐle sān fēn zhī èr yǐshàng，měi yuè hái yào huán fángdài，wǒ jiù
不敢再乱花钱了。”同在外资企业就职的易小姐以前一日三餐
bù gǎn zài luàn huā qián le.” Tóng zài wàizī qǐyè jiùzhí de Yì xiǎojiě yǐqián yī rì sān cān
都在餐馆消费，从不担心餐费的支出，只考虑想吃什么
dōu zài cānguǎn xiāofèi，cóng bù dānxīn cānfèi de zhīchū，zhǐ kǎolǜ xiǎng chī shénme
口味。而最近她也开始自备盒饭来上班了。易小姐说：“现在能
kǒuwèi. Ér zuìjìn tā yě kāishǐ zì bèi héfàn lái shàngbān le. Yì xiǎojiě shuō：“Xiànzài néng
节约就得节约。金融风暴之下，我们谁都难以预测自己的命
jiéyuē jiù děi jiéyuē. Jīnróng fēngbào zhī xià，wǒmen shéi dōu nányǐ yùcè zìjǐ de mìng-
运，说不定哪天可能饭碗就没了，不节省着花钱哪行啊。”
yùn，shuōbudìng nǎ tiān kěnéng fànwǎn jiù méi le，bù jiéshěngzhe huā qián nǎ xíng a.”

我们很难预知风暴有多近，彩虹有多远。但只要在
Wǒmen hěn nán yùzhī fēngbào yǒu duō jìn，cǎihóng yǒu duō yuǎn. Dàn zhǐyào zài
现实的困境面前始终保持应有的乐观情绪，始终保
xiànshí de kùnjìng miànqián shǐzhōng bǎochí yīng yǒu de lèguān qíngxù，shǐzhōng bǎo-
持不懈进取的精神，我们就一定会迎来劫后重生的时刻。
chí bùxiè jìnqǔ de jīngshén，wǒmen jiù yīdìng huì yínglái jiéhòu-chóngshēng de shíkè.

读重点词语

1. 伴随 （bànsuí）	2. 经济 （jīngjì）	3. 下滑 （xiàhuá）
4. 企业 （qǐyè）	5. 面临 （miànlín）	6. 减产 （jiǎnchǎn）
7. 困境 （kùnjìng）	8. 降薪 （jiàngxīn）	9. 裁员 （cáiyuán）
10. 手段 （shǒuduàn）	11. 立足 （lìzú）	12. 职场 （zhíchǎng）
13. 加剧 （jiājù）	14. 购物狂（gòuwùkuáng）	15. 谨慎 （jǐnshèn）
16. 质量 （zhìliàng）	17. 下降 （xiàjiàng）	18. 股市 （gǔshì）
19. 缩水 （suōshuǐ）	20. 房贷 （fángdài）	21. 乱花钱（luàn huā qián）
22. 三餐 （sān cān）	23. 消费 （xiāofèi）	24. 支出 （zhīchū）
25. 口味 （kǒuwèi）	26. 盒饭 （héfàn）	27. 金融 （jīnróng）
28. 预测 （yùcè）	29. 命运 （mìngyùn）	30. 饭碗 （fànwǎn）
31. 节省 （jiéshěng）	32. 预知 （yùzhī）	33. 彩虹 （cǎihóng）
34. 现实 （xiànshí）	35. 应有 （yīng yǒu）	36. 乐观 （lèguān）
37. 不懈 （bùxiè）	38. 进取 （jìnqǔ）	39. 精神 （jīngshén）
40. 迎来 （yínglái）	41. 重生 （chóngshēng）	

读句子

1. 伴随着 世界 经济 的 整体 下滑， 国内 一些 企业 也 面临着 减产
Bànsuízhe shìjiè jīngjì de zhěngtǐ xiàhuá，guónèi yīxiē qǐyè yě miànlínzhe jiǎnchǎn
等 困境。
děng kùnjìng.

2. 有些 企业 甚至 采取了 降薪 和 裁员 的 手段 以求立足， 职场 竞
Yǒuxiē qǐyè shènzhì cǎiqǔle jiàngxīn hé cáiyuán de shǒuduàn yǐ qiú lìzú，zhíchǎng jìng-
争 进一步加剧。
zhēng jìnyībù jiājù.

3. 在 某 外资企业 供职 的 孙 小姐， 是 朋友 圈 里 有名 的 购物狂。
Zài mǒu wàizī qǐyè gòngzhí de Sūn xiǎojiě，shì péngyou quān li yǒumíng de gòuwùkuáng.

4. 近 几个 月 来， 孙 小姐 购物 时 变 得 谨慎 多 了。
Jìn jǐ ge yuè lái，Sūn xiǎojiě gòuwù shí biàn de jǐnshèn duō le.

5. 一想到投到股市里的钱缩水了三分之二以上，每月还要还房贷，我就不敢再乱花钱了。
Yī xiǎngdào tóudào gǔshì li de qián suōshuǐle sān fēn zhī èr yǐshàng，měi yuè hái yào huán fángdài，wǒ jiù bù gǎn zài luàn huā qián le.

6. 易小姐以前一日三餐都在餐馆消费，从不担心餐费的支出，只考虑想吃什么口味。
Yì xiǎojiě yǐqián yī rì sān cān dōu zài cānguǎn xiāofèi，cóng bù dānxīn cānfèi de zhīchū，zhǐ kǎolǜ xiǎng chī shénme kǒuwèi.

7. 我们谁都难以预测自己的命运，说不定哪天可能饭碗就没了，不节省着花钱哪行啊。
Wǒmen shéi dōu nányǐ yùcè zìjǐ de mìngyùn，shuōbudìng nǎ tiān kěnéng fànwǎn jiù méi le，bù jiéshěngzhe huā qián nǎ xíng a.

8. 我们很难预知风暴有多近，彩虹有多远。
Wǒmen hěn nán yùzhī fēngbào yǒu duō jìn，cǎihóng yǒu duō yuǎn.

9. 只要在现实的困境面前始终保持应有的乐观情绪，始终保持不懈进取的精神，我们就一定会迎来劫后重生的时刻。
Zhǐyào zài xiànshí de kùnjìng miànqián shǐzhōng bǎochí yīng yǒu de lèguān qíngxù，shǐzhōng bǎochí bùxiè jìnqǔ de jīngshén，wǒmen jiù yīdìng huì yínglái jiéhòu-chóngshēng de shíkè.

读会话

小易：你觉得经济危机对你的生活有影响吗？
Xiǎo Yì：Nǐ juéde jīngjì wēijī duì nǐ de shēnghuó yǒu yǐngxiǎng ma？

小孙：有一些影响。
Xiǎo Sūn：Yǒu yīxiē yǐngxiǎng.

小易：是不是在购物方面啊？大家都说你是个“购物狂”。
Xiǎo Yì：Shì bu shì zài gòuwù fāngmiàn a？Dàjiā dōu shuō nǐ shì ge “gòuwùkuáng”.

小孙：是啊。这几个月我一直都没买很贵的东西啊。
Xiǎo Sūn：Shì a. Zhè jǐ ge yuè wǒ yīzhí dōu méi mǎi hěn guì de dōngxi a.

小易：你觉得自己的生活质量下降了吗？
Xiǎo Yì：Nǐ juéde zìjǐ de shēnghuó zhìliàng xiàjiàngle ma？

小孙：从目前来看倒没有。但是一想到投到股市里的
Xiǎo Sūn：Cóng mùqián lái kàn dào méiyǒu. Dànshì yī xiǎngdào tóudào gǔshì li de

	钱 缩水了 三 分 之二 以上， 每 月 还 要 还 房贷， 我 就 qián suōshuǐle sān fēn zhī èr yǐshàng，měi yuè hái yào huán fángdài，wǒ jiù 不 敢 再 乱 花 钱 了。 bù gǎn zài luàn huā qián le.
小 易： Xiǎo Yì：	我 也比 以前 节约 多 了。以前 我 一日 三 餐 都 在 外面 Wǒ yě bǐ yǐqián jiéyuē duō le. Yǐqián wǒ yī rì sān cān dōu zài wàimian 吃， 现在 我 每 天 都 自 备 盒饭 上班。 chī，xiànzài wǒ měi tiān dōu zì bèi héfàn shàngbān.
小 孙： Xiǎo Sūn：	对， 该 节约 就 得 节约。 Duì，gāi jiéyuē jiù děi jiéyuē.

表达练习

1. 复述课文

词语提示：

经济	下滑	企业	减产	采取	降薪	裁员	竞争	外资	购物狂
谨慎	生活	质量	股市	房贷	乱花钱	一日三餐	自备	盒饭	
节约	金融风暴	预测	命运	节省	困境	乐观	不懈进取	迎来	

2. 你认为国际金融危机给中国经济带来了哪些不利的影响？同时给中国带来了哪些发展的机会？

普通话与粤语对比

（一）日常用语——时间

请读与粤语对应的普通话词语

普通话 —— 粤语
白天 —— 日头
傍晚 —— 挨晚
明天 —— 听日
昨天 —— 琴日
改天 —— 第日
以后 —— 第时
年底 —— 年尾

普通话 —— 粤语
上午 —— 上昼
中午 —— 晏昼
下午 —— 下昼
马上 —— 即刻
经常 —— 周时
整天 —— 成日
最后 —— 收尾

（二）词的分类——助词

普通话中常见的结构助词有“的、地、得”。“的”连接定语及其中心语，“地”连接状语及其中心语，“得”连接补语及其中心语。粤语的“嘅”与普通话的“的”相对应，但用法并不完全相同；与普通话的“地”相对应的粤语词基本上没有；粤语的“到”可以与普通话“得”的大部分用法相对应。

1. 请读与粤语对应的普通话词语

普通话	粤语	普通话	粤语
他的	佢嘅	没事吧	冇事吖吗
纸糊的	纸扎嘅	去哪儿啊	去边吖
胖胖的	肥肥哋	下雨来着	落过雨嚟
对了	系嘞	是他吗	系佢咩
来了	嚟咗嘞	不会吧	唔会啩
行了	得嘞	去吧	去咯
是的	系吖	会是谁呢	边个呢可

2. 请把下面的粤语句子翻译成普通话句子，然后写在横线上

（1）你喺度等住我返嚟。 ______________________

（2）我都食过呢啲餸啷。 ______________________

（3）打嚫电话揾佢都揾唔。 ______________________

（4）搭车罢喇。 ______________________

（5）佢哋都应承咗咯可。 ______________________

○副课文

天才之所以是天才

一位 从事 医学 研究 的 先生， 工作 繁忙， 每 天 的 日程 都
Yī wèi cóngshì yīxué yánjiū de xiānsheng，gōngzuò fánmáng，měi tiān de rìchéng dōu

安排 得 很 紧，但是 他 一直 保持着 午饭 后 晒 一会儿 太阳 的 习惯。
ānpái de hěn jǐn，dànshì tā yīzhí bǎochízhe wǔfàn hòu shài yīhuìr tàiyang de xíguàn.

他 每 天 在 研究所 的 院子 里 晒 太阳 时， 总 会 看见 台阶 上
Tā měi tiān zài yánjiūsuǒ de yuànzi li shài tàiyang shí，zǒng huì kànjiàn táijiē shang

有 一 只 猫 也 在 晒 太阳。 他 想：“这 是 不 是 说明 太阳 的 光
yǒu yī zhī māo yě zài shài tàiyang. Tā xiǎng："Zhè shì bu shì shuōmíng tàiyang de guāng

和热对猫一定有益处呢？如果对猫有益处，那么对人呢？是
hé rè duì māo yīdìng yǒu yìchù ne？ Rúguǒ duì māo yǒu yìchù，nàme duì rén ne？ Shì

不是同样也有益处？”这一想法在他的脑海里闪了一下。正
bu shì tóngyàng yě yǒu yìchù？” Zhè yī xiǎngfǎ zài tā de nǎohǎi li shǎnle yī xià. Zhèng

是这一闪念，引发了这位研究者的灵感。不久，“日光治疗”这
shì zhè yī shǎnniàn，yǐnfāle zhè wèi yánjiūzhě de línggǎn. Bùjiǔ，“rìguāng zhìliáo” zhe

一疗法便诞生于世了。这位研究者就是斐塞司博士，他由于发
yī liáofǎ biàn dànshēng yú shì le. Zhè wèi yánjiūzhě jiù shì Fěisàisī bóshì，tā yóuyú fā-

明了“日光治疗”而获得了诺贝尔医学奖。
míngle “rìguāng zhìliáo” ér huòdéle Nuòbèi'ěr Yīxuéjiǎng.

很多人都看见过猫在外面晒太阳的情景，可是只
Hěn duō rén dōu kànjiànguo māo zài wàimiàn shài tàiyang de qíngjǐng，kěshì zhǐ

有斐塞司博士一个人发明了日光疗法。人们往往会认为，
yǒu Fěisàisī bóshì yī ge rén fāmíngle rìguāng liáofǎ. Rénmen wǎngwǎng huì rènwéi，

要想获得事业上的成功，就必须时刻付出超出常人的
yào xiǎng huòdé shìyè shang de chénggōng，jiù bìxū shíkè fùchū chāochū chángrén de

努力。但是，实际上，在很多时候，天才和普通人的区别，仅仅
nǔlì. Dànshì，shíjìshang，zài hěn duō shíhou，tiāncái hé pǔtōngrén de qūbié，jǐnjǐn

在于他们比别人多想了一步。
zàiyú tāmen bǐ biérén duō xiǎngle yī bù.

◉ 读词语

1. 请跟读与第一声相连的词语

chāochū （超出）	tiāncái （天才）	yīxué （医学）
yīxuéjiǎng （医学奖）	ānpái （安排）	qūbié （区别）
shuōmíng （说明）	fāmíng （发明）	gōngzuò （工作）

2. 请跟读与第二声相连的词语

fánmáng （繁忙）	yóuyú （由于）	chángrén （常人）
biérén （别人）	chénggōng （成功）	yánjiū （研究）
táijiē （台阶）	línggǎn （灵感）	qíngjǐng （情景）
liáofǎ （疗法）	xíguàn （习惯）	cóngshì （从事）
tóngyàng （同样）	bóshì （博士）	shíkè （时刻）

3. 请跟读与第三声相连的词语

xiǎngfǎ （想法）	nǎohǎi （脑海）	jǐnjǐn （仅仅）
měi tiān （每天）	yǐnfā （引发）	pǔtōngrén （普通人）
bǎochí （保持）	shǎnniàn （闪念）	zǒng huì （总会）
nǔlì （努力）		

4. 请跟读与第四声相连的词语

kànjiàn （看见）	yìchù （益处）	wàimiàn （外面）
shìyè （事业）	dànshēng （诞生）	bìxū （必须）
fùchū （付出）	huòdé （获得）	rìchéng （日程）
rènwéi （认为）	zhìliáo （治疗）	Nuòbèi'ěr （诺贝尔）

5. 请跟读与“一”相连的词语

yìzhí （一直）	yíhuìr （一会儿）	yì zhī （一只）
yídìng （一定）	yí bù （一步）	

6. 请跟读轻声词

xiānsheng （先生）	tàiyang （太阳）	yuànzi li （院子里）

7. 请跟读儿化词

yīhuìr （一会儿）		

读句子

1. 一位 从事 医学 研究的 先生， 工作 繁忙， 每 天 的 日程 都
Yī wèi cóngshì yīxué yánjiū de xiānsheng，gōngzuò fánmáng，měi tiān de rìchéng dōu
安排 得 很 紧。
ānpái de hěn jǐn.

2. 他 一直 保持着 午饭 后 晒 一会儿 太阳 的 习惯。
Tā yīzhí bǎochízhe wǔfàn hòu shài yīhuìr tàiyang de xíguàn.

3. 他 每 天 在 研究所 的 院子里 晒 太阳 时， 总 会 看见 台阶 上
Tā měi tiān zài yánjiūsuǒ de yuànzi li shài tàiyang shí，zǒng huì kànjiàn táijiē shang
有 一 只 猫 也 在 晒 太阳。
yǒu yī zhī māo yě zài shài tàiyang.

4. 这 是不是 说明 太阳 的 光 和热对猫 一定 有 益处呢?
Zhè shì bu shì shuōmíng tàiyang de guāng hé rè duì māo yīdìng yǒu yìchù ne?

5. 如果 对 猫 有 益处，那么 对 人 呢? 是不是 同样 也 有 益处?
Rúguǒ duì māo yǒu yìchù，nàme duì rén ne? Shì bu shì tóngyàng yě yǒu yìchù?

6. 正 是 这 一 闪念， 引发了 这 位 研究者 的 灵感。
Zhèng shì zhè yī shǎnniàn，yǐnfāle zhè wèi yánjiūzhě de línggǎn.

7. 不久，“日光 治疗” 这 一 疗法 便 诞生 于 世 了。
Bùjiǔ，“rìguāng zhìliáo” zhè yī liáofǎ biàn dànshēng yú shì le.

8. 这 位 研究者 就 是 斐塞司 博士，他 由于 发明了 “日光 治疗” 而 获得了 诺贝尔 医学奖。
Zhè wèi yánjiūzhě jiù shì Fěisàisī bóshì，tā yóuyú fāmíngle “rìguāng zhìliáo” ér huòdéle Nuòbèi'ěr Yīxuéjiǎng.

9. 很 多 人 都 看见过 猫 在 外面 晒 太阳 的 情景， 可是 只 有 斐塞司 博士 一 个 人 发明了 日光 疗法。
Hěn duō rén dōu kànjiànguo māo zài wàimiàn shài tàiyang de qíngjǐng，kěshì zhǐ yǒu Fěisàisī bóshì yī ge rén fāmíngle rìguāng liáofǎ.

10. 人们 往往 会 认为， 要 想 获得 事业 上 的 成功， 就 必须 时刻 付出 超出 常人 的 努力。
Rénmen wǎngwǎng huì rènwéi，yào xiǎng huòdé shìyè shang de chénggōng，jiù bìxū shíkè fùchū chāochū chángrén de nǔlì.

11. 很 多 时候， 天才 和 普通人 的 区别，仅仅 在于 他们 比 别人 多 想了 一 步。
Hěn duō shíhou，tiāncái hé pǔtōngrén de qūbié，jǐnjǐn zàiyú tāmen bǐ biérén duō xiǎngle yī bù.

读会话

小 张： Xiǎo Zhāng：	你 知道 是 谁 发明了 “日光 治疗” 吗? Nǐ zhīdào shì shéi fāmíngle “rìguāng zhìliáo” ma?
小 王： Xiǎo Wáng：	不 知道。 是 谁 呀? Bù zhīdào. Shì shéi ya?

小　张：是　斐塞司　博士。
Xiǎo Zhāng: Shì Fěisàisī bóshì.

小　王：他　是　怎么　发明　的？
Xiǎo Wáng: Tā shì zěnme fāmíng de?

小　张：一　天，他　在　研究所　的　院子　里　晒　太阳　时，看见　台阶　上　有　一　只　猫　也　在　晒　太阳。
Xiǎo Zhāng: Yī tiān, tā zài yánjiūsuǒ de yuànzi li shài tàiyang shí, kànjiàn táijiē shang yǒu yī zhī māo yě zài shài tàiyang.

小　王：那　又　怎么样？
Xiǎo Wáng: Nà yòu zěnmeyàng?

小　张：他　就　想："这　是　不　是　说明　太阳　的　光　和　热　对　猫　一定　有　益处　呢？　如果　对　猫　有　益处，那么　对　人　呢？　是　不　是　同样　也　有　益处？"
Xiǎo Zhāng: Tā jiù xiǎng: "Zhè shì bu shì shuōmíng tàiyang de guāng hé rè duì māo yīdìng yǒu yìchù ne? Rúguǒ duì māo yǒu yìchù, nàme duì rén ne? Shì bu shì tóngyàng yě yǒu yìchù?"

小　王：这　件　事　引发了　他　的　灵感，对　吗？
Xiǎo Wáng: Zhè jiàn shì yǐnfāle tā de línggǎn, duì ma?

小　张：对。不久，"日光　治疗"　这　一　疗法　便　诞生　于　世　了。
Xiǎo Zhāng: Duì. Bùjiǔ, "rìguāng zhìliáo" zhè yī liáofǎ biàn dànshēng yú shì le.

表达练习

1. 复述课文

词语提示：

医学研究　晒太阳　台阶　猫　光和热　同样　闪念　灵感　日光治疗　诞生　博士　诺贝尔奖　成功　超出　天才　普通人　一步

2. 谈谈你怎样看待灵感与成功

提示：

英国发明家瓦特，受到烧水开时蒸汽顶得壶盖跳动这一现象的启发，发明改造了蒸汽机；"杂交水稻之父"袁隆平，因为偶然发现一株天然杂交的水稻而产生了灵感，试验成功了杂交水稻。

第六课

○主课文

亲情——戒毒者的坚强后盾

今年 56 岁的姜某曾是某著名贸易公司的老总，
Jīnnián wǔshíliù suì de Jiāng mǒu céng shì mǒu zhùmíng màoyì gōngsī de lǎozǒng,
当年他在商界叱咤风云，谈的每笔生意都在几百万元。
dāngnián tā zài shāngjiè chìzhà-fēngyún, tán de měi bǐ shēngyi dōu zài jǐ bǎi wàn yuán.
然而，这一切从他染上毒瘾那一刻起，就完全变了。
Rán'ér, zhè yīqiè cóng tā rǎnshàng dúyǐn nà yī kè qǐ, jiù wánquán biàn le.

16 年前的一天，姜某在好奇心的驱使下，花钱请人
Shíliù nián qián de yī tiān, Jiāng mǒu zài hàoqíxīn de qūshǐ xià, huā qián qǐng rén
教他吸毒。吸完后，发觉自己异常精神，好像浑身有使不完
jiāo tā xīdú. Xīwán hòu, fājué zìjǐ yìcháng jīngshen, hǎoxiàng húnshēn yǒu shǐ bu wán
的劲儿，就此开始了吸毒生涯。可是慢慢地，他“身体感觉异常
de jìnr, jiùcǐ kāishǐle xīdú shēngyá. Kěshì mànmàn de, tā “shēntǐ gǎnjué yìcháng
沉重，心里发慌，骨头里好像有成千上万只蚂蚁在爬，
chénzhòng, xīnli fāhuāng, gǔtou li hǎoxiàng yǒu chéngqiān-shàngwàn zhī mǎyǐ zài pá,
又痒又难受，感觉生不如死。”毒瘾发作时的痛苦，他直到
yòu yǎng yòu nánshòu, gǎnjué shēngbùrúsǐ.” Dúyǐn fāzuò shí de tòngkǔ, tā zhídào
现在还记得清清楚楚。吸毒成瘾后，他变得暴躁、偏激，还
xiànzài hái jì de qīngqīng-chǔchǔ. Xīdú chéngyǐn hòu, tā biàn de bàozào、piānjī, hái
常常失眠，做什么事都打不起精神，生意也完全放
chángcháng shīmián, zuò shénme shì dōu dǎ bu qǐ jīngshen, shēngyi yě wánquán fàng-
下了。最终，姜某向家人坦白了一切。幸运的是，家人惊讶
xià le. Zuìzhōng, Jiāng mǒu xiàng jiārén tǎnbáile yīqiè. Xìngyùn de shì, jiārén jīngyà
之后并没有放弃他，而是鼓励他进戒毒所戒除毒瘾。“他的本性
zhīhòu bìng méiyǒu fàngqì tā, ér shì gǔlì tā jìn jièdúsuǒ jièchú dúyǐn. “Tā de běnxìng
是好的。我相信他只是一时迷失，一定还能再回头。”她的妻子
shì hǎo de. Wǒ xiāngxìn tā zhǐshì yīshí míshī, yīdìng hái néng zài huítóu.” Tā de qīzi
这样说。
zhèyàng shuō.

家人的鼓励与信任让老姜在 13 次进出戒毒所之后终
Jiārén de gǔlì yǔ xìnrèn ràng Lǎo Jiāng zài shísān cì jìn chū jièdúsuǒ zhīhòu zhōng-

于 戒毒 成功 了 “我 戒毒 成功， 首先 要 感谢 我 的 家人。他
yú jièdú chénggōng le. “Wǒ jièdú chénggōng，shǒuxiān yào gǎnxiè wǒ de jiārén. Tā-
们 是 我 的 坚强 后盾。”
men shì wǒ de jiānqiáng hòudùn.”

读重点词语

1. 老总（lǎozǒng）	2. 商界（shāngjiè）	3. 叱咤风云（chìzhà-fēngyún）
4. 毒瘾（dúyǐn）	5. 好奇心（hàoqíxīn）	6. 吸毒（xīdú）
7. 异常（yìcháng）	8. 浑身（húnshēn）	9. 生涯（shēngyá）
10. 沉重（chénzhòng）	11. 发慌（fāhuāng）	12. 骨头（gǔtou）
13. 成千上万（chéngqiān-shàngwàn）	14. 生不如死（shēngbùrúsǐ）	15. 蚂蚁（mǎyǐ）
16. 发作（fāzuò）	17. 成瘾（chéngyǐn）	18. 暴躁（bàozào）
19. 偏激（piānjī）	20. 失眠（shīmián）	21. 坦白（tǎnbái）
22. 幸运（xìngyùn）	23. 惊讶（jīngyà）	24. 放弃（fàngqì）
25. 鼓励（gǔlì）	26. 戒除（jièchú）	27. 本性（běnxìng）
28. 一时（yīshí）	29. 迷失（míshī）	30. 信任（xìnrèn）
31. 进出（jìn chū）	32. 成功（chénggōng）	33. 首先（shǒuxiān）
34. 坚强（jiānqiáng）	35. 后盾（hòudùn）	

读句子

1. 今年 56 岁 的 姜 某 曾 是 某 著名 贸易 公司 的 老总。
Jīnnián wǔshíliù suì de Jiāng mǒu céng shì mǒu zhùmíng màoyì gōngsī de lǎozǒng.

2. 当年 他 在 商界 叱咤风云， 谈 的 每 笔 生意 都 在 几百 万 元。
Dāngnián tā zài shāngjiè chìzhà-fēngyún，tán de měi bǐ shēngyi dōu zài jǐ bǎi wàn yuán.

3. 这 一切 从 他 染上 毒瘾 那 一 刻 起，就 完全 变 了。
Zhè yīqiè cóng tā rǎnshàng dúyǐn nà yī kè qǐ，jiù wánquán biàn le.

4. 16 年 前 的 一 天， 姜 某 在 好奇心 的 驱使 下， 花 钱 请 人
Shíliù nián qián de yī tiān，Jiāng mǒu zài hàoqíxīn de qūshǐ xià，huā qián qǐng rén
教 他 吸毒。
jiāo tā xīdú.

5. 吸完 后，发觉 自己 异常 精神， 好像 浑身 有 使 不 完 的 劲儿。
Xīwán hòu，fājué zìjǐ yìcháng jīngshen，hǎoxiàng húnshēn yǒu shǐ bu wán de jìnr.

6. 骨头 里 好像 有 成千上万 只 蚂蚁 在 爬， 又 痒 又 难受，
Gǔtou li hǎoxiàng yǒu chéngqiān-shàngwàn zhī mǎyǐ zài pá，yòu yǎng yòu nánshòu，
感觉 生不如死。
gǎnjué shēngbùrúsǐ.

7. 毒瘾 发作 时 的 痛苦， 他 直 到 现在 还 记 得 清清楚楚。
Dúyǐn fāzuò shí de tòngkǔ，tā zhí dào xiànzài hái jì de qīngqīng-chǔchǔ.

8. 他 变 得 暴躁、偏激， 还 常常 失眠， 做 什么 事 都 打不起
Tā biàn de bàozào、piānjī，hái chángcháng shīmián，zuò shénme shì dōu dǎ bu qǐ
精神， 生意 也 完全 放下 了。
jīngshen，shēngyi yě wánquán fàngxià le.

9. 我 相信 他 只是 一时 迷失， 一定 还 能 再 回头。
Wǒ xiāngxìn tā zhǐshì yīshí míshī，yīdìng hái néng zài huítóu.

10. 家人 的 鼓励 与 信任 让 老 姜 在 13 次 进 出 戒毒所 之后 终于
Jiārén de gǔlì yǔ xìnrèn ràng Lǎo Jiāng zài shísān cì jìn chū jièdúsuǒ zhīhòu zhōngyú
戒毒 成功 了。
jièdú chénggōng le.

▣ 读会话

记者： 听说 您 曾经 是 一 家 贸易 公司 的 老总， 生意 做 得 很 成功。
Jìzhě： Tīngshuō nín céngjīng shì yī jiā màoyì gōngsī de lǎozǒng，shēngyi zuò de hěn chénggōng.

老 姜： 那 已经 是 十 几 年 以前 的 事 了……。后来 因为 吸毒，我 的 生意 全 毁 了。
Lǎo Jiāng： Nà yǐjīng shì shí jǐ nián yǐqián de shì le⋯. Hòulái yīnwèi xīdú，wǒ de shēngyi quán huǐ le.

记者： Jìzhě：	您 是 怎么 染上 毒瘾 的 呢？ Nín shì zěnme rǎnshàng dúyǐn de ne？
老 姜： Lǎo Jiāng：	因为 我 多 次 听说， 吸毒 能 让 人 感觉 自己 强大 无比， Yīnwèi wǒ duō cì tīngshuō，xīdú néng ràng rén gǎnjué zìjǐ qiángdà wúbǐ， 就 请 人 教 我 吸了 几 次。 jiù qǐng rén jiāo wǒ xīle jǐ cì。
记者： Jìzhě：	后来 您 就 慢慢 地 上瘾 了，是 吗？ Hòulái nín jiù mànmàn de shàngyǐn le，shì ma？
老 姜： Lǎo Jiāng：	是 啊，再 到 后来 就 麻烦 了，毒瘾 一 发作 起来，身体 又 痛 Shì a，zài dào hòulái jiù máfan le，dúyǐn yī fāzuò qilai，shēntǐ yòu tòng 又 痒， 真 是 生不如死 啊！ yòu yǎng，zhēn shì shēngbùrúsǐ a！
记者： Jìzhě：	但是 您 最后 还是 成功 地 戒掉了 毒瘾，真 有 毅力 啊！ Dànshì nín zuìhòu háishi chénggōng de jièdiàole dúyǐn，zhēn yǒu yìlì a！
老 姜： Lǎo Jiāng：	其实 我 戒毒 成功， 首先 要 感谢 我 的 家人。 他们 是 Qíshí wǒ jièdú chénggōng，shǒuxiān yào gǎnxiè wǒ de jiārén. Tāmen shì 我 的 坚强 后盾。 wǒ de jiānqiáng hòudùn.

表达练习

1. 复述课文

词语提示：

老总	商界	染上	毒瘾	好奇心	精神	浑身	沉重	发慌	蚂蚁
痛苦	暴躁	失眠	坦白	幸运	惊讶	放弃	鼓励	戒毒所	本性
一时	回头	信任	进出	终于	感谢	后盾			

2. 谈谈你对吸毒这种行为的看法

提示：

可以从吸毒对社会和家庭两方面的危害来谈。

（一）日常用语——寒暄

请读与粤语对应的普通话词语

普通话	粤语
您早	早晨
晚安	早抖
托福	托赖
劳驾	借过
您慢走	好腥行
小心点儿	小心的
不要紧	唔要紧

普通话	粤语
很抱歉	唔好意思
对不起你	对你唔住
麻烦你了	劳烦你嘞
你真行	你系得嘅
好说好说	好话好话
打扰了	骚扰晒
挺好的吧	几好吖嘛

（二）词的分类——叹词

汉语中的叹词数目较多。同一个叹词，运用不同的语调，可以表现出不同的感情色彩。如："啊"发平调时，表示请求或嘱咐；语调短促、高扬，则表示惊惧；语调高扬、舒缓，表示没听清楚而追问等。而粤语的叹词本身没有固定的声调，叹词句不存在语调和语义的关系问题。

1. 请读与粤语对应的普通话语句

普通话	粤语
啊？	嗄？
欸？	咦？
是吧？	呵？
嗯？	唔？
嚯！	哗！
哼！	吓！

普通话	粤语
喏	喑
对了	系呢
啧	咩
嚄	哗哎
好家伙	咦嘻
呸！	啋！

2. 请把下面的粤语句子翻译成普通话句子，然后写在横线上

（1）啊？咁邋遢嘅！ ____________________

（2）长返啲就啱嘞，呵？ ____________________

（3）嗄？你头先讲乜嘢？ ____________________

（4）咦？你几时嚟？ ____________________

（5）哗？真系有咁大？ ____________________

○副课文

背篓的重量

有一个人性格有些抑郁，总觉得生活的担子太沉重了。
Yǒu yī ge rén xìnggé yǒuxiē yìyù，zǒng juéde shēnghuó de dànzi tài chénzhòng le.

有一天，他经人介绍，去见一位智者，寻求解脱抑郁的方法。
Yǒu yī tiān，tā jīng rén jièshào，qù jiàn yī wèi zhìzhě，xúnqiú jiětuō yìyù de fāngfǎ.

智者递给他一个篓子，让他背在肩上。然后，指着一条铺
Zhìzhě dì gěi tā yī ge lǒuzi，ràng tā bēi zài jiān shang. Ránhòu，zhǐzhe yī tiáo pū-

满鹅卵石的路说："你沿着这条路往前走，每走一步就捡一
mǎn éluǎnshí de lù shuō："Nǐ yánzhe zhè tiáo lù wǎng qián zǒu，měi zǒu yī bù jiù jiǎn yī

块自己喜欢的石头放进背篓里，看看最后会有什么感受。"
kuài zìjǐ xǐhuan de shítou fàngjìn bēilǒu li，kànkan zuìhòu huì yǒu shénme gǎnshòu."

那人照着智者说的做了。当那人走到路的尽头时，智者
Nà rén zhàozhe zhìzhě shuō de zuò le. Dāng nà rén zǒudào lù de jìntóu shí，zhìzhě

问他有什么感觉，那人说："我感觉背篓越来越重，快
wèn tā yǒu shénme gǎnjué，nà rén shuō："Wǒ gǎnjué bēilǒu yuè lái yuè zhòng，kuài

背不动了。"智者说："我们每个人来到这个世界的时候，都
bēi bu dòng le." Zhìzhě shuō："Wǒmen měi ge rén láidào zhège shìjiè de shíhou，dōu

背着一个空的背篓。人的一生，就是不断地往自己的背篓里
bēizhe yī ge kōng de bēilǒu. Rén de yīshēng，jiù shì bùduàn de wǎng zìjǐ de bēilǒu li

放石头的过程。然而，随着我们逐渐长大，喜欢的东西
fàng shítou de guòchéng. Rán'ér，suízhe wǒmen zhújiàn zhǎngdà，xǐhuan de dōngxi

也越来越多——金钱、豪宅、名车……，人们不断地把它们
yě yuè lái yuè duō——jīnqián、háozhái、míngchē…，rénmen bùduàn de bǎ tāmen

放进背篓里，结果走得越远，就会越觉得生活的负担沉
fàngjìn bēilǒu li，jiéguǒ zǒu de yuè yuǎn，jiù huì yuè juéde shēnghuó de fùdān chén-

重。"那人问智者："怎么才能减轻负担呢？"智者回答道：
zhòng." Nà rén wèn zhìzhě："Zěnme cái néng jiǎnqīng fùdān ne？" Zhìzhě huídá dào：

"减轻这份负担其实很简单，你只要把背篓中的东西扔
"Jiǎnqīng zhè fèn fùdān qíshí hěn jiǎndān，nǐ zhǐyào bǎ bēilǒu zhōng de dōngxi rēng-

掉几样就行了。"
diào jǐ yàng jiù xíng le."

我们都要懂得这样一个道理：生活之篓里的东西越多，
Wǒmen dōu yào dǒngdé zhèyàng yī ge dàolǐ：Shēnghuó zhī lǒu li de dōngxi yuè duō，

我们	的	责任	也	就	越	大，	当然	也	就	会	感到	更	辛苦。	因此，	我们

我们 的 责任 也 就 越 大， 当然 也 就 会 感到 更 辛苦。 因此， 我们
wǒmen de zérèn yě jiù yuè dà，dāngrán yě jiù huì gǎndào gèng xīnkǔ. Yīncǐ，wǒmen
不 能 无 限制 地 去 追求。
bù néng wú xiànzhì de qù zhuīqiú.

读词语

1. 请跟读与第一声相连的词语

zhuīqiú （追求）	dāngrán （当然）	jīnqián （金钱）
bēilǒu （背篓）	fāngfǎ （方法）	pūmǎn （铺满）
xīnkǔ （辛苦）	rēngdiào （扔掉）	

2. 请跟读与第二声相连的词语

xúnqiú （寻求）	rán'ér （然而）	háozhái （豪宅）
qíshí （其实）	míngchē （名车）	éluǎnshí （鹅卵石）
zhújiàn （逐渐）	jiéguǒ （结果）	chénzhòng （沉重）
zérèn （责任）	wú xiànzhì （无限制）	

3. 请跟读与第三声相连的词语

jiětuō （解脱）	jiǎndān （简单）	jiǎnqīng （减轻）
dǒngdé （懂得）	jǐ yàng （几样）	zhǎngdà （长大）
gǎnshòu （感受）		

4. 请跟读与第四声相连的词语

yìyù （抑郁）	jièshào （介绍）	zuìhòu （最后）
shìjiè （世界）	fùdān （负担）	xìnggé （性格）
nà rén （那人）	jìntóu （尽头）	guòchéng （过程）
zhìzhě （智者）	dì gěi （递给）	dàolǐ （道理）

5. 请跟读与“一”相连的词语

yí ge rén （一个人）	yì tiáo （一条）	yí bù （一步）
yìshēng （一生）		

6. 请跟读与“不”相连的词语

bù néng （不能）		

7. 请跟读轻声词

juéde （觉得）	dànzi （担子）	lǒuzi （篓子）
xǐhuan （喜欢）	yánzhe （沿着）	zhàozhe （照着）
dōngxi （东西）	suízhe （随着）	

三 读句子

1. 有 一个 人 性格 有些 抑郁， 总 觉得 生活 的 担子 太 沉重 了。
Yǒu yī ge rén xìnggé yǒuxiē yìyù，zǒng juéde shēnghuó de dànzi tài chénzhòng le.

2. 他 经 人 介绍， 去 见 一 位 智者， 寻求 解脱 抑郁 的 方法。
Tā jīng rén jièshào，qù jiàn yī wèi zhìzhě，xúnqiú jiětuō yìyù de fāngfǎ.

3. 智者 递 给 他 一 个 篓子， 让 他 背 在 肩 上。
Zhìzhě dì gěi tā yī ge lǒuzi，ràng tā bēi zài jiān shang.

4. 你 沿着 这 条 路 往 前 走， 每 走 一 步 就 捡 一 块 自己 喜欢 的 石头 放进 背篓 里。
Nǐ yánzhe zhè tiáo lù wǎng qián zǒu，měi zǒu yī bù jiù jiǎn yī kuài zìjǐ xǐhuan de shítou fàngjìn bēilǒu li.

5. 当 那 人 走到 路 的 尽头 时， 智者 问 他 有 什么 感觉。
Dāng nà rén zǒudào lù de jìntóu shí，zhìzhě wèn tā yǒu shénme gǎnjué.

6. 我 感觉 背篓 越 来 越 重， 快 背 不 动 了。
Wǒ gǎnjué bēilǒu yuè lái yuè zhòng，kuài bēi bu dòng le.

7. 我们 每 个 人 来到 这个 世界 的 时候， 都 背着 一 个 空 的 背篓。
Wǒmen měi ge rén láidào zhège shìjiè de shíhou，dōu bēizhe yī ge kōng de bēilǒu.

8. 人 的 一生， 就是 不断 地 往 自己 的 背篓 里 放 石头 的 过程。
Rén de yīshēng，jiù shì bùduàn de wǎng zìjǐ de bēilǒu li fàng shítou de guòchéng.

9. 随着 我们 逐渐 长大， 喜欢 的 东西 也 越 来 越 多—— 金钱、 豪宅、 名车……。
Suízhe wǒmen zhújiàn zhǎngdà，xǐhuan de dōngxi yě yuè lái yuè duō——jīnqián、háozhái、míngchē….

10. 人们 不断 地 把 它们 放进 背篓里，结果 走 得 越 远，就 会 越
Rénmen bùduàn de bǎ tāmen fàngjìn bēilǒu li，jiéguǒ zǒu de yuè yuǎn，jiù huì yuè
觉得 生活 的 负担 沉重。
juéde shēnghuó de fùdān chénzhòng.

11. 减轻 这 份 负担 其实 很 简单，你 只要 把 背篓 中 的 东西 扔
Jiǎnqīng zhè fèn fùdān qíshí hěn jiǎndān，nǐ zhǐyào bǎ bēilǒu zhōng de dōngxi rēng-
掉 几 样 就 行 了。
diào jǐ yàng jiù xíng le.

12. 生活 之 篓 里 的 东西 越 多，我们 的 责任 也 就 越 大，当然 也 就
Shēnghuó zhī lǒu li de dōngxi yuè duō，wǒmen de zérèn yě jiù yuè dà，dāngrán yě jiù
会 感到 更 辛苦。
huì gǎndào gèng xīnkǔ.

13. 我们 不 能 无 限制 地 去 追求。
Wǒmen bù néng wú xiànzhì de qù zhuīqiú.

◎ 读会话

普通人： Pǔtōngrén：	我 总 觉得 生活 的 担子 太 沉重 了，您 有 没有 Wǒ zǒng juéde shēnghuó de dànzi tài chénzhòng le，nín yǒu méiyǒu 什么 办法 帮 我 解脱？ shénme bànfǎ bāng wǒ jiětuō？
智者： Zhìzhě：	你 把 这个 篓子 背 在 肩 上， 沿着 这 条 路 往 前 走， Nǐ bǎ zhège lǒuzi bēi zài jiān shang，yánzhe zhè tiáo lù wǎng qián zǒu， 每 走 一 步 就 捡 一 块 自己 喜欢 的 石头 放进 背篓 里。 měi zǒu yī bù jiù jiǎn yī kuài zìjǐ xǐhuan de shítou fàngjìn bēilǒu li.
普通人： Pǔtōngrén：	好 的。 Hǎo de.
智者： Zhìzhě：	你 有 什么 感觉？ Nǐ yǒu shénme gǎnjué？
普通人： Pǔtōngrén：	我 感觉 背篓 越 来 越 重， 快 背 不 动 了。 Wǒ gǎnjué bēilǒu yuè lái yuè zhòng，kuài bēi bu dòng le.
智者： Zhìzhě：	人 的 一生， 就 是 不断 地 往 自己 的 背篓 里 放 石头 的 Rén de yīshēng，jiù shì bùduàn de wǎng zìjǐ de bēilǒu li fàng shítou de 过程。 随着 我们 逐渐 长大， 喜欢 的 东西 也 越 来 guòchéng. Suízhe wǒmen zhújiàn zhǎngdà，xǐhuan de dōngxi yě yuè lái

	越多——金钱、豪宅、名车……，人们不断地把它们放进背篓里。 yuè duō ——jīnqián、háozhái、míngchē…，rénmen bùduàn de bǎ tāmen fàngjìn bēilǒu li.
普通人： Pǔtōngrén：	真的是这样啊！ Zhēn de shì zhèyàng a!
智者： Zhìzhě：	结果走得越远，就会越觉得生活的负担沉重。 Jiéguǒ zǒu de yuè yuǎn，jiù huì yuè juéde shēnghuó de fùdān chénzhòng.
普通人： Pǔtōngrén：	怎么才能减轻负担呢？ Zěnme cái néng jiǎnqīng fùdān ne？
智者： Zhìzhě：	你只要把背篓中的东西扔掉几样就行了。 Nǐ zhǐyào bǎ bēilǒu zhōng de dōngxi rēngdiào jǐ yàng jiù xíng le.

表达练习

1. 复述课文

词语提示：

抑郁　沉重　智者　解脱　往前走　捡石头　背篓　越来越重　背不动　一生　不断地　负担　减轻　扔掉

2. 谈谈现代人为什么会感觉生活压力越来越大

提示：

随着商品经济的发展，人们越来越追求高水准的生活；社会竞争激烈，赚钱越来越不容易；车奴、房奴、借钱行贿等现象也随之出现了。

第七课

○主课文

地球家园的保护者

生活在湖南省某偏僻山村的胡延任和戴秀芳夫妇，
Shēnghuó zài Húnán Shěng mǒu piānpì shāncūn de Hú Yánrèn hé Dài Xiùfāng fūfù,
在新婚第三天就拟定了在家乡 103 座荒山上造林
zài xīnhūn dì-sān tiān jiù nǐdìngle zài jiāxiāng yībǎi líng sān zuò huāngshān shang zàolín
的规划。如今 51 年过去了，夫妻俩共植树 1 万多亩。如今
de guīhuà. Rújīn wǔshíyī nián guòqù le, fūqī liǎ gòng zhíshù yīwàn duō mǔ. Rújīn
丈夫已经 80 岁，妻子也已经 74 岁了。他们把自己的大半生都
zhàngfu yǐjīng bāshí suì, qīzi yě yǐjīng qīshísì suì le. Tāmen bǎ zìjǐ de dàbànshēng dōu
奉献给了家乡的万亩荒山。这对夫妇坚持荒山植树，
fèngxiàn gěi le jiāxiāng de wàn mǔ huāngshān. Zhè duì fūfù jiānchí huāngshān zhíshù,
起因很简单。他们的家乡山高路险，有时还遭遇山洪的
qǐyīn hěn jiǎndān. Tāmen de jiāxiāng shāngāo lùxiǎn, yǒushí hái zāoyù shānhóng de
侵袭。当年面对洪水过后满目疮痍的大山，丈夫胡
qīnxí. Dāngnián miànduì hóngshuǐ guò hòu mǎnmù-chuāngyí de dà shān, zhàngfu Hú
延任发了愁。而妻子却说："有什么可愁的？'平地好起屋，
Yánrèn fāle chóu. Ér qīzi què shuō: "Yǒu shénme kě chóu de? 'Píngdì hǎo qǐ wū,
塘中好养鱼。'山里人就应该植树啊。"从此，他们开始了
táng zhōng hǎo yǎng yú.' Shānlirén jiù yīnggāi zhíshù a." Cóngcǐ, tāmen kāishǐle
荒山植树的漫漫人生路。为了植树，他们克服了种种
huāngshān zhíshù de mànmàn rénshēnglù. Wèile zhíshù, tāmen kèfúle zhǒngzhǒng
恶劣的自然条件，历尽了千辛万苦；为了植树，他们经历了两次丧子
èliè de zìrán tiáojiàn, lìjìnle qiānxīn-wànkǔ; wèile zhíshù, tāmen jīnglìle liǎng cì sàng zǐ
之痛，并且终生没有再育。他们用自己一生的岁月，
zhī tòng, bìngqiě zhōngshēng méiyǒu zàiyù. Tāmen yòng zìjǐ yīshēng de suìyuè,
换来了崇山峻岭的满目苍翠。
huànláile chóngshān-jùnlǐng de mǎnmù cāngcuì.

我们的地球需要绿色，很多像这对夫妇一样的普通人在以
Wǒmen de dìqiú xūyào lǜsè, hěn duō xiàng zhè duì fūfù yīyàng de pǔtōngrén zài yǐ
各种各样的方式为我们共同的家园植树、种草，创
gèzhǒng-gèyàng de fāngshì wèi wǒmen gòngtóng de jiāyuán zhíshù、zhòng cǎo, chuàng-

造着 一个 又 一个 “绿色” 奇迹。 他们 为 后人 留下了 最 宝贵 的 “绿色”
zàozhe yī ge yòu yī ge “lǜsè” qíjì. Tāmen wèi hòurén liúxiàle zuì bǎoguì de “lǜsè”
财富，他们 是 地球 家园 的 真正 保护者。
cáifù, tāmen shì dìqiú jiāyuán de zhēnzhèng bǎohùzhě.

读重点词语

1. 偏僻 (piānpì)	2. 新婚 (xīnhūn)	3. 拟定 (nǐdìng)
4. 荒山 (huāngshān)	5. 造林 (zàolín)	6. 规划 (guīhuà)
7. 植树 (zhíshù)	8. 大半生 (dàbànshēng)	9. 奉献 (fèngxiàn)
10. 家乡 (jiāxiāng)	11. 万亩 (wàn mǔ)	12. 起因 (qǐyīn)
13. 山高路险 (shāngāo lùxiǎn)	14. 遭遇 (zāoyù)	15. 山洪 (shānhóng)
16. 侵袭 (qīnxí)	17. 满目疮痍 (mǎnmù-chuāngyí)	18. 发愁 (fāchóu)
19. 平地 (píngdì)	20. 塘中 (táng zhōng)	21. 山里人 (shānlirén)
22. 克服 (kèfú)	23. 恶劣 (èliè)	24. 历尽 (lìjìn)
25. 千辛万苦 (qiānxīn-wànkǔ)	26. 丧子 (sàng zǐ)	27. 终生 (zhōngshēng)
28. 岁月 (suìyuè)	29. 崇山峻岭 (chóngshān-jùnlǐng)	30. 满目苍翠 (mǎnmù cāngcuì)
31. 地球 (dìqiú)	32. 绿色 (lǜsè)	33. 普通人 (pǔtōngrén)
34. 共同 (gòngtóng)	35. 家园 (jiāyuán)	36. 奇迹 (qíjì)
37. 后人 (hòurén)	38. 财富 (cáifù)	39. 保护者 (bǎohùzhě)

读句子

1. 生活 在 湖南 省 某 偏僻 山村 的 胡 延任 和 戴 秀芳 夫妇，
Shēnghuó zài Húnán Shěng mǒu piānpì shāncūn de Hú Yánrèn hé Dài Xiùfāng fūfù,
在 新婚 第三 天 就 拟定了 在 家乡 103 座 荒山 上 造
zài xīnhūn dì-sān tiān jiù nǐdìngle zài jiāxiāng yībǎi líng sān zuò huāngshān shang zào-
林 的 规划。
lín de guīhuà.

2. 如今 51 年 过去了，夫妻俩 共 植树 1万 多 亩。
Rújīn wǔshíyī nián guòqu le, fūqī liǎ gòng zhíshù yīwàn duō mǔ.

3. 如今 丈夫 已经 80 岁，妻子 也 已经 74 岁 了。
Rújīn zhàngfu yǐjīng bāshí suì, qīzi yě yǐjīng qīshísì suì le.

4. 他们 把 自己 的 大半生 都 奉献 给 了 家乡 的 万 亩 荒山。
Tāmen bǎ zìjǐ de dàbànshēng dōu fèngxiàn gěi le jiāxiāng de wàn mǔ huāngshān.

5. 这 对 夫妇 坚持 荒山 植树，起因 很 简单。
Zhè duì fūfù jiānchí huāngshān zhíshù, qǐyīn hěn jiǎndān.

6. 他们 的 家乡 山高 路险，有时 还 遭遇 山洪 的 侵袭。
Tāmen de jiāxiāng shāngāo lùxiǎn, yǒushí hái zāoyù shānhóng de qīnxí.

7. 当年 面对 洪水 过 后 满目疮痍 的 大 山，丈夫 胡 延任 发了 愁。
Dāngnián miànduì hóngshuǐ guò hòu mǎnmù-chuāngyí de dà shān, zhàngfu Hú Yánrèn fāle chóu.

8. 为了 植树，他们 克服了 种种 恶劣 的 自然 条件，历尽了 千辛万苦。
Wèile zhíshù, tāmen kèfúle zhǒngzhǒng èliè de zìrán tiáojiàn, lìjìnle qiānxīn-wànkǔ.

9. 他们 用 自己 一生 的 岁月，换来了 崇山峻岭 的 满目 苍翠。
Tāmen yòng zìjǐ yīshēng de suìyuè, huànláile chóngshān-jùnlǐng de mǎnmù cāngcuì.

10. 他们 为 后人 留下了 最 宝贵 的"绿色"财富，他们 是 地球 家园 的 真正 保护者。
Tāmen wèi hòurén liúxiàle zuì bǎoguì de "lǜsè" cáifù, tāmen shì dìqiú jiāyuán de zhēnzhèng bǎohùzhě.

读会话

记者： Jìzhě:	胡大爷，您 和 老伴儿 是 什么 时候 开始 植树 造林 的？ Hú dàye, nín hé lǎobànr shì shénme shíhou kāishǐ zhíshù zàolín de?
胡大爷： Hú dàye:	我们 俩 结婚 后 第三 天 就 想好了 造林 计划，然后 很 快 就 开始 行动 了。 Wǒmen liǎ jiéhūn hòu dì-sān tiān jiù xiǎnghǎole zàolín jìhuà, ránhòu hěn kuài jiù kāishǐ xíngdòng le.

记者： Jìzhě：	那 算 起来 已经 有 好几 十 年 了 吧？ Nà suàn qilai yǐjīng yǒu hǎojǐ shí nián le ba？
胡 大爷： Hú dàye：	是 啊，已经 51 年 了。 我们 的 大半生 都 给了 这 103 座 大 山 了。 Shì a，yǐjīng wǔshíyī nián le. Wǒmen de dàbànshēng dōu gěile zhè yībǎi líng sān zuò dà shān le.
记者： Jìzhě：	您 二 位 这么 多 年 坚持 造林，一定 克服了 很 多 困难，吃了 很 多 苦 吧？ Nín èr wèi zhème duō nián jiānchí zàolín，yīdìng kèfúle hěn duō kùnnan，chīle hěn duō kǔ ba？
胡 大爷： Hú dàye：	是 吃了 不 少 苦。我 老伴儿 因为 劳累 过度， 两 次 怀孕 都 没 能 保住 孩子。 现在， 这 满 山 的 绿树 就 是 我们 的 孩子 了！ Shì chīle bù shǎo kǔ. Wǒ lǎobànr yīnwèi láolèi guòdù，liǎng cì huáiyùn dōu méi néng bǎozhù háizi. Xiànzài，zhè mǎn shān de lǜshù jiù shì wǒmen de háizi le！
记者： Jìzhě：	是 啊。 现在 很 多 人 都 在 提倡 保护 环境， 保护 地球。您 二 位 就 是 大家 最 好 的 榜样 啊！ Shì a. Xiànzài hěn duō rén dōu zài tíchàng bǎohù huánjìng，bǎohù dìqiú. Nín èr wèi jiù shì dàjiā zuì hǎo de bǎngyàng a！
胡 大爷： Hú dàye：	不敢当， 不敢当。 Bùgǎndāng，bùgǎndāng.

表达练习

1. 复述课文

词语提示：

偏僻	夫妇	新婚	造林	大半生	荒山	起因	山高路险	洪水
满目疮痍	发愁	栽树	克服	千辛万苦	丧子之痛	终生	满目苍翠	
地球	普通人	各种各样	家园	保护者				

2. 每年的 3 月 12 日是中国的“植树节”，你认为设立这一节日有什么意义？

（一）日常用语——风俗

请读与粤语对应的普通话词语

普通话 —— 粤语	普通话 —— 粤语
除夕 —— 年卅晚	沏茶 —— 冲茶
傍晚 —— 挨晚	说书 —— 讲古
焰火 —— 烟花	赏脸 —— 赏面
客人 —— 人客	办酒席 —— 摆酒
鞭炮 —— 炮仗	聊天儿 —— 倾偈
游艺 —— 嘉年华	睡过头 —— 瞓过笼
麻将 —— 麻雀	放风筝 —— 放纸鹞

（二）词的分类——方位词

普通话中有很多方位词，表示方向和相对位置关系。如："前、后""东、南""左、右"等。粤语中的很多方位词，词形和表达方式与普通话有较大差异。例如：粤语的"左手便""右手便"在普通话中是"左边""右边"等。

1. 请读与粤语对应的普通话词语

普通话 —— 粤语	普通话 —— 粤语
上边 —— 上高	最里边 —— 最笃
下边 —— 下低	到处 —— 度度
旁边 —— 隔篱	别处 —— 第度
附近 —— 左近	左边 —— 左手便
里边 —— 裏便	右边 —— 右手便
外边 —— 外便	那里 —— 嗰处

2. 请把下面的粤语句子翻译成普通话句子，然后写在横线上

（1）房度有人。______

（2）坐喺我隔篱。______

（3）住喺我隔篱。______

（4）啲片喺袋度。______

（5）喺地牢下便。______

○副课文

友爱是最好的奖牌

在某城市残疾人运动会上，参加百米速跑的8个孩子
Zài mǒu chéngshì cánjírén yùndònghuì shang，cānjiā bǎi mǐ sùpǎo de bā ge háizi
全部是身体残疾或者有智障的孩子。比赛快开始了，他们整
quánbù shì shēntǐ cánjí huòzhě yǒu zhìzhàng de háizi. Bǐsài kuài kāishǐ le，tāmen zhěng-
齐地站在起跑线上。
qí de zhàn zài qǐpǎoxiàn shang.

“啪！”枪声一响，8个孩子都跑了起来。其实他们跑得都
“Pā!” Qiāngshēng yī xiǎng，bā ge háizi dōu pǎole qilai. Qíshí tāmen pǎo de dōu
不够快，但是看上去他们都满怀希望地要跑完全程，
bù gòu kuài，dànshì kàn shangqu tāmen dōu mǎnhuái xīwàng de yào pǎowán quánchéng，
并争取获胜。刚跑了三分之一，突然，一个男孩儿跌倒了，
bìng zhēngqǔ huò shèng. Gāng pǎole sān fēn zhī yī，tūrán，yī ge nánháir diēdǎo le，
他很快爬了起来，再次跌倒了，他又坚强地爬起来……连续摔了
tā hěn kuài pále qilai，zàicì diēdǎo le，tā yòu jiānqiáng de pá qilai… Liánxù shuāile
好几次，男孩儿终于哭了。另外7个孩子听到这个男孩儿的哭声，
hǎojǐ cì，nánháir zhōngyú kū le. Lìngwài qī ge háizi tīngdào zhège nánháir de kūshēng，
都陆续地放慢了速度停下来，然后转身往回跑。
dōu lùxù de fàngmànle sùdù tíng xialai，ránhòu zhuǎnshēn wǎng huí pǎo.

这时，一个患有“恐低综合征”的女孩儿最先跑到了男孩儿
Zhèshí，yī ge huàn yǒu “kǒng dī zōnghézhēng” de nǚháir zuì xiān pǎodàole nánháir
的身旁。她弯下腰，在那个男孩儿的脸上轻轻地吻了一下儿，
de shēnpáng. Tā wānxià yāo，zài nàge nánháir de liǎn shang qīngqīng de wěnle yīxiàr，
说：“这会让你好些的。”接下来，8个孩子又站到了一起，他们
shuō：“Zhè huì ràng nǐ hǎo xiē de.” Jiē xiàlái，bā ge háizi yòu zhàndàole yīqǐ，tāmen
手挽手，一直走到了终点。这时，体育场上所有观众
shǒu wǎn shǒu，yīzhí zǒudàole zhōngdiǎn. Zhèshí，tǐyùchǎng shang suǒyǒu guānzhòng
都站了起来，发出了震耳的掌声和欢呼声。
dōu zhànle qilai，fāchūle zhèn ěr de zhǎngshēng hé huānhūshēng.

体育场上的这一幕十分感人，达到了震撼人的心灵的
Tǐyùchǎng shang de zhè yī mù shífēn gǎnrén，dádàole zhènhàn rén de xīnlíng de
程度。在那特殊的时刻，孩子们没有去想比赛的成绩和名次，
chéngdù. Zài nà tèshū de shíkè，háizimen méiyǒu qù xiǎng bǐsài de chéngjì hé míngcì，

他们	心	中	只	有	友爱	和	关心。	8	个	孩子	手	挽	手	走向	百米
tāmen	xīn	zhōng	zhǐ	yǒu	yǒu'ài	hé	guānxīn.	Bā	ge	háizi	shǒu	wǎn	shǒu	zǒuxiàng	bǎimǐ-

跑	终点	的	这	一	幕，	必定	会	铭刻	在	残疾人	运动会	的	丰碑	上，
pǎo	zhōngdiǎn	de	zhè	yī	mù，	bìdìng	huì	míngkè	zài	cánjírén	yùndònghuì	de	fēngbēi	shang，

铭刻	在	所有	在场	观众	的	心中。
míngkè	zài	suǒyǒu	zàichǎng	guānzhòng	de	xīnzhōng.

三 读词语

1. 请跟读与第一声相连的词语

qiāngshēng	（枪声）	sān fēn zhī yī	（三分之一）	kūshēng	（哭声）
huānhūshēng	（欢呼声）	guānxīn	（关心）	fēngbēi	（丰碑）
xīnzhōng	（心中）	shēnpáng	（身旁）	jiānqiáng	（坚强）
zōnghézhēng	（综合征）	gāng pǎo	（刚跑）	diēdǎo	（跌倒）
wānxià yāo	（弯下腰）	guānzhòng	（观众）		

2. 请跟读与第二声相连的词语

cánjírén	（残疾人）	quánchéng	（全程）	qíshí	（其实）
quánbù	（全部）	chéngjì	（成绩）	liánxù	（连续）
míngcì	（名次）	chéngdù	（程度）	shíkè	（时刻）
míngkè	（铭刻）				

3. 请跟读与第三声相连的词语

bǎi mǐ	（百米）	shǒu wǎn shǒu	（手挽手）	suǒyǒu	（所有）
zhuǎnshēn	（转身）	kǒng dī	（恐低）	zhǎngshēng	（掌声）
zhěngqí	（整齐）	mǎnhuái xīwàng	（满怀希望）	pǎowán	（跑完）
wǎng huí pǎo	（往回跑）	mǒu chéngshì	（某城市）	gǎnrén	（感人）
qǐpǎoxiàn	（起跑线）	hǎojǐ cì	（好几次）	tǐyùchǎng	（体育场）
yǒu'ài	（友爱）	bǐsài	（比赛）		

4. 请跟读与第四声相连的词语

yùndònghuì	（运动会）	zhìzhàng	（智障）	lìngwài	（另外）
lùxù	（陆续）	fàngmàn	（放慢）	sùdù	（速度）
zhènhàn	（震撼）	bìdìng	（必定）	zuì xiān	（最先）

tèshū （特殊）	zhèn ěr （震耳）	sùpǎo （速跑）
huòzhě （或者）		

5. 请跟读与“一”相连的词语

qiāngshēng yì xiǎng （枪声一响）	yí mù （一幕）	

6. 请跟读与“不”相连的词语

bú gòu kuài （不够快）		

7. 请跟读轻声词

zhěngqí de （整齐地）	pǎo de （跑得）	

8. 请跟读儿化词

nánháir （男孩儿）	nǚháir （女孩儿）	yíxiàr （一下儿）

读句子

1. 参加 百 米 速跑 的 8 个 孩子 全部 是 身体 残疾 或者 有 智障 的 孩子。
Cānjiā bǎi mǐ sùpǎo de bā ge háizi quánbù shì shēntǐ cánjí huòzhě yǒu zhìzhàng de háizi.

2. 比赛 快 开始 了，他们 整齐 地 站 在 起跑线 上。
Bǐsài kuài kāishǐ le, tāmen zhěngqí de zhàn zài qǐpǎoxiàn shang.

3. 他们 跑 得 都 不 够 快，但是 看 上去 他们 都 满怀 希望 地 要
Tāmen pǎo de dōu bù gòu kuài, dànshì kàn shangqu tāmen dōu mǎnhuái xīwàng de yào
跑完 全程， 并 争取 获 胜。
pǎowán quánchéng, bìng zhēngqǔ huò shèng.

4. 连续 摔了 好几 次，男孩儿 终于 哭 了。
Liánxù shuāile hǎojǐ cì, nánháir zhōngyú kū le.

5. 另外 7 个 孩子 听到 这个 男孩儿 的 哭声， 都 陆续地 放慢了 速度
Lìngwài qī ge háizi tīngdào zhège nánháir de kūshēng, dōu lùxù de fàngmànle sùdù
停 下来， 然后 转身 往 回 跑。
tíng xialai, ránhòu zhuǎnshēn wǎng huí pǎo.

6. 她弯下腰，在那个男孩儿的脸上轻轻地吻了一下儿，说："这会让你好些的。"
Tā wānxià yāo, zài nàge nánháir de liǎn shang qīngqīng de wěnle yīxiàr, shuō: "Zhè huì ràng nǐ hǎo xiē de."

7. 8个孩子又站到了一起，他们手挽手一直走到终点。
Bā ge háizi yòu zhàndàole yīqǐ, tāmen shǒu wǎn shǒu yīzhí zǒudào zhōngdiǎn.

8. 体育场上的所有观众都站了起来，发出了震耳的掌声和欢呼声。
Tǐyùchǎng shang de suǒyǒu guānzhòng dōu zhànle qilai, fāchūle zhèn ěr de zhǎngshēng hé huānhūshēng.

9. 体育场上的这一幕十分感人，达到了震撼人的心灵的程度。
Tǐyùchǎng shang de zhè yī mù shífēn gǎnrén, dádàole zhènhàn rén de xīnlíng de chéngdù.

10. 在那特殊的时刻，孩子们没有去想比赛的成绩和名次，他们心中只有友爱和关心。
Zài nà tèshū de shíkè, háizimen méiyǒu qù xiǎng bǐsài de chéngjì hé míngcì, tāmen xīn zhōng zhǐ yǒu yǒu'ài hé guānxīn.

11. 这一幕必定会铭刻在残疾人运动会的丰碑上，铭刻在所有在场观众的心中。
Zhè yī mù bìdìng huì míngkè zài cánjírén yùndònghuì de fēngbēi shang, míngkè zài suǒyǒu zàichǎng guānzhòng de xīn zhōng.

读会话

小李：听说昨天的运动会上出现了一点儿特别的情况，是怎么回事啊？
Xiǎo Lǐ: Tīngshuō zuótiān de yùndònghuì shang chūxiànle yīdiǎnr tèbié de qíngkuàng, shì zěnme huí shì a?

小王：你还不知道啊？昨天因为是残疾人运动会，所以，百米跑的8个孩子都是有残障或智障的。
Xiǎo Wáng: Nǐ hái bù zhīdào a? Zuótiān yīnwèi shì cánjírén yùndònghuì, suǒyǐ, bǎimǐpǎo de bā ge háizi dōu shì yǒu cánzhàng huò zhìzhàng de.

小李：可这不妨碍他们参加短跑比赛吧？
Xiǎo Lǐ: Kě zhè bù fáng'ài tāmen cānjiā duǎnpǎo bǐsài ba?

小　王： Xiǎo Wáng：	但是，他们刚跑了三分之一赛程，一个男孩儿就 Dànshì，tāmen gāng pǎole sān fēn zhī yī sàichéng，yī ge nánháir jiù 跌倒了。 diēdǎo le.
小　李： Xiǎo Lǐ：	一定是他的腿不太方便吧？ Yīdìng shì tā de tuǐ bù tài fāngbiàn ba？
小　王： Xiǎo Wáng：	是的。他很快就爬了起来，但是随后又跌倒了，他又 Shì de. Tā hěn kuài jiù pále qilai，dànshì suíhòu yòu diēdǎo le，tā yòu 顽强地爬了起来…… wánqiáng de pále qilai…
小　李： Xiǎo Lǐ：	真是一个顽强的孩子！他没摔疼吗？ Zhēn shì yī ge wánqiáng de háizi！ Tā méi shuāiténg ma？
小　王： Xiǎo Wáng：	他摔了好几次，最后终于忍不住哭了。 Tā shuāile hǎojǐ cì，zuìhòu zhōngyú rěnbuzhù kū le.
小　李： Xiǎo Lǐ：	没有人帮他一下儿吗？ Méiyǒu rén bāng tā yīxiàr ma？
小　王： Xiǎo Wáng：	当然有。另外的7个孩子听到了那个男孩儿的哭声， Dāngrán yǒu. Lìngwài de qī ge háizi tīngdàole nàge nánháir de kūshēng， 都不约而同地转身往回跑，然后，跟他一起手 dōu bùyuē'értóng de zhuǎnshēn wǎng huí pǎo，ránhòu，gēn tā yīqǐ shǒu 挽手，一直走到了终点。 wǎn shǒu，yīzhí zǒudàole zhōngdiǎn.
小　李： Xiǎo Lǐ：	是这样啊。这些孩子太让人感动了！ Shì zhèyàng a. Zhèxiē háizi tài ràng rén gǎndòng le！

表达练习

1. 复述课文

词语提示：

运动会　百米速跑　孩子　残疾　智障　满怀希望　获胜　跌倒　爬起来
哭了　往回跑　吻　手挽手　掌声　欢呼声　感人　友爱　关心

2. 谈谈你对团结友爱的认识

提示：

奥运会“五环”标志象征着五大洲的团结友爱，象征着全世界的运动员团结友好的参赛精神。

第八课

○主课文

身边的噪音污染

据 环保 部门 统计，近年 来，对 工业 生产 噪音、建筑 施工
Jù huánbǎo bùmén tǒngjì，jìnnián lái，duì gōngyè shēngchǎn zàoyīn、jiànzhù shīgōng
噪音、交通 运输 噪音、社会 生活 噪音 四 大 类 噪音 的 投诉，已
zàoyīn、jiāotōng yùnshū zàoyīn、shèhuì shēnghuó zàoyīn sì dà lèi zàoyīn de tóusù，yǐ-
经 超过 对 水、大气 以及 垃圾 等 环境 污染 的 投诉。
jīng chāoguò duì shuǐ、dàqì yǐjí lājī děng huánjìng wūrǎn de tóusù.

曾 有 一 位 读者 向 报社 反映，他 所 住 楼房 的 地下室 外面，
Céng yǒu yī wèi dúzhě xiàng bàoshè fǎnyìng，tā suǒ zhù lóufáng de dìxiàshì wàimian，
每 天 一 大 早 都 有 一 群 老年人 锻炼 身体，又 放 音乐，又 拍
měi tiān yī dà zǎo dōu yǒu yī qún lǎoniánrén duànliàn shēntǐ，yòu fàng yīnyuè，yòu pāi
巴掌，吵 得 人 无法 睡觉。记者 实地 调查 后 发现，实际 情况
bāzhang，chǎo de rén wúfǎ shuìjiào. Jìzhě shídì diàochá hòu fāxiàn，shíjì qíngkuàng
还 真 是 如此。但是，记者 跟 那些 老人 一 聊，老人们 七嘴八舌 地
hái zhēn shì rúcǐ. Dànshì，jìzhě gēn nàxiē lǎorén yī liáo，lǎorénmen qīzuǐ-bāshé de
说："地下室 住 的 那 伙儿 小青年 更 差劲，每 天 都 半夜 才 回来，
shuō："Dìxiàshì zhù de nà huǒr xiǎoqīngnián gèng chàjìn，měi tiān dōu bànyè cái huílai，
而且 回来 后 也 不 安静，不 是 唱 歌，就 是 打 扑克 的……"一 群 起 早，
érqiě huílai hòu yě bù ānjìng，bù shì chàng gē，jiù shì dǎ pūkè de…" Yī qún qǐ zǎo，
一 伙儿 贪 黑；你 吵闹，他 也 不 安静，彼此 又 都 受到 噪音 的 干扰，
yī huǒr tān hēi；nǐ chǎonào，tā yě bù ānjìng，bǐcǐ yòu dōu shòudào zàoyīn de gānrǎo，
形成了 噪音 污染 的 恶性 循环。其实，同样 的 现象 在 餐馆、
xíngchéngle zàoyīn wūrǎn de èxìng xúnhuán. Qíshí，tóngyàng de xiànxiàng zài cānguǎn、
候车室，甚至 在 车 船 上 也 不 少见。
hòuchēshì，shènzhì zài chē chuán shang yě bù shǎojiàn.

对 在 公共 场所 制造 干扰 他人 的 噪音 等 行为，《环境
Duì zài gōnggòng chǎngsuǒ zhìzào gānrǎo tārén de zàoyīn děng xíngwéi，《Huánjìng
噪声 污染 防治 法》中 有 相应 的"由 公安 机关 给予 警告
Zàoshēng Wūrǎn Fángzhì Fǎ》zhōng yǒu xiāngyìng de "yóu gōng'ān jīguān jǐyǔ jǐnggào
并 处 以 罚款"等 规定。但 由于 缺乏 有效 的 监测 手段 等
bìng chǔ yǐ fákuǎn" děng guīdìng. Dàn yóuyú quēfá yǒuxiào de jiāncè shǒuduàn děng

原因，实际操作起来并不像想象的那么容易。
yuányīn, shíjì cāozuò qilai bìng bù xiàng xiǎngxiàng de nàme róngyì.

读重点词语

1. 环保（huánbǎo）	2. 统计（tǒngjì）	3. 噪音（zàoyīn）
4. 施工（shīgōng）	5. 运输（yùnshū）	6. 投诉（tóusù）
7. 大气（dàqì）	8. 垃圾（lājī）	9. 污染（wūrǎn）
10. 读者（dúzhě）	11. 报社（bàoshè）	12. 反映（fǎnyìng）
13. 地下室（dìxiàshì）	14. 锻炼（duànliàn）	15. 巴掌（bāzhang）
16. 无法（wúfǎ）	17. 实地（shídì）	18. 调查（diàochá）
19. 七嘴八舌（qīzuǐ-bāshé）	20. 小青年（xiǎoqīngnián）	21. 差劲（chàjìn）
22. 半夜（bànyè）	23. 扑克（pūkè）	24. 一群（yī qún）
25. 贪黑（tān hēi）	26. 吵闹（chǎonào）	27. 彼此（bǐcǐ）
28. 干扰（gānrǎo）	29. 恶性（èxìng）	30. 循环（xúnhuán）
31. 现象（xiànxiàng）	32. 餐馆（cānguǎn）	33. 候车室（hòuchēshì）
34. 场所（chǎngsuǒ）	35. 制造（zhìzào）	36. 行为（xíngwéi）
37. 防治（fángzhì）	38. 相应（xiāngyìng）	39. 公安（gōng'ān）
40. 机关（jīguān）	41. 给予（jǐyǔ）	42. 警告（jǐnggào）
43. 罚款（fákuǎn）	44. 缺乏（quēfá）	45. 监测（jiāncè）
46. 手段（shǒuduàn）	47. 操作（cāozuò）	48. 想象（xiǎngxiàng）

读句子

1. 近年来，对工业生产噪音、建筑施工噪音、交通运输噪音、社会生活噪音四大类噪音的投诉，已经超过对水、大气以及垃圾等环境污染的投诉。
Jìnnián lái, duì gōngyè shēngchǎn zàoyīn、jiànzhù shīgōng zàoyīn、jiāotōng yùnshū zàoyīn、shèhuì shēnghuó zàoyīn sì dà lèi zàoyīn de tóusù, yǐjīng chāoguò duì shuǐ、dàqì yǐjí lājī děng huánjìng wūrǎn de tóusù.

2. 他所住楼房的地下室外面，每天一大早都有一群老年人锻炼身体。
Tā suǒ zhù lóufáng de dìxiàshì wàimian, měi tiān yī dà zǎo dōu yǒu yī qún lǎoniánrén duànliàn shēntǐ.

3. 又 放 音乐，又 拍 巴掌， 吵 得 人 无法 睡觉。
Yòu fàng yīnyuè, yòu pāi bāzhang, chǎo de rén wúfǎ shuìjiào.

4. 记者 实地 调查 后 发现，实际 情况 还 真 是 如此。
Jìzhě shídì diàochá hòu fāxiàn, shíjì qíngkuàng hái zhēn shì rúcǐ.

5. 地下室 住 的 那伙儿 小青年 更 差劲。
Dìxiàshì zhù de nà huǒr xiǎoqīngnián gèng chàjìn.

6. 每 天 都 半夜 才 回来，而且 回来 后 也 不 安静，不 是 唱 歌，就 是 打 扑克 的……
Měi tiān dōu bànyè cái huílai, érqiě huílai hòu yě bù ānjìng, bù shì chàng gē, jiù shì dǎ pūkè de…

7. 一 群 起 早，一 伙儿 贪 黑；你 吵闹，他 也 不 安静。
Yī qún qǐ zǎo, yī huǒr tān hēi; nǐ chǎonào, tā yě bù ānjìng.

8. 其实，同样 的 现象 在 餐馆、候车室，甚至 在 车 船 上 也 不 少见。
Qíshí, tóngyàng de xiànxiàng zài cānguǎn、hòuchēshì, shènzhì zài chē chuán shang yě bù shǎojiàn.

9. 对 在 公共 场所 制造 干扰 他人 的 噪音 等 行为，《环境 噪声 污染 防治 法》中 有 相应 的“由 公安 机关 给予 警告 并 处 以 罚款” 等 规定。
Duì zài gōnggòng chǎngsuǒ zhìzào gānrǎo tārén de zàoyīn děng xíngwéi,《Huánjìng Zàoshēng Wūrǎn Fángzhì fǎ》zhōng yǒu xiāngyìng de “yóu gōng'ān jīguān jǐyǔ jǐnggào bìng chǔ yǐ fákuǎn” děng guīdìng.

10. 但 由于 缺乏 有效 的 监测 手段 等 原因，实际 操作 起来 并 不 像 想象 的 那么 容易。
Dàn yóuyú quēfá yǒuxiào de jiāncè shǒuduàn děng yuányīn, shíjì cāozuò qilai bìng bù xiàng xiǎngxiàng de nàme róngyì.

读会话

记者： Jìzhě：	有人向我们反映，小区里很多老人喜欢一大早锻炼身体，吵得他们没办法睡觉。是这样吗？ Yǒu rén xiàng wǒmen fǎnyìng，xiǎoqū li hěn duō lǎorén xǐhuan yī dà zǎo duànliàn shēntǐ，chǎo de tāmen méi bànfǎ shuìjiào. Shì zhèyàng ma？
老人： Lǎorén：	是啊，我们很多人都喜欢早起锻炼啊。可是没觉得影响别人啊！ Shì a，wǒmen hěn duō rén dōu xǐhuan zǎo qǐ duànliàn a. Kěshì méi juéde yǐngxiǎng biérén a！
记者： Jìzhě：	听说你们又放音乐，又拍巴掌的，这样会很吵吧？ Tīngshuō nǐmen yòu fàng yīnyuè，yòu pāi bāzhang de，zhèyàng huì hěn chǎo ba？
老人： Lǎorén：	但是五点多了，也该起床了啊。 Dànshì wǔ diǎn duō le，yě gāi qǐchuáng le a.
记者： Jìzhě：	年轻人都睡得很晚，五点多他们睡得正香呢。 Niánqīngrén dōu shuì de hěn wǎn，wǔ diǎn duō tāmen shuì de zhèng xiāng ne.
老人： Lǎorén：	他们完全可以早睡啊。说起来，他们半夜三更的不睡觉，不是唱歌就是打扑克的，不是更影响大家休息吗？ Tāmen wánquán kěyǐ zǎo shuì a. Shuō qilai，tāmen bànyè-sāngēng de bù shuìjiào，bù shì chàng gē jiù shì dǎ pūkè de，bù shì gèng yǐngxiǎng dàjiā xiūxi ma？
记者： Jìzhě：	你们这是在互相抱怨啊！ Nǐmen zhè shì zài hùxiāng bàoyuàn a！

表达练习

1. 复述课文

词语提示：

读者	反映	老年人	锻炼	吵	睡觉	调查	如此	七嘴八舌
小青年	差劲	半夜	唱歌	打扑克	彼此	干扰	恶性	循环
公共场所	噪音	相应	规定	缺乏	监测	操作		

2. 谈谈你对减少噪音污染的认识

提示：

曾有人提出用隔音墙、隔声板等阻隔噪音；汽车司机尽量少按喇叭；家庭成员不争吵；或用戴耳罩、耳塞保护自己等方法。

普通话与粤语对比

（一）日常用语——看病

请读与粤语对应的普通话词语

普通话 —— 粤语	普通话 —— 粤语
治病 —— 医病	药片 —— 药丸
看病 —— 睇病	恶心 —— 作呕
发汗 —— 焗汗	住院 —— 留医
抓药 —— 执药	憔悴 —— 累瘁
量体温 —— 探热	掉牙 —— 甩牙

（二）词的分类——介词

普通话中的介词和粤语中的很多介词用法大体相同，如：“由、向、对、将”等。也有一些介词用法不同，例如粤语的“响、喺”相当于普通话中表示时间地点的“在”。此外，粤语的“同”，普通话则可以用“同、和、跟”来表示；粤语中的“将”相当于普通话的“把”等。

1. 请读与粤语对应的普通话词语

普通话 —— 粤语	普通话 —— 粤语
从 —— 由	比 —— 过
被；给 —— 畀	在 —— 响、喺
用 —— 使	为了 —— 为咗
把 —— 将	除了 —— 除咗
介于 —— 介乎	下面 —— 下面 / 落面

2. 请把下面的粤语句子翻译成普通话句子，然后写在横线上

（1）畀三蚊过我。______________________

（2）我行得快过你。______________________

（3）跟住我行喇。______________________

（4）畀狗咬嚫。

（5）扮到好似个伯爷婆咁。

○副课文

障碍与宝物

在一个地震频发的岛国，一次地震过后，山洪暴发，一块巨石被冲到山下，正好挡住了一个小镇的街口。人们觉得巨石挡道，商量着移走它。但是，巨石实在太大太重了，几十个壮汉一起用力也动它不得。
Zài yī ge dìzhèn pínfā de dǎoguó，yī cì dìzhèn guò hòu，shānhóng bàofā，yī kuài jù shí bèi chōngdào shān xià，zhènghǎo dǎngzhùle yī ge xiǎo zhèn de jiēkǒu. Rénmen juéde jù shí dǎng dào，shāngliangzhe yízǒu tā. Dànshì，jù shí shízài tài dà tài zhòng le，jǐ shí ge zhuànghàn yīqǐ yònglì yě dòng tā bù dé.

一天，一位高僧路过此地，人们向他请教如何能移走巨石。高僧看看巨石，沉默着摇了摇头，人们失望地走开了。但是，第二天早上，人们发现，那块巨石的两面各出现了两行大字，像是斧凿雕刻的。一面是“镇街之宝”，另一面是“神来之石”。那字刻得笔力雄劲，气势非凡，加上巨石这个载体，看上去更具有震撼人心的魄力。
Yī tiān，yī wèi gāosēng lùguò cǐdì，rénmen xiàng tā qǐngjiào rúhé néng yízǒu jù shí. Gāosēng kànkan jù shí，chénmòzhe yáole yáo tóu，rénmen shīwàng de zǒukāi le. Dànshì，dì-èr tiān zǎoshang，rénmen fāxiàn，nà kuài jù shí de liǎng miàn gè chūxiànle liǎng háng dà zì，xiàng shì fǔzáo diāokè de. Yī miàn shì “zhèn jiē zhī bǎo”，lìng yī miàn shì “shén lái zhī shí”. Nà zì kè de bǐlì xióngjìng，qìshì fēifán，jiāshang jù shí zhège zàitǐ，kàn shangqu gèng jùyǒu zhènhàn rénxīn de pòlì.

从此，没有人再想移开这块巨石了，它一直矗立在小镇街口。多年后，这个小镇改名为“神石镇”，镇上原本善良的居民也变得更加豁达和宽容了。
Cóngcǐ，méiyǒu rén zài xiǎng yíkāi zhè kuài jù shí le，tā yīzhí chùlì zài xiǎo zhèn jiēkǒu. Duō nián hòu，zhège xiǎo zhèn gǎi míng wéi “Shénshí Zhèn”，zhèn shang yuánběn shànliáng de jūmín yě biàn de gèngjiā huòdá hé kuānróng le.

读词语

1. 请跟读与第一声相连的词语

gāosēng	（高僧）	duō nián	（多年）	fēifán	（非凡）
jūmín	（居民）	kuānróng	（宽容）	shānhóng	（山洪）
jiēkǒu	（街口）	shīwàng	（失望）	chūxiàn	（出现）
chōngdào	（冲到）	shān xià	（山下）	diāokè	（雕刻）

2. 请跟读与第二声相连的词语

yáotóu	（摇头）	pínfā	（频发）	yuánběn	（原本）
yízǒu	（移走）	shízài	（实在）	chénmò	（沉默）
xióngjìng	（雄劲）				

3. 请跟读与第三声相连的词语

dǎoguó	（岛国）	gǎi míng	（改名）	liǎng háng	（两行）
fǔzáo	（斧凿）	qǐngjiào	（请教）	liǎng miàn	（两面）
cǐdì	（此地）	xiǎo zhèn	（小镇）	dǎngzhù	（挡住）
dǎng dào	（挡道）	bǐlì	（笔力）		

4. 请跟读与第四声相连的词语

dìzhèn	（地震）	tài dà	（太大）	tài zhòng	（太重）
zhuànghàn	（壮汉）	yònglì	（用力）	dà zì	（大字）
qìshì	（气势）	pòlì	（魄力）	chùlì	（矗立）
gèngjiā	（更加）	bàofā	（暴发）	shànliáng	（善良）
huòdá	（豁达）	jù shí	（巨石）	zàitǐ	（载体）

5. 请跟读轻声词

shāngliang	（商量）		

读句子

1. 一次 地震 过 后， 山洪 暴发。
Yī cì dìzhèn guò hòu, shānhóng bàofā.

2. 一块巨石被冲到山下，正好挡住了一个小镇的街口。
Yī kuài jù shí bèi chōngdào shān xià, zhènghǎo dǎngzhùle yī ge xiǎo zhèn de jiēkǒu.

3. 人们觉得巨石挡道，商量着要移走它。
Rénmen juéde jù shí dǎng dào, shāngliangzhe yào yízǒu tā.

4. 巨石实在太大太重了，几十个壮汉一起用力也动它不得。
Jù shí shízài tài dà tài zhòng le, jǐ shí ge zhuànghàn yīqǐ yònglì yě dòng tā bù dé.

5. 一天，一位高僧路过此地，人们向他请教如何能移走巨石。
Yī tiān, yī wèi gāosēng lùguò cǐdì, rénmen xiàng tā qǐngjiào rúhé néng yízǒu jù shí.

6. 高僧看看巨石，沉默着摇了摇头。人们失望地走开了。
Gāosēng kànkan jù shí, chénmòzhe yáole yáo tóu. Rénmen shīwàng de zǒukāi le.

7. 第二天早上，人们发现那块巨石的两面各出现了两行大字。
Dì-èr tiān zǎoshang, rénmen fāxiàn nà kuài jù shí de liǎng miàn gè chūxiànle liǎng háng dà zì.

8. 一面是“镇街之宝”，另一面是“神来之石”。
Yī miàn shì “zhèn jiē zhī bǎo”, lìng yī miàn shì “shén lái zhī shí”.

9. 那字刻得笔力雄劲，气势非凡。
Nà zì kè de bǐlì xióngjìng, qìshì fēifán.

10. 加上巨石这个载体，看上去更具有震撼人心的魄力。
Jiāshang jù shí zhège zàitǐ, kàn shangqu gèng jùyǒu zhènhàn rénxīn de pòlì.

11. 从此，没有人再想移开这块巨石了，它一直矗立在小镇街口。
Cóngcǐ, méiyǒu rén zài xiǎng yíkāi zhè kuài jù shí le, tā yīzhí chùlì zài xiǎo zhèn jiēkǒu.

12. 多年后，这个小镇改名为“神石镇”。
Duō nián hòu, zhège xiǎo zhèn gǎi míng wéi “Shénshí Zhèn”.

13. 镇上原本善良的居民也变得更加豁达和宽容了。
Zhèn shang yuánběn shànliáng de jūmín yě biàn de gèngjiā huòdá hé kuānróng le.

读会话

路人： Lùrén：	咦，这儿怎么会有这么大一块石头啊？ Yí，zhèr zěnme huì yǒu zhème dà yī kuài shítou a？
居民： Jūmín：	有一年地震过后，山洪暴发，这块巨石被冲到这儿来了。 Yǒu yī nián dìzhèn guò hòu，shānhóng bàofā，zhè kuài jù shí bèi chōngdào zhèr lái le.
路人： Lùrén：	没有人想过移走它吗？ Méiyǒu rén xiǎngguo yízǒu tā ma？
居民： Jūmín：	想过，但是这家伙实在太大太重了，几十个壮汉一起用力也没搬动它。 Xiǎngguo，dànshì zhè jiāhuo shízài tài dà tài zhòng le，jǐ shí ge zhuànghàn yīqǐ yònglì yě méi bāndòng tā.
路人： Lùrén：	谁也没想出好办法来吗？ Shéi yě méi xiǎngchū hǎo bànfǎ lái ma？
居民： Jūmín：	后来有一天，一位高僧路过此地，人们向他请教，如何能把这块石头移走。 Hòulái yǒu yī tiān，yī wèi gāosēng lùguò cǐdì，rénmen xiàng tā qǐngjiào，rúhé néng bǎ zhè kuài shítou yízǒu.
路人： Lùrén：	高僧也没有办法，是吗？ Gāosēng yě méiyǒu bànfǎ，shì ma？
居民： Jūmín：	这就是高僧的办法呀！在石头两面分别刻上字，让它成了我们镇上的“镇街之宝”。 Zhè jiù shì gāosēng de bànfǎ ya！Zài shítou liǎng miàn fēnbié kèshang zì，ràng tā chéngle wǒmen zhèn shang de “zhèn jiē zhī bǎo”.
路人： Lùrén：	哦，怪不得这个镇叫“神石镇”呢。 Ò，guàibude zhège zhèn jiào “Shénshí Zhèn” ne.

表达练习

1. 复述课文

词语提示：

岛国	地震	山洪	巨石	冲	挡道	移走	太大	太重	高僧	请教
摇头	失望	发现	大字	镇街之宝	神来之石	魄力	矗立	改名		

2. 谈谈你对"宽容"的看法

提示：

> 可以参考一副著名的对联："开口便笑，笑古笑今，凡事付之一笑。大肚能容，容天容地，于己何所不容。"

第九课

○主课文

网络QQ诈骗

来自公安部门的一项调查表明，近年来，利用互联网
Láizì gōng'ān bùmén de yī xiàng diàochá biǎomíng, jìnnián lái, lìyòng hùliánwǎng
实施犯罪的现象日益严重，网络犯罪已经成为不容忽视
shíshī fànzuì de xiànxiàng rìyì yánzhòng, wǎngluò fànzuì yǐjīng chéngwéi bùróng hūshì
的犯罪新动向。随着互联网运用的普及，中国的网络
de fànzuì xīn dòngxiàng. Suízhe hùliánwǎng yùnyòng de pǔjí, Zhōngguó de wǎngluò
违法犯罪案件呈现出上升的趋势。
wéifǎ fànzuì ànjiàn chéngxiàn chū shàngshēng de qūshì.

今年6月的一个星期天，岳阳市的周女士在家里上网，
Jīnnián liù yuè de yī ge xīngqītiān, Yuèyáng Shì de Zhōu nǚshì zài jiāli shàngwǎng,
突然，QQ好友贺某的视频头像进入了她的网络空间。两
tūrán, hǎoyǒu Hè mǒu de shìpín tóuxiàng jìnrùle tā de wǎngluò kōngjiān. Liǎng
人交流了一会儿，贺某便说因家人急病住院，想向周女士
rén jiāoliúle yīhuìr, Hè mǒu biàn shuō yīn jiārén jíbìng zhùyuàn, xiǎng xiàng Zhōu nǚshì
借两万元现金。面对好友，周女士毫不设防，立刻去附近的
jiè liǎngwàn yuán xiànjīn. Miànduì hǎoyǒu, Zhōu nǚshì háo bù shèfáng, lìkè qù fùjìn de
银行给贺某提供的账号汇去了两万元钱。一星期后，
yínháng gěi Hè mǒu tígōng de zhànghào huìqùle liǎngwàn yuán qián. Yī xīngqī hòu,
周女士在散步时遇到了贺某，询问其家人的病情如何，贺某
Zhōu nǚshì zài sànbù shí yùdàole Hè mǒu, xúnwèn qí jiārén de bìngqíng rúhé, Hè mǒu
被问得一头雾水，周女士这才意识到上当了。当地公安
bèi wèn de yītóu-wùshuǐ, Zhōu nǚshì zhè cái yìshí dào shàngdàng le. Dāngdì Gōng'ān
局经过缜密细致的侦查，发现这是一起盗窃QQ密码进行诈骗
Jú jīngguò zhěnmì xìzhì de zhēnchá, fāxiàn zhè shì yī qǐ dàoqiè mìmǎ jìnxíng zhàpiàn
的案件。犯罪嫌疑人郑某和李某3天后被抓捕。
de ànjiàn. Fànzuì xiányírén Zhèng mǒu hé Lǐ mǒu sān tiān hòu bèi zhuābǔ.

在互联网带来进步与便捷的同时，网络犯罪也如影随形。
Zài hùliánwǎng dàilái jìnbù yǔ biànjié de tóngshí, wǎngluò fànzuì yě rúyǐngsuíxíng.
因此，只有不断采取预防与查杀等有效手段，进一步加强
Yīncǐ, zhǐyǒu bùduàn cǎiqǔ yùfáng yǔ cháshā děng yǒuxiào shǒuduàn, jìnyībù jiāqiáng

防范意识，才能保证互联网的健康发展。
fángfàn yìshí, cái néng bǎozhèng hùliánwǎng de jiànkāng fāzhǎn.

读重点词语

1. 公安 （gōng'ān）	2. 调查 （diàochá）	3. 表明 （biǎomíng）
4. 互联网 （hùliánwǎng）	5. 犯罪 （fànzuì）	6. 日益 （rìyì）
7. 严重 （yánzhòng）	8. 网络 （wǎngluò）	9. 忽视 （hūshì）
10. 动向 （dòngxiàng）	11. 运用 （yùnyòng）	12. 普及 （pǔjí）
13. 违法 （wéifǎ）	14. 案件 （ànjiàn）	15. 呈现 （chéngxiàn）
16. 上升 （shàngshēng）	17. 趋势 （qūshì）	18. 视频 （shìpín）
19. 头像 （tóuxiàng）	20. 空间 （kōngjiān）	21. 急病 （jíbìng）
22. 住院 （zhùyuàn）	23. 现金 （xiànjīn）	24. 设防 （shèfáng）
25. 账号 （zhànghào）	26. 询问 （xúnwèn）	27. 病情 （bìngqíng）
28. 如何 （rúhé）	29. 一头雾水 （yītóu-wùshuǐ）	30. 上当 （shàngdàng）
31. 缜密 （zhěnmì）	32. 细致 （xìzhì）	33. 侦查 （zhēnchá）
34. 密码 （mìmǎ）	35. 诈骗 （zhàpiàn）	36. 抓捕 （zhuābǔ）
37. 便捷 （biànjié）	38. 如影随形 （rúyǐngsuíxíng）	49. 采取 （cǎiqǔ）
40. 预防 （yùfáng）	41. 查杀 （cháshā）	42. 加强 （jiāqiáng）
43. 防范 （fángfàn）	44. 保证 （bǎozhèng）	

读句子

1. 近年来，利用互联网实施犯罪的现象日益严重。
Jìnnián lái, lìyòng hùliánwǎng shíshī fànzuì de xiànxiàng rìyì yánzhòng.

2. 网络犯罪已经成为不容忽视的犯罪新动向。
Wǎngluò fànzuì yǐjīng chéngwéi bùróng hūshì de fànzuì xīn dòngxiàng.

3. 随着互联网运用的普及，中国的网络违法犯罪案件呈现出上升的趋势。
Suízhe hùliánwǎng yùnyòng de pǔjí, Zhōngguó de wǎngluò wéifǎ fànzuì ànjiàn chéngxiàn chū shàngshēng de qūshì.

4. 周 女士 在家里 上网，突然，QQ 好友 贺 某 的 视频 头像 进入了 她 的 网络 空间。
Zhōu nǚshì zài jiāli shàngwǎng, tūrán, hǎoyǒu Hè mǒu de shìpín tóuxiàng jìnrùle tā de wǎngluò kōngjiān.

5. 贺 某 说 因 家人 急病 住院，想 向 周 女士 借 两万 元 现金。
Hè mǒu shuō yīn jiārén jíbìng zhùyuàn, xiǎng xiàng Zhōu nǚshì jiè liǎngwàn yuán xiànjīn.

6. 周 女士 毫 不 设防，立刻 去 附近 的 银行 给 贺 某 提供 的 账号 汇去了 两万 元 钱。
Zhōu nǚshì háo bù shèfáng, lìkè qù fùjìn de yínháng gěi Hè mǒu tígōng de zhànghào huìqùle liǎngwàn yuán qián.

7. 周 女士 在 散步 时 遇到了 贺 某，询问 其 家人 的 病情 如何。
Zhōu nǚshì zài sànbù shí yùdàole Hè mǒu, xúnwèn qí jiārén de bìngqíng rúhé.

8. 贺 某 被 问 得 一头雾水，周 女士 这 才 意识 到 上当 了。
Hè mǒu bèi wèn de yītóu-wùshuǐ, Zhōu nǚshì zhè cái yìshí dào shàngdàng le.

9. 当地 公安 局 经过 缜密 细致 的 侦查，发现 这 是 一 起 盗窃 QQ 密码 进行 诈骗 的 案件。
Dāngdì Gōng'ān Jú jīngguò zhěnmì xìzhì de zhēnchá, fāxiàn zhè shì yī qǐ dàoqiè mìmǎ jìnxíng zhàpiàn de ànjiàn.

10. 在 互联网 带来 进步 与 便捷 的 同时，网络 犯罪 也 如影随形。
Zài hùliánwǎng dàilái jìnbù yǔ biànjié de tóngshí, wǎngluò fànzuì yě rúyǐngsuíxíng.

读会话

小 张： Xiǎo Zhāng:	听说 你 遇到 网络 诈骗 了，还 跟 你 的 朋友 有 关系？ Tīngshuō nǐ yùdào wǎngluò zhàpiàn le, hái gēn nǐ de péngyou yǒu guānxi?
小 周： Xiǎo Zhōu:	嗐，别提 了，都 怪 我 警惕性 不 高。 Hài, biétí le, dōu guài wǒ jǐngtìxìng bù gāo.
小 张： Xiǎo Zhāng:	到底 是 怎么 回 事 啊？ Dàodǐ shì zěnme huí shì a?
小 周： Xiǎo Zhōu:	那 天 我 正在 QQ 上 逛 呢，忽然 就 看见了 朋友 的 视频 头像。 Nà tiān wǒ zhèngzài shang guàng ne, hūrán jiù kànjiànle péngyou de shìpín tóuxiàng.

小　张： Xiǎo Zhāng：	真 的 是 你 的 朋友 上线 了 吗？ Zhēn de shì nǐ de péngyou shàngxiàn le ma？
小　周： Xiǎo Zhōu：	我 以为 那 就 是 我 朋友 呢，就 跟 他 聊了 起来。没 聊 几 句， Wǒ yǐwéi nà jiù shì wǒ péngyou ne，jiù gēn tā liáole qilai. Méi liáo jǐ jù， 他 就 开口 跟 我 借 钱。 tā jiù kāikǒu gēn wǒ jiè qián.
小　张： Xiǎo Zhāng：	你 就 真 的 借 给 他 了？ Nǐ jiù zhēn de jiè gěi tā le？
小　周： Xiǎo Zhōu：	我 不 是 把 他 当成 我 朋友 了 嘛，听说 他 家里人 病 Wǒ bù shì bǎ tā dàngchéng wǒ péngyou le ma，tīngshuō tā jiālirén bìng 了，我 能 不 借 吗？所以，马上 就 汇去了 两万 块 钱。 le，wǒ néng bù jiè ma？ Suǒyǐ，mǎshàng jiù huìqùle liǎngwàn kuài qián.
小　张： Xiǎo Zhāng：	哎呀，你 这 就 上了 他们 的 当 了。后来 罪犯 抓到了 Āiya， nǐ zhè jiù shàngle tāmen de dàng le. Hòulái zuìfàn zhuādàole 没有 啊？ méiyǒu a？
小　周： Xiǎo Zhōu：	3 天 以后 就 抓到 了。 Sān tiān yǐhòu jiù zhuādào le.
小　张： Xiǎo Zhāng：	那 太 好 了！我 也 得 马上 把 QQ 密码 换成 安全 系 Nà tài hǎo le！ Wǒ yě děi mǎshàng bǎ mìmǎ huànchéng ānquán xì- 数 高 的。 shù gāo de.

表达练习

1. 复述课文

词语提示：

互联网	犯罪	日益	上升	周女士	QQ	视频	住院	两万元	好友
毫不设防	银行	账号	汇去	散步	询问	一头雾水	意识到	公安局	
侦查	盗窃	密码	嫌疑人	抓捕	预防	杀毒	防范		

2. 你认为应该怎样防止互联网犯罪？

普通话与粤语对比

（一）日常用语——购物

请读与粤语对应的普通话词语

普通话 —— 粤语	普通话 —— 粤语
锅 —— 煲	家具 —— 家俬
皮箱 —— 皮喼	沙发 —— 梳化椅
塑料 —— 塑料	小板凳 —— 櫈仔
肥皂 —— 番枧	铅笔刀 —— 铅笔刨
衣架 —— 衫架	被套 —— 被袋
电池 —— 电芯	樟脑丸 —— 臭丸

（二）词的分类——连词

普通话中常用的连词在形式上与粤语有很大不同。如普通话选择问句中的析取连词“还是”，用粤语说则成了“定”“定系”。

1. 请读与粤语对应的普通话词语

普通话 —— 粤语	普通话 —— 粤语
不但 —— 唔只	要么 —— 一系
不仅 —— 唔单止	只有 —— 唯有
但是 —— 但系	尽管 —— 即管
以及 —— 与及	于是 —— 于是乎
且不说 —— 姑勿论	关系到 —— 关乎

2. 请把下面的粤语句子翻译成普通话句子，然后写在横线上

（1）唯有佢唔去。＿＿＿＿＿＿＿＿

（2）系你定系佢？＿＿＿＿＿＿＿＿

（3）一系你嚟喇。＿＿＿＿＿＿＿＿

（4）唯有系咁喇。＿＿＿＿＿＿＿＿

（5）我同佢去。＿＿＿＿＿＿＿＿

○副课文

竞争的规则

小时候，爷爷给我讲过这样一个故事：抓螃蟹的渔民习惯背一种口小肚子大的竹篓。当捉到第一只螃蟹后，他们会马上把它放进竹篓里，再把盖子盖严，以防止螃蟹逃走。而捉到第二只螃蟹以后，渔民把它放进篓里，就不再盖盖子了。
Xiǎoshíhou，yéye gěi wǒ jiǎngguo zhèyàng yī ge gùshi：Zhuā pángxiè de yúmín xíguàn bēi yī zhǒng kǒu xiǎo dùzi dà de zhúlǒu. Dāng zhuōdào dì-yī zhī pángxiè hòu，tāmen huì mǎshàng bǎ tā fàngjìn zhúlǒu li，zài bǎ gàizi gàiyán，yǐ fángzhǐ pángxiè táozǒu. Ér zhuōdào dì-èr zhī pángxiè yǐhòu，yúmín bǎ tā fàngjìn lǒu li，jiù bù zài gài gàizi le.

这是为什么呢？因为竹篓里有两只以上的螃蟹时，每一只都会争先恐后地爬向出口处。但是，竹篓的口很窄，只能容一只螃蟹通过。于是，当一只螃蟹爬到篓口时，其余的螃蟹就会用它们那威猛的大钳子夹住它，把它拖下去。然后，另一只占了上风的螃蟹就会又踩着它往上爬。尽管篓口一直敞开着，但却没有一只螃蟹能够逃离牢笼。
Zhè shì wèi shénme ne？Yīnwèi zhúlǒu li yǒu liǎng zhī yǐshàng de pángxiè shí，měi yī zhī dōu huì zhēngxiān-kǒnghòu de pá xiàng chūkǒu chù. Dànshì，zhúlǒu de kǒur hěn zhǎi，zhǐ néng róng yī zhī pángxiè tōngguò. Yúshì，dāng yī zhī pángxiè pádào lǒukǒu shí，qíyú de pángxiè jiù huì yòng tāmen nà wēiměng de dà qiánzi jiāzhù tā，bǎ tā tuō xiaqu. Ránhòu，lìng yī zhī zhànle shàngfēng de pángxiè jiù huì yòu cǎizhe tā wǎng shàng pá. Jǐnguǎn lǒukǒu yīzhí chǎngkāizhe，dàn què méiyǒu yī zhī pángxiè nénggòu táolí láolóng.

我们从螃蟹逃生的故事可以明白：为了生存应该展开竞争，但如果破坏了共同遵守的竞争规则，让有序变成无序，那么在无规则的混乱争斗的状态下，每一个力争向前的个体都难免会遭到来自四面八方的、不择手段的攻击，就会在即将迎来胜利的曙光时功亏一篑。因此，竞争的规则是不容随意践踏的。规则是约束，更是保护。
Wǒmen cóng pángxiè táoshēng de gùshi kěyǐ míngbai：Wèile shēngcún yīnggāi zhǎnkāi jìngzhēng，dàn rúguǒ pòhuàile gòngtóng zūnshǒu de jìngzhēng guīzé，ràng yǒuxù biànchéng wúxù，nàme zài wú guīzé de hùnluàn zhēngdòu de zhuàngtài xià，měi yī ge lìzhēng xiàng qián de gètǐ dōu nánmiǎn huì zāodào láizì sìmiàn-bāfāng de、bùzé-shǒuduàn de gōngjī，jiù huì zài jíjiāng yínglái shènglì de shǔguāng shí gōngkuī-yīkuì. Yīncǐ，jìngzhēng de guīzé shì bùróng suíyì jiàntà de. Guīzé shì yuēshù，gèng shì bǎohù.

读词语

1. 请跟读与第一声相连的词语

zhēngxiān-kǒnghòu （争先恐后）	gōngkuī-yīkuì （功亏一篑）	shēngcún （生存）
guīzé （规则）	chūkǒu chù （出口处）	wēiměng （威猛）
zūnshǒu （遵守）	zhēngdòu （争斗）	zhuōdào （捉到）
tōngguò （通过）	zāodào （遭到）	jiāzhù （夹住）
yuēshù （约束）		

2. 请跟读与第二声相连的词语

yúmín （渔民）	qíyú （其余）	láolóng （牢笼）
táolí （逃离）	yínglái （迎来）	táoshēng （逃生）
fángzhǐ （防止）	zhúlǒu （竹篓）	táozǒu （逃走）
pángxiè （螃蟹）	wúxù （无序）	pádào （爬到）
suíyì （随意）		

3. 请跟读与第三声相连的词语

jǐnguǎn （尽管）	chǎngkāi （敞开）	zhǎnkāi （展开）
shǔguāng （曙光）	yǒuxù （有序）	bǎohù （保护）

4. 请跟读与第四声相连的词语

pòhuài （破坏）	hùnluàn （混乱）	zhuàngtài （状态）
jiàntà （践踏）	shènglì （胜利）	lìzhēng （力争）
jìngzhēng （竞争）	bùzé-shǒuduàn （不择手段）	gòngtóng （共同）
gètǐ （个体）	zhàn shàngfēng （占上风）	sìmiàn-bāfāng （四面八方）

5. 请跟读与“一”相连的词语

gōngkuī-yíkuì （功亏一篑）		

6. 请跟读轻声词

gùshi （故事）	dùzi （肚子）	gàizi （盖子）
dà qiánzi （大钳子）	cǎizhe （踩着）	

读句子

1. 抓　　螃蟹　的　渔民　习惯　背　一　种　口　小　肚子　大　的　竹篓。
Zhuā pángxiè de yúmín xíguàn bēi yī zhǒng kǒu xiǎo dùzi dà de zhúlǒu.

2. 他们　会　马上　把　它　放进　竹篓　里，再　把　盖子　盖严，以　防止　螃蟹　逃走。
Tāmen huì mǎshàng bǎ tā fàngjìn zhúlǒu li, zài bǎ gàizi gàiyán, yǐ fángzhǐ pángxiè táozǒu.

3. 捉到　第二　只　螃蟹　以后，渔民　把　它　放进　篓　里，就　不　再　盖　盖子　了。
Zhuōdào dì-èr zhī pángxiè yǐhòu, yúmín bǎ tā fàngjìn lǒu li, jiù bù zài gài gàizi le.

4. 每　一　只　都　会　争先恐后　地　爬　向　出口　处。
Měi yī zhī dōu huì zhēngxiān-kǒnghòu de pá xiàng chūkǒu chù.

5. 竹篓　的　口　很　窄，只　能　容　一　只　螃蟹　通过。
Zhúlǒu de kǒu hěn zhǎi, zhǐ néng róng yī zhī pángxiè tōngguò.

6. 其余　的　螃蟹　就　会　用　它们　那　威猛　的　大　钳子　夹住　它，把　它　拖　下去。
Qíyú de pángxiè jiù huì yòng tāmen nà wēiměng de dà qiánzi jiāzhù tā, bǎ tā tuō xiaqu.

7. 另　一　只　占了　上风　的　螃蟹　就　会　又　踩着　它　往　上　爬。
Lìng yī zhī zhànle shàngfēng de pángxiè jiù huì yòu cǎizhe tā wǎng shàng pá.

8. 尽管　篓口　一直　敞开着，但　却　没有　一　只　螃蟹　能够　逃离　牢笼。
Jǐnguǎn lǒukǒu yīzhí chǎngkāizhe, dàn què méiyǒu yī zhī pángxiè nénggòu táolí láolóng.

9. 为了　生存　应该　展开　竞争。
Wèile shēngcún yīnggāi zhǎnkāi jìngzhēng.

10. 每　一　个　力争　向　前　的　个体　都　难免　会　遭到　来自　四面八方　的、
Měi yī ge lìzhēng xiàng qián de gètǐ dōu nánmiǎn huì zāodào láizì sìmiàn-bāfāng de、
不择手段　的　攻击。
bùzé-shǒuduàn de gōngjī.

11. 竞争　的　规则　是　不容　随意　践踏　的。
Jìngzhēng de guīzé shì bùróng suíyì jiàntà de.

12. 规则　是　约束，更　是　保护。
Guīzé shì yuēshù, gèng shì bǎohù.

读会话

爷爷： Yéye：	抓 螃蟹 的 渔民 就 是 背 这 种 口 小 肚子 大 的 竹篓。 Zhuā pángxiè de yúmín jiù shì bēi zhè zhǒng kǒu xiǎo dùzi dà de zhúlǒu.
孙子： Sūnzi：	让 我 看看。 哦，还 有 盖子 呢。 Ràng wǒ kànkan. Ò, hái yǒu gàizi ne.
爷爷： Yéye：	当 捉到 第一 只 螃蟹 后，他们 会 马上 把 它 放进 竹篓 里，再 把 盖子 盖严。 Dāng zhuōdào dì-yī zhī pángxiè hòu, tāmen huì mǎshàng bǎ tā fàngjìn zhúlǒu li, zài bǎ gàizi gàiyán.
孙子： Sūnzi：	是 怕 螃蟹 逃走 吗？ Shì pà pángxiè táozǒu ma?
爷爷： Yéye：	对， 但是 捉到 第二 只 螃蟹 以后，渔民 把 它 放进 竹篓 里，就 不 再 盖 盖子 了。 Duì, dànshì zhuōdào dì-èr zhī pángxiè yǐhòu, yúmín bǎ tā fàngjìn zhúlǒu li, jiù bù zài gài gàizi le.
孙子： Sūnzi：	为 什么 呢？ Wèi shénme ne?
爷爷： Yéye：	因为 竹篓 里 有 两 只 以上 的 螃蟹 时，每 一 只 都 会 争先恐后 地 爬 向 出口 处。 但是， 竹篓 的 口 很 窄， 只 能 容 一 只 螃蟹 通过。 Yīnwèi zhúlǒu li yǒu liǎng zhī yǐshàng de pángxiè shí, měi yī zhī dōu huì zhēngxiān-kǒnghòu de pá xiàng chūkǒu chù. Dànshì, zhúlǒu de kǒu hěn zhǎi, zhǐ néng róng yī zhī pángxiè tōngguò.
孙子： Sūnzi：	那 螃蟹 逃 得 出去 吗？ Nà pángxiè táo de chuqu ma?
爷爷： Yéye：	逃 不 出去。 当 一 只 螃蟹 爬到 篓口 时，其余 的 螃蟹 就 会 用 它们 的 大 钳子 夹住 它，把 它 拖 下去。 然后， 另 一 只 占了 上风 的 螃蟹 就 会 踩着 它 往 上 爬。 结果 一 只 也 逃 不 掉。 Táo bu chuqu. Dāng yī zhī pángxiè pádào lǒukǒu shí, qíyú de pángxiè jiù huì yòng tāmen de dà qiánzi jiāzhù tā, bǎ tā tuō xiaqu. Ránhòu, lìng yī zhī zhànle shàngfēng de pángxiè jiù huì cǎizhe tā wǎng shàng pá. Jiéguǒ yī zhī yě táo bu diào.
孙子： Sūnzi：	要是 它们 知道 排队 往 外 爬 就 好 了。 Yàoshi tāmen zhīdào páiduì wǎng wài pá jiù hǎo le.

表达练习

1. 复述课文

词语提示：

抓螃蟹 渔民 竹篓 第一只 盖严 第二只 不再 争先恐后 窄 只能 篓口 夹住 拖下去 另一只 踩 敞开 逃离 竞争 规则 无序 功亏一篑 约束 保护

2. 谈谈你对团结协作的重要性的认识

提示：

可以参考“众人拾柴火焰高”“人心齐，泰山移”“家和万事兴”等名言。

第十课

○主课文

精彩的退休生活

一些老年人退休后常会感到茫然，甚至出现萎靡
Yīxiē lǎoniánrén tuìxiū hòu cháng huì gǎndào mángrán, shènzhì chūxiàn wěimǐ
不振、抱病在家的现象。但也有不少持积极心态的老人，
bùzhèn、bàobìng zài jiā de xiànxiàng. Dàn yě yǒu bù shǎo chí jījí xīntài de lǎorén,
觉得退休才是“第二人生”的开始，尽情地享受着退休后的
juéde tuìxiū cái shì “dì-èr rénshēng” de kāishǐ, jìnqíng de xiǎngshòuzhe tuìxiū hòu de
生活。
shēnghuó.

衡山市的退休职工梁大爷和老伴儿就是这样的人。他们
Héngshān Shì de tuìxiū zhígōng Liáng dàye hé lǎobànr jiù shì zhèyàng de rén. Tāmen
买了一辆二手的客货两用车，然后在规定允许的范围内
mǎile yī liàng èrshǒu de kèhuòliǎngyòngchē, ránhòu zài guīdìng yǔnxǔ de fànwéi nèi
对车厢进行了改装。今年4月，两人开着独特的“房车”，
duì chēxiāng jìnxíngle gǎizhuāng. Jīnnián sì yuè, liǎng rén kāizhe dútè de “fángchē”,
开始了自驾游。在家乡附近转了几个地方以后，老两口儿感觉不
kāishǐle zìjiàyóu. Zài jiāxiāng fùjìn zhuànle jǐ ge dìfang yǐhòu, lǎoliǎngkǒur gǎnjué bù-
错，就又开车去了武汉、长沙、南京、杭州等城市。一路
cuò, jiù yòu kāi chē qùle Wǔhàn、Chángshā、Nánjīng、Hángzhōu děng chéngshì. Yīlù
走过来，江南的著名风景区基本上都游遍了。“在每个
zǒu guolai, Jiāngnán de zhùmíng fēngjǐngqū jīběnshàng dōu yóubiàn le. “Zài měi ge
景点游览时，能步行的就步行，年轻人都羡慕我们的精
jǐngdiǎn yóulǎn shí, néng bùxíng de jiù bùxíng, niánqīngrén dōu xiànmù wǒmen de jīng-
神头儿。”梁大爷骄傲地说，“一路上，我们遇到很多热心人。
shentóur.” Liáng dàye jiāo'ào de shuō, “Yīlù shang, wǒmen yùdào hěn duō rèxīnrén.
有宾馆老板请我们吃饭的；还遇到不少保安，主动帮
Yǒu bīnguǎn lǎobǎn qǐng wǒmen chīfàn de; hái yùdào bù shǎo bǎo'ān, zhǔdòng bāng
我们照看车。”老两口儿已经做好了明年的出行计划，他们
wǒmen zhàokàn chē.” Lǎoliǎngkǒur yǐjīng zuòhǎole míngnián de chūxíng jìhuà, tāmen
准备去内蒙古、宁夏、甘肃等地，还打算去西藏。“要是以后
zhǔnbèi qù Nèiměnggǔ、Níngxià、Gānsù děng dì, hái dǎsuàn qù Xīzàng. “Yàoshi yǐhòu

开不动车了，就乘火车、飞机去旅游，我们的目的是走遍祖国
kāi bu dòng chē le，jiù chéng huǒchē、fēijī qù lǚyóu，wǒmen de mùdì shì zǒubiàn zǔguó
的每一处河山。”老两口儿异口同声地说。
de měi yī chù héshān.” Lǎoliǎngkǒur yìkǒu-tóngshēng de shuō.

◎ 读重点词语

1. 退休（tuìxiū）	2. 茫然（mángrán）	3. 萎靡不振（wěimǐ bùzhèn）
4. 抱病（bàobìng）	5. 积极（jījí）	6. 心态（xīntài）
7. 尽情（jìnqíng）	8. 享受（xiǎngshòu）	9. 职工（zhígōng）
10. 大爷（dàye）	11. 老伴儿（lǎobànr）	12. 客货两用车（kèhuòliǎngyòngchē）
13. 允许（yǔnxǔ）	14. 范围（fànwéi）	15. 车厢（chēxiāng）
16. 改装（gǎizhuāng）	17. 独特（dútè）	18. 房车（fángchē）
19. 自驾游（zìjiàyóu）	20. 家乡（jiāxiāng）	21. 江南（Jiāngnán）
22. 著名（zhùmíng）	23. 风景区（fēngjǐngqū）	24. 游览（yóulǎn）
25. 步行（bùxíng）	26. 羡慕（xiànmù）	27. 骄傲（jiāo'ào）
28. 热心人（rèxīnrén）	29. 宾馆（bīnguǎn）	30. 保安（bǎo'ān）
31. 照看（zhàokàn）	32. 出行（chūxíng）	33. 目的（mùdì）
34. 祖国（zǔguó）	35. 河山（héshān）	36. 异口同声（yìkǒu-tóngshēng）

◎ 读句子

1. 一些老年人退休后常会感到茫然，甚至出现萎靡不振、抱病在家的现象。
Yīxiē lǎoniánrén tuìxiū hòu cháng huì gǎndào mángrán，shènzhì chūxiàn wěimǐ bùzhèn、bàobìng zài jiā de xiànxiàng.

2. 不少持积极心态的老人，觉得退休才是“第二人生”的开始。
Bù shǎo chí jījí xīntài de lǎorén，juéde tuìxiū cái shì “dì-èr rénshēng” de kāishǐ.

3. 衡山市的退休职工梁大爷和老伴儿就是这样的人。
Héngshān Shì de tuìxiū zhígōng Liáng dàye hé lǎobànr jiù shì zhèyàng de rén.

4. 他们 买了 一 辆 二手 的 客货两用车， 然后 在 规定 允许 的 范围
Tāmen mǎile yī liàng èrshǒu de kèhuòliǎngyòngchē，ránhòu zài guīdìng yǔnxǔ de fànwéi
内 对 车厢 进行了 改装。
nèi duì chēxiāng jìnxíngle gǎizhuāng.

5. 今年 4 月， 两 人 开着 独特 的 "房车"， 开始了 自驾游。
Jīnnián sì yuè，liǎng rén kāizhe dútè de "fángchē"，kāishǐle zìjiàyóu.

6. 一路 走 过来， 江南 的 著名 风景区 基本上 都 游遍 了。
Yīlù zǒu guolai，Jiāngnán de zhùmíng fēngjǐngqū jīběnshàng dōu yóubiàn le.

7. 在 每 个 景点 游览 时， 能 步行 的 就 步行。
Zài měi ge jǐngdiǎn yóulǎn shí，néng bùxíng de jiù bùxíng.

8. 有 宾馆 老板 请 我们 吃饭 的；还 遇到 不 少 保安， 主动 帮
Yǒu bīnguǎn lǎobǎn qǐng wǒmen chīfàn de；hái yùdào bù shǎo bǎo'ān，zhǔdòng bāng
我们 照看 车。
wǒmen zhàokàn chē.

9. 他们 准备 去 内蒙古、 宁夏、 甘肃 等 地，还 打算 去 西藏。
Tāmen zhǔnbèi qù Nèiměnggǔ、Níngxià、Gānsù děng dì，hái dǎsuàn qù Xīzàng.

10. 我们 的 目的 是 走遍 祖国 的 每 一 处 河山。
Wǒmen de mùdì shì zǒubiàn zǔguó de měi yī chù héshān.

读会话

马 大爷： Mǎ dàye：	老 梁， 听说 你 和 老伴儿 又 出去 旅游 了？ Lǎo Liáng，tīngshuō nǐ hé lǎobànr yòu chūqu lǚyóu le？
梁 大爷： Liáng dàye：	是 啊，我们 刚 回来 不久。 Shì a，wǒmen gāng huílai bùjiǔ.
马 大爷： Mǎ dàye：	你们 是 跟 旅行团 去 的 吗？ Nǐmen shì gēn lǚxíngtuán qù de ma？
梁 大爷： Liáng dàye：	不 是， 我们 是 两 个 人 开着 自己 改造 的 房车 进行 自驾 Bù shì，wǒmen shì liǎng ge rén kāizhe zìjǐ gǎizào de fángchē jìnxíng zìjià- 游 的 啊。 yóu de a.
马 大爷： Mǎ dàye：	哦，你们 可 真 了不起 啊！ 已经 去了 很 多 地方 了 吧？ Ò，nǐmen kě zhēn liǎobuqǐ a！ Yǐjīng qùle hěn duō dìfang le ba？

梁　大爷： Liáng dàye：	对。江南的大部分地方我们都游遍了。我们打算明年去更远的地方呢。 Duì. Jiāngnán de dàbùfen dìfang wǒmen dōu yóubiàn le. Wǒmen dǎsuàn míngnián qù gèng yuǎn de dìfang ne.
马　大爷： Mǎ dàye：	你们夫妻俩就这样不停地旅行吗？年纪大了以后…… Nǐmen fūqī liǎ jiù zhèyàng bùtíng de lǚxíng ma？ Niánjì dàle yǐhòu…
梁　大爷： Liáng dàye：	哈哈，要是以后开不动车了，我们就坐火车和飞机去旅游。 Hāhā，yàoshi yǐhòu kāi bu dòng chē le，wǒmen jiù zuò huǒchē hé fēijī qù lǚyóu.
马　大爷： Mǎ dàye：	真让我羡慕啊！你们的退休生活过得太精彩了！ Zhēn ràng wǒ xiànmù a！ Nǐmen de tuìxiū shēnghuó guò de tài jīngcǎi le！

表达练习

1. 复述课文

词语提示：

退休　萎靡不振　积极　心态　第二人生　享受　改装　房车　自驾游
家乡　附近　江南　游遍　羡慕　热心人　老板　保安　明年　计划
开不动　火车　飞机　每一处

2. 退休对你来说也许还很遥远，请设想一下，你怎么过退休后的生活？

普通话与粤语对比

（一）日常用语——旅游

请读与粤语对应的普通话词语

普通话	粤语
寺院	寺门
胡同	巷
花市	花墟
路口	街口
路灯	街灯
绕远了	兜远咗

普通话	粤语
台阶	石级
海边	海皮
照相	影相
占位子	霸位
避风港	避风塘
交通顺畅	冇塞车

（二）词的分类——拟声词

普通话和粤语的拟声词有很大的不同，从拟声词的词尾就很容易看出来。其中有一定的规律可循。例如：双音节词的后面接“一声”这一词语时，普通话和粤语的拟声词用法一样。如“砰地一声，门关上了。”粤语说“嘭一声闩咗门。”

1. 请读与粤语对应的普通话词语

普通话	粤语
扑哧	嘻
哐啷	倾框
啪	嘭
扑通	扰
吧唧	劈叭
哗啦啦	时里沙啦

普通话	粤语
哗哗地	沙沙声
呼呼地	扉扉声（风声）
乒乒乓乓	呼令嘭冷
劈里啪啦	霹雳拍勒
叽叽咕咕	吱吱斟斟
叽叽喳喳	吱吱喳喳

2. 请把下面的粤语句子翻译成普通话句子，然后写在横线上

（1）笑到揭揭声。______

（2）揸揸声使晒啲钱。______

（3）佢痛到呀呀声。______

（4）时时沙沙落紧微雨。______

（5）卜一声个波爆咗。______

○副课文

上帝的钟爱

有一个盲人，从小到大一直为自己的残疾感到沮丧，他认为，自己双目失明是老天在惩罚自己，自己这一辈子算完了。后来，他遇到了一位热心的老师。这位老师开导他说：“世上每个人都是有缺陷的人，因为我们都是被上帝咬过一口的苹果。有的人身体残疾了，是因为他们是特别香甜可口的苹果，受到了上帝的钟爱。”老师的话让他受到了震

Yǒu yī ge mángrén, cóng xiǎo dào dà yīzhí wèi zìjǐ de cánjí gǎndào jǔsàng, tā rènwéi, zìjǐ shuāngmù shīmíng shì lǎotiān zài chéngfá zìjǐ, zìjǐ zhè yībèizi suàn wán le. Hòulái, tā yùdàole yī wèi rèxīn de lǎoshī. Zhè wèi lǎoshī kāidǎo tā shuō: “Shìshàng měi ge rén dōu shì yǒu quēxiàn de rén, yīnwèi wǒmen dōu shì bèi Shàngdì yǎoguo yī kǒu de píngguǒ. Yǒude rén shēntǐ cánjí le, shì yīnwèi tāmen shì tèbié xiāngtián kěkǒu de píngguǒ, shòudàole Shàngdì de zhōng'ài.” Lǎoshī de huà ràng tā shòudàole zhèn-

撼，也受到了鼓舞。从此，他把失明看作是上帝的特殊钟爱，
hàn，yě shòudàole gǔwǔ. Cóngcǐ，tā bǎ shīmíng kànzuò shì Shàngdì de tèshū zhōng'ài，
开始振作起来，向命运挑战。若干年后，他成了一位著
kāishǐ zhènzuò qilai，xiàng mìngyùn tiǎozhàn. Ruògān nián hòu，tā chéngle yī wèi zhù-
名的盲人推拿师，成了一个自强自立的人，同时也为许多人
míng de mángrén tuīnáshī，chéngle yī ge zìqiáng zìlì de rén，tóngshí yě wèi xǔduō rén
解除了病痛。
jiěchúle bìngtòng.

其实，世界著名人士中也有一些人是残疾人。例如，文学家
Qíshí，shìjiè zhùmíng rénshì zhōng yě yǒu yīxiē rén shì cánjírén。Lìrú，wénxuéjiā
弥尔顿是盲人，大音乐家贝多芬是聋子，天才小提琴演奏家
Mí'ěrdùn shì mángrén，dà yīnyuèjiā Bèiduōfēn shì lóngzi，tiāncái xiǎotíqín yǎnzòujiā
帕格尼尼是哑巴。如果用"上帝咬过的苹果"这一理论来推理，他
Pàgéníní shì yǎba. Rúguǒ yòng "Shàngdì yǎoguo de píngguǒ" zhè yī lǐlùn lái tuīlǐ，tā-
们的残疾也是由于受到了上帝的特殊钟爱，被狠狠地咬了
men de cánjí yě shì yóuyú shòudàole Shàngdì de tèshū zhōng'ài，bèi hěnhěn de yǎole
一大口的缘故。
yī dà kǒu de yuángù.

可以说，上帝吝啬得很，决不肯把所有的好处都给一个
Kěyǐ shuō，Shàngdì lìnsè de hěn，jué bù kěn bǎ suǒyǒu de hǎochù dōu gěi yī ge
人。在很多时候，给了你美貌，就不肯给你智慧；给了你金钱，就
rén. Zài hěn duō shíhou，gěile nǐ měimào，jiù bù kěn gěi nǐ zhìhuì；gěile nǐ jīnqián，jiù
不肯给你健康；给了你才能，就一定要搭配点儿苦难…… 所以，如
bù kěn gěi nǐ jiànkāng；gěile nǐ cáinéng，jiù yīdìng yào dāpèi diǎnr kǔnàn⋯ Suǒyǐ，rú-
果我们遇到不如意的事，不必怨天尤人，更不能自暴自弃，最
guǒ wǒmen yùdào bù rúyì de shì，bùbì yuàntiān-yóurén，gèng bù néng zìbào-zìqì，zuì
好的办法就是自励自慰：我们都是被上帝咬过的苹果，只不
hǎo de bànfǎ jiù shì zìlì zìwèi：Wǒmen dōu shì bèi Shàngdì yǎoguo de píngguǒ，zhǐ bù-
过上帝特别钟爱我，所以被咬的这一口更大一些罢了。
guò Shàngdì tèbié zhōng'ài wǒ，suǒyǐ bèi yǎo de zhè yī kǒu gèng dà yīxiē bàle.

三 读词语

1. 请跟读与第一声相连的词语

shīmíng（失明）	tiāncái（天才）	xiāngtián（香甜）
yuàntiān-yóurén（怨天尤人）	jīnqián（金钱）	tuīnáshī（推拿师）
kāidǎo（开导）	tuīlǐ（推理）	yīnyuèjiā（音乐家）
zhōng'ài（钟爱）	dāpèi（搭配）	quēxiàn（缺陷）

2. 请跟读与第二声相连的词语

mángrén（盲人）	cáinéng（才能）	chéngfá（惩罚）
wénxuéjiā（文学家）	píngguǒ（苹果）	cóng xiǎo dào dà（从小到大）
yuángù（缘故）		

3. 请跟读与第三声相连的词语

hěnhěn（狠狠）	kěkǒu（可口）	gǔwǔ（鼓舞）
lǎotiān（老天）	xiǎotíqín（小提琴）	jiěchú（解除）
jǔsàng（沮丧）	tiǎozhàn（挑战）	hǎochù（好处）
lǐlùn（理论）	měimào（美貌）	kǔnàn（苦难）

4. 请跟读与第四声相连的词语

Shàngdì（上帝）	shòudào（受到）	zhènzuò（振作）
mìngyùn（命运）	zìlì（自立）	bìngtòng（病痛）
lìnsè（吝啬）	zhìhuì（智慧）	zìbào-zìqì（自暴自弃）
zìlì zìwèi（自励自慰）	rèxīn（热心）	ruògān nián（若干年）
yuàntiān-yóurén（怨天尤人）	zìqiáng（自强）	lìrú（例如）
bù rúyì（不如意）	yǎnzòujiā（演奏家）	

5. 请跟读与“一”相连的词语

yì kǒu（一口）	yí dà kǒu（一大口）	yíbèizi（一辈子）

6. 请跟读与“不”相连的词语

bù rúyì（不如意）	bù kěn（不肯）	

7. 请跟读轻声词

yībèizi（一辈子）	lóngzi（聋子）	bàle（罢了）
yǎba（哑巴）		

读句子

1. 有 一个 盲人， 从 小 到 大一直 为自己的 残疾 感到 沮丧。
Yǒu yī ge mángrén，cóng xiǎo dào dà yīzhí wèi zìjǐ de cánjí gǎndào jǔsàng.

2. 他 认为，自己 双目 失明 是 老天 在 惩罚 自己，自己 这 一辈子 算
Tā rènwéi，zìjǐ shuāngmù shīmíng shì lǎotiān zài chéngfá zìjǐ，zìjǐ zhè yībèizi suàn

完了。
wán le.

3. 世上 每个人都是有 缺陷 的人，因为 我们 都是被 上帝
Shìshàng měi ge rén dōu shì yǒu quēxiàn de rén，yīnwèi wǒmen dōu shì bèi Shàngdì
咬过 一口 的 苹果。
yǎoguo yī kǒu de píngguǒ.

4. 有的 人 身体 残疾了，是 因为 他们 是 特别 香甜 可口 的 苹果，
Yǒude rén shēntǐ cánjí le，shì yīnwèi tāmen shì tèbié xiāngtián kěkǒu de píngguǒ,
受到了 上帝 的 钟爱。
shòudàole Shàngdì de zhōng'ài.

5. 老师 的话 让他 受到了 震撼， 也 受到了 鼓舞。
Lǎoshī de huà ràng tā shòudàole zhènhàn，yě shòudàole gǔwǔ.

6. 从此， 他把 失明 看作 是 上帝 的 特殊 钟爱， 开始 振作 起来，
Cóngcǐ，tā bǎ shīmíng kànzuò shì Shàngdì de tèshū zhōng'ài，kāishǐ zhènzuò qilai,
向 命运 挑战。
xiàng mìngyùn tiǎozhàn.

7. 若干 年 后，他 成了 一位 著名 的 盲人 推拿师， 成了 一个自
Ruògān nián hòu，tā chéngle yī wèi zhùmíng de mángrén tuīnáshī，chéngle yī ge zì-
强 自立的人。
qiáng zìlì de rén.

8. 其实，世界 著名 人士 中 也有 一些 人 是 残疾人。
Qíshí，shìjiè zhùmíng rénshì zhōng yě yǒu yīxiē rén shì cánjírén.

9. 上帝 吝啬得很，决不肯把 所有 的 好处 都给一个人。
Shàngdì lìnsè de hěn，jué bù kěn bǎ suǒyǒu de hǎochù dōu gěi yī ge rén.

10. 给了你 美貌， 就不肯 给你 智慧；给了你 金钱， 就不肯 给你 健康；
Gěile nǐ měimào，jiù bù kěn gěi nǐ zhìhuì；gěile nǐ jīnqián，jiù bù kěn gěi nǐ jiànkāng；
给了你 才能， 就 一定 要 搭配 点儿 苦难……
gěile nǐ cáinéng，jiù yīdìng yào dāpèi diǎnr kǔnàn…

11. 如果 我们 遇到不如意的 事，不必 怨天尤人， 更不能 自暴自弃。
Rúguǒ wǒmen yùdào bù rúyì de shì，bùbì yuàntiān-yóurén，gèng bù néng zìbào-zìqì.

读会话

老师： Lǎoshī：	你为什么情绪这么低落啊？ Nǐ wèi shénme qíngxù zhème dīluò a？
盲人： Mángrén：	老师，您看，我双目失明，什么工作能用我这样的人啊？我这一辈子算是完了…… Lǎoshī，nín kàn，wǒ shuāngmù shīmíng，shénme gōngzuò néng yòng wǒ zhèyàng de rén a？ Wǒ zhè yībèizi suànshì wán le…
老师： Lǎoshī：	你可不能这么想啊。其实，世界上几乎每个人都是有缺陷的。 Nǐ kě bù néng zhème xiǎng a. Qíshí，shìjiè shang jīhū měi ge rén dōu shì yǒu quēxiàn de.
盲人： Mángrén：	什么？难道世界上有那么多残疾人吗？ Shénme？ Nándào shìjiè shang yǒu nàme duō cánjírén ma？
老师： Lǎoshī：	我不是这个意思。有句很有名的话，说"所有人都是被上帝咬过一口的苹果"。有的人失明，有的人丑陋，有的人笨拙…… Wǒ bù shì zhège yìsi. Yǒu jù hěn yǒumíng de huà，shuō "suǒyǒu rén dōu shì bèi Shàngdì yǎoguo yī kǒu de píngguǒ". Yǒude rén shīmíng，yǒude rén chǒulòu，yǒude rén bènzhuō…
盲人： Mángrén：	那我也不愿意选择当盲人啊。 Nà wǒ yě bù yuànyì xuǎnzé dāng mángrén a.
老师： Lǎoshī：	其实，在上帝看来，盲人是特别香甜可口的苹果，所以他才大大地咬了一口。 Qíshí，zài Shàngdì kànlái，mángrén shì tèbié xiāngtián kěkǒu de píngguǒ，suǒyǐ tā cái dàdà de yǎole yī kǒu.
盲人： Mángrén：	就是说，老天不是惩罚我们，而是钟爱我们？ Jiù shì shuō，lǎotiān bù shì chéngfá wǒmen，ér shì zhōng'ài wǒmen？
老师： Lǎoshī：	对啊。你是个可爱的、聪明的孩子。只要你努力，将来一定能找到适合你的工作，你一定会成功的！ Duì a. Nǐ shì ge kě'ài de、cōngmíng de háizi. Zhǐyào nǐ nǔlì，jiānglái yīdìng néng zhǎodào shìhé nǐ de gōngzuò，nǐ yīdìng huì chénggōng de！
盲人： Mángrén：	老师，我记住您的话了！ Lǎoshī，wǒ jìzhù nín de huà le！

表达练习

1. 复述课文

词语提示：

盲人 残疾 沮丧 惩罚 老师 上帝 咬过 苹果 香甜可口 钟爱 震撼 振作 自强自立 弥尔顿 贝多芬 帕格尼尼 吝啬 搭配 自暴自弃 自励自慰

2. 谈谈你怎样认识残疾与命运

提示：

可以参考以下资料：美国盲人海伦·凯勒的题为《假如给我三天光明》的自传。罗曼·罗兰说的话："命运是痛苦的，但生活是快乐的。"断臂的维纳斯和无腿的美人鱼的不完美。

第十一课

○主课文

全球能源危机

随着时间机器的不停运转，人类在不断发展科技的同时，
Suízhe shíjiān jīqì de bùtíng yùnzhuǎn, rénlèi zài bùduàn fāzhǎn kējì de tóngshí,
对能源的需求也越来越高，导致世界各国不断出现能源
duì néngyuán de xūqiú yě yuè lái yuè gāo, dǎozhì shìjiè gè guó bùduàn chūxiàn néngyuán
危机。
wēijī.

天上，已经被人类捅了一个窟窿。到2008年，南极臭氧
Tiānshang, yǐjīng bèi rénlèi tǒngle yī ge kūlong. Dào èr líng líng bā nián, nánjí chòuyǎng
空洞面积已达2700万平方公里，相当于4个澳大利亚的国土
kōngdòng miànjī yǐ dá liǎngqiān qībǎi wàn píngfāng gōnglǐ, xiāngdāng yú sì ge Àodàlìyà de guótǔ
面积。如果任其扩展，强烈的紫外线将会长驱直入，温室
miànjī. Rúguǒ rèn qí kuòzhǎn, qiángliè de zǐwàixiàn jiāng huì chángqū-zhírù, wēnshì
效应将会不断加剧。地下，也被人类挖了一个极大的洞。地球
xiàoyìng jiāng huì bùduàn jiājù. Dìxià, yě bèi rénlèi wāle yī ge jí dà de dòng. Dìqiú
母亲用46亿年的时间为我们积累的煤、石油和天然气，我们
mǔqīn yòng sìshíliù yì nián de shíjiān wèi wǒmen jīlěi de méi、shíyóu hé tiānránqì, wǒmen
只用了几百年就差不多开采殆尽。据报道，已探明可采煤炭
zhǐ yòngle jǐ bǎi nián jiù chàbuduō kāicǎi dài jìn. Jù bàodào, yǐ tànmíng kěcǎi méitàn
储量预计只可开采169年；一些人悲观地估计，已探明可采石油
chǔliàng yùjì zhǐ kě kāicǎi yībǎi liùshíjiǔ nián; yīxiē rén bēiguān de gūjì, yǐ tànmíng kěcǎi shíyóu
储量预计只可开采到2050年。地面上，人们滥排污水，使
chǔliàng yùjì zhǐ kě kāicǎi dào èr líng wǔ líng nián. Dìmiàn shang, rénmen làn pái wūshuǐ, shǐ
江河变成了工业废水和排泄物的混合体。全世界污水排放
jiānghé biànchéngle gōngyè fèishuǐ hé páixièwù de hùnhétǐ. Quán shìjiè wūshuǐ páifàng-
量已达到4200亿立方米，使5.5万亿立方米水体受到
liàng yǐ dádào sìqiān èrbǎi yì lìfāngmǐ, shǐ wǔ diǎn wǔ wànyì lìfāngmǐ shuǐtǐ shòudào
污染，占全世界径流总量的14%以上。
wūrǎn, zhàn quán shìjiè jìngliú zǒngliàng de bǎi fēn zhī shísì yǐshàng.

随着科技的进步和众多有识之士的探索，人类逐渐寻找
Suízhe kējì de jìnbù hé zhòngduō yǒushízhīshì de tànsuǒ, rénlèi zhújiàn xúnzhǎo

到了解决能源危机的途径——减排与发展可再生能源。这是
dàole jiějué néngyuán wēijī de tújìng——jiǎnpái yǔ fāzhǎn kězàishēng néngyuán. Zhè shì
大自然给予我们的最后的宽恕机会，让我们重造一个适合人类
dàzìrán jǐyǔ wǒmen de zuìhòu de kuānshù jīhuì，ràng wǒmen chóngzào yī ge shìhé rénlèi
生存和可持续发展的地球。
shēngcún hé kěchíxù fāzhǎn de dìqiú.

读重点词语

1. 机器（jīqì）	2. 运转（yùnzhuǎn）	3. 科技（kējì）
4. 能源（néngyuán）	5. 危机（wēijī）	6. 窟窿（kūlong）
7. 南极（nánjí）	8. 臭氧（chòuyǎng）	9. 空洞（kōngdòng）
10. 面积（miànjī）	11. 扩展（kuòzhǎn）	12. 紫外线（zǐwàixiàn）
13. 长驱直入（chángqū-zhírù）	14. 温室（wēnshì）	15. 效应（xiàoyìng）
16. 积累（jīlěi）	17. 石油（shíyóu）	18. 天然气（tiānránqì）
19. 开采（kāicǎi）	20. 探明（tànmíng）	21. 煤炭（méitàn）
22. 储量（chǔliàng）	23. 悲观（bēiguān）	24. 滥排（làn pái）
25. 污水（wūshuǐ）	26. 江河（jiānghé）	27. 排泄物（páixièwù）
28. 混合体（hùnhétǐ）	29. 排放量（páifàngliàng）	30. 立方米（lìfāngmǐ）
31. 径流（jìngliú）	32. 总量（zǒngliàng）	33. 有识之士（yǒushízhīshì）
34. 探索（tànsuǒ）	35. 寻找（xúnzhǎo）	36. 解决（jiějué）
37. 途径（tújìng）	38. 减排（jiǎnpái）	39. 再生（zàishēng）
40. 大自然（dàzìrán）	41. 给予（jǐyǔ）	42. 宽恕（kuānshù）
43. 重造（chóng zào）	44. 持续（chíxù）	45. 发展（fāzhǎn）

读句子

1. 人类在不断地发展科技的同时，对能源的需求也越来越高。
Rénlèi zài bùduàn de fāzhǎn kējì de tóngshí，duì néngyuán de xūqiú yě yuè lái yuè gāo.

2. 到2008年，南极臭氧空洞面积已达2700万平方公里。
Dào èr líng líng bā nián，nánjí chòuyǎng kōngdòng miànjī yǐ dá liǎngqiān qībǎi wàn píngfāng gōnglǐ.

3. 如果 任其 扩展， 强烈 的 紫外线 将 会 长驱直入， 温室 效应 将 会 不断 加剧。
Rúguǒ rèn qí kuòzhǎn，qiángliè de zǐwàixiàn jiāng huì chángqū-zhírù，wēnshì xiàoyìng jiāng huì bùduàn jiājù.

4. 我们 只 用了 几百 年 就 差不多 开采 殆 尽。
Wǒmen zhǐ yòngle jǐ bǎi nián jiù chàbuduō kāicǎi dài jìn.

5. 已 探明 可采 煤炭 储量 预计 只 可 开采 169 年。
Yǐ tànmíng kěcǎi méitàn chǔliàng yùjì zhǐ kě kāicǎi yībǎi liùshíjiǔ nián.

6. 人们 滥 排 污水，使 江河 变成了 工业 废水 和 排泄物 的 混合体。
Rénmen làn pái wūshuǐ，shǐ jiānghé biànchéngle gōngyè fèishuǐ hé páixièwù de hùnhétǐ.

7. 全 世界 污水 排放量 已 达到 4200 亿 立方米。
Quán shìjiè wūshuǐ páifàngliàng yǐ dádào sìqiān èrbǎi yì lìfāngmǐ.

8. 人类 逐渐 寻找 到了 解决 能源 危机 的 途径—— 减排 与 发展 可再生 能源。
Rénlèi zhújiàn xúnzhǎo dàole jiějué néngyuán wēijī de tújìng —— jiǎnpái yǔ fāzhǎn kězàishēng néngyuán.

9. 这 是 大自然 给予 我们 的 最后 的 宽恕 机会。
Zhè shì dàzìrán jǐyǔ wǒmen de zuìhòu de kuānshù jīhuì.

10. 让 我们 重 造 一 个 适合 人类 生存 和 可持续 发展 的 地球。
Ràng wǒmen chóng zào yī ge shìhé rénlèi shēngcún hé kěchíxù fāzhǎn de dìqiú.

读会话

小 王： Xiǎo Wáng：	最近 关于 世界 各 国 能源 危机 的 报道 真 多 啊！ Zuìjìn guānyú shìjiè gè guó néngyuán wēijī de bàodào zhēn duō a！
小 李： Xiǎo Lǐ：	是 吗，都 是 怎么 说 的？ Shì ma，dōu shì zěnme shuō de？
小 王： Xiǎo Wáng：	比如，南极 臭氧 空洞 面积 已经 有 4 个 澳大利亚 那么 大 了。 Bǐrú，nánjí chòuyǎng kōngdòng miànjī yǐjīng yǒu sì ge Àodàlìyà nàme dà le.

小 李： Xiǎo Lǐ：	哦，那紫外线就可以向地球长驱直入了。真令人担心啊！ Ò，nà zǐwàixiàn jiù kěyǐ xiàng dìqiú chángqū-zhírù le. Zhēn lìng rén dānxīn a！
小 王： Xiǎo Wáng：	地下也不乐观。报道说，现在已经探明的煤、石油和天然气很大一部分已经被我们人类开采完了。 Dìxià yě bù lèguān. Bàodào shuō，xiànzài yǐjīng tànmíng de méi、shíyóu hé tiānránqì hěn dà yī bùfen yǐjīng bèi wǒmen rénlèi kāicǎi wán le.
小 李： Xiǎo Lǐ：	那么严重啊。看来，必须要重视能源危机的问题了。找到什么有效的方法了没有？ Nàme yánzhòng a. Kànlái，bìxū yào zhòngshì néngyuán wēijī de wèntí le. Zhǎodào shénme yǒuxiào de fāngfǎ le méiyǒu？
小 王： Xiǎo Wáng：	办法有两个。一个是减排，一个是发展可再生能源。 Bànfǎ yǒu liǎng ge. Yī ge shì jiǎnpái，yī ge shì fāzhǎnkě zàishēng néngyuán.
小 李： Xiǎo Lǐ：	这是大自然给予我们的最后的宽恕机会啊！ Zhè shì dàzìrán jǐyǔ wǒmen de zuìhòu de kuānshù jīhuì a！

表达练习

1. 复述课文

词语提示：

能源　需求　各国　危机　臭氧　空洞　紫外线　温室效应　煤　石油　天然气　开采　悲观　石油　储量　滥排　污水　污染　有识之士　寻找　解决　途径　减排　可再生能源　最后　宽恕　适合　生存　地球

2. 现在很多国家都在提倡“节能减排”，请谈谈你对这个问题的看法

普通话与粤语对比

（一）日常用语——职业

请读与粤语对应的普通话词语

普通话 —— 粤语	普通话 —— 粤语
护士 —— 看护	上班 —— 返工
职员 —— 文员	下班 —— 收工
老板 —— 老细	内行 —— 熟行
合作 —— 搭档	挣钱 —— 揾钱
谈判 —— 斟盘	收入 —— 入息
值班 —— 当值	办公室 —— 写字楼
改行 —— 转行	

（二）词的分类——同形异义词

“同形异义词”指的是字面完全相同，但在普通话中和粤语中的意义却截然不同的词语，这些词语很容易造成误解。这样的“同形异义词”大约有 150 个。例如：粤语的“班房”是普通话“教室”的意思，普通话中的“班房”则是“监狱或拘留所”之意。

1. 请读与粤语对应的普通话词语

粤语词	在普通话中的意思	粤语原意的对译
生性	天性	有出息
心机	计谋；心计	耐心
大帝	皇帝	大爷
花工	花中之王	花匠
火路	火势蔓延的路线	火候
油	没有熬熟的油	花生油
大早	大清早	刚才
口气	说话的语气	口臭
两公婆	公公和婆婆	两口子
帮手	帮助工作的人	帮忙

2. 请把下面的粤语句子翻译成普通话句子，然后写在横线上

（1）呢个细路真系得意。______

（2）唔该畀份章程睇吓。______

（3）李先生喺班房度等紧你。______

（4）请你试吓我啲手势。______

（5）捞松唔钟意食马。______

○副课文

伟大的母爱

两个喜欢探险的小伙子，结伴来到了撒哈拉大沙漠。行走间，他们看见前方有几头骆驼。那是一头母骆驼带着几头小骆驼，它们一边走一边不时地停下来，用鼻子闻着干燥的沙子。两个小伙子知道，这是骆驼们渴坏了，在找水喝。炙热的阳光毫不留情地照着沙漠，骆驼们的眼睛血红血红的，看起来快要支撑不住了。

Liǎng ge xǐhuan tànxiǎn de xiǎohuǒzi，jiébàn láidàole Sāhālā dà shāmò。Xíngzǒu jiān，tāmen kànjiàn qiánfāng yǒu jǐ tóu luòtuo. Nà shì yī tóu mǔluòtuo dàizhe jǐ tóu xiǎo luòtuo，tāmen yībiān zǒu yībiān bùshí de tíng xialai，yòng bízi wénzhe gānzào de shāzi. Liǎng ge xiǎohuǒzi zhīdào，zhè shì luòtuomen kěhuài le，zài zhǎo shuǐ hē. Zhìrè de yángguāng háo bù liúqíng de zhàozhe shāmò，luòtuomen de yǎnjing xuèhóng xuèhóng de，kàn qilai kuàiyào zhīchēng bu zhù le.

骆驼母子闻着沙子，还在慢慢地行走着。小骆驼们紧紧地挨着妈妈，母骆驼不时地驱赶着孩子们走进它的阴影里。终于，它们来到了一个半月形的泉边。几头小骆驼兴奋极了，奔到泉边去喝水。可是水面太低了，小骆驼们站在岸上，怎么努力也无法把嘴凑到泉水边上。

Luòtuo mǔ-zǐ wénzhe shāzi，hái zài mànmàn de xíngzǒuzhe。Xiǎo luòtuomen jǐnjǐn de āizhe māma，mǔluòtuo bùshí de qūgǎnzhe háizimen zǒujìn tā de yīnyǐng li. Zhōngyú，tāmen láidàole yī ge bànyuèxíng de quán biān. Jǐ tóu xiǎo luòtuo xīngfèn jí le，bēndào quán biān qù hē shuǐ. Kěshì shuǐmiàn tài dī le，xiǎo luòtuomen zhàn zài àn shang，zěnme nǔlì yě wúfǎ bǎ zuǐ còudào quánshuǐ biān shang.

这时，惊人的一幕发生了！骆驼妈妈在泉水边转了几圈之后，突然纵身一跃，跳进了泉中……水面涨高了，小骆驼们刚好能喝到水。但是，骆驼妈妈却永远地沉入了泉底，再也没有爬上岸来。

Zhèshí，jīngrén de yī mù fāshēng le! Luòtuo māma zài quánshuǐ biān zhuànle jǐ quān zhīhòu，tūrán zòngshēn yī yuè，tiàojìnle quán zhōng··· Shuǐmiàn zhǎnggāo le，xiǎo luòtuomen gānghǎo néng hēdào shuǐ. Dànshì，luòtuo māma què yǒngyuǎn de chénrùle quán dǐ，zài yě méiyǒu páshàng àn lái.

两个小伙子惊呆了，这一刻他们体会到了世界上最伟大的母爱。

Liǎng ge xiǎohuǒzi jīngdāi le，zhè yīkè tāmen tǐhuì dàole shìjiè shàng zuì wěidà de mǔ’ài.

母爱 是一座 高 山，它是 孩子们 坚强 的依靠；母爱 是 一 条
Mǔ'ài shì yī zuò gāo shān，tā shì háizimen jiānqiáng de yīkào；mǔ'ài shì yī tiáo
长河， 它 永远 也不 会枯竭！
chánghé，tā yǒngyuǎn yě bù huì kūjié！

读词语

1. 请跟读与第一声相连的词语

Sāhālā	（撒哈拉）	zhīchēng	（支撑）	fāshēng	（发生）
jīngdāi	（惊呆）	gāo shān	（高山）	kūjié	（枯竭）
jīngrén	（惊人）	jiānqiáng	（坚强）	yīnyǐng	（阴影）
hē shuǐ	（喝水）	qūgǎn	（驱赶）	gānzào	（干燥）
xīngfèn	（兴奋）	yīkào	（依靠）		

2. 请跟读与第二声相连的词语

chánghé	（长河）	qiánfāng	（前方）	yángguāng	（阳光）
quán biān	（泉边）	quán zhōng	（泉中）	xíngzǒu	（行走）
wúfǎ	（无法）	quán dǐ	（泉底）	jiébàn	（结伴）
chénrù	（沉入）				

3. 请跟读与第三声相连的词语

zhǎo shuǐ	（找水）	jǐnjǐn	（紧紧）	yǒngyuǎn	（永远）
xiǎohuǒzi	（小伙子）	zhǎnggāo	（涨高）	jǐ quān	（几圈）
jǐ tóu	（几头）	zǒujìn	（走进）	wěidà	（伟大）
tǐhuì	（体会）	mǔ'ài	（母爱）	shuǐmiàn	（水面）

4. 请跟读与第四声相连的词语

zhìrè	（炙热）	kuàiyào	（快要）	còudào	（凑到）
tiàojìn	（跳进）	zòngshēn	（纵身）	dà shāmò	（大沙漠）
tài dī	（太低）	xuèhóng	（血红）	tànxiǎn	（探险）
bànyuèxíng	（半月形）				

5. 请跟读与“一”相连的词语

yí mù	（一幕）	yí yuè	（一跃）	yíkè	（一刻）

6. 请跟读与“不”相连的词语

bùshí （不时）	háo bù liúqíng （毫不留情）	

7. 请跟读轻声词

xiǎohuǒzi （小伙子）	bízi （鼻子）	shāzi （沙子）
wénzhe （闻着）	zhàozhe （照着）	āizhe （挨着）
luòtuo （骆驼）	àn shang （岸上）	

读句子

1. 两 位 喜欢 探险 的 小伙子，结伴 来到了 撒哈拉 大 沙漠。
Liǎng wèi xǐhuan tànxiǎn de xiǎohuǒzi，jiébàn láidàole Sāhālā dà shāmò.

2. 它们 一边 走 一边 不时 地 停 下来，用 鼻子 闻着 干燥 的 沙子。
Tāmen yībiān zǒu yībiān bùshí de tíng xialai，yòng bízi wénzhe gānzào de shāzi.

3. 两 个 小伙子 知道，这 是 骆驼们 渴坏 了，在 找 水 喝。
Liǎng ge xiǎohuǒzi zhīdào，zhè shì luòtuomen kěhuài le，zài zhǎo shuǐ hē.

4. 骆驼们 的 眼睛 血红 血红 的，看 起来 快要 支撑 不 住 了。
Luòtuomen de yǎnjing xuèhóng xuèhóng de，kàn qilai kuàiyào zhīchēng bu zhù le.

5. 骆驼 母子 闻着 沙子，还 在 慢慢 地 行走着。
Luòtuo mǔ-zǐ wénzhe shāzi，hái zài mànmàn de xíngzǒuzhe.

6. 母骆驼 不时 地 驱赶着 孩子们 走进 它 的 阴影 里。
Mǔluòtuo bùshí de qūgǎnzhe háizimen zǒujìn tā de yīnyǐng li.

7. 终于，它们 来到了 一 个 半月形 的 泉 边。
Zhōngyú，tāmen láidàole yī ge bànyuèxíng de quán biān.

8. 几 头 小 骆驼 兴奋 极 了，奔到 泉 边 去 喝 水。
Jǐ tóu xiǎo luòtuo xīngfèn jí le，bēndào quán biān qù hē shuǐ.

9. 小 骆驼们 站 在 岸 上，怎么 努力 也 无法 把 嘴 凑到 泉水 边
Xiǎo luòtuomen zhàn zài àn shang，zěnme nǔlì yě wúfǎ bǎ zuǐ còudào quánshuǐ biān
上。
shang.

10. 骆驼 妈妈 在 泉水 边 转了 几 圈 之后，突然 纵身 一 跃，跳进了 泉 中。
Luòtuo māma zài quánshuǐ biān zhuànle jǐ quān zhīhòu，tūrán zòngshēn yī yuè，tiào-jìnle quán zhōng.

11. 但是， 骆驼 妈妈 却 永远 地 沉入了 泉 底，再 也 没有 爬上 岸 来。
Dànshì，luòtuo māma què yǒngyuǎn de chénrùle quán dǐ，zài yě méiyǒu páshàng àn lái.

12. 两 个 小伙子 惊呆 了，这 一刻 他们 体会 到了 世界 上 最 伟大 的 母爱。
Liǎng ge xiǎohuǒzi jīngdāi le，zhè yīkè tāmen tǐhuì dàole shìjiè shàng zuì wěidà de mǔ'ài.

读会话

小　王： Xiǎo Wáng：	你 看， 前边 有 几 头 骆驼。 Nǐ kàn，qiánbian yǒu jǐ tóu luòtuo.
小　刘： Xiǎo Liú：	哦，是 一 头 母 骆驼 带着 几 头 小 骆驼。 Ò，shì yī tóu mǔ luòtuo dàizhe jǐ tóu xiǎo luòtuo.
小　王： Xiǎo Wáng：	它们 为 什么 一边 走 一边 不停 地 用 鼻子 闻 沙子 啊？ Tāmen wèi shénme yībiān zǒu yībiān bùtíng de yòng bízi wén shāzi a？
小　刘： Xiǎo Liú：	一定 是 它们 渴坏 了，在 找 水 喝。 Yīdìng shì tāmen kěhuài le，zài zhǎo shuǐ hē.
小　王： Xiǎo Wáng：	你 看， 骆驼们 的 眼睛 血红 血红 的，看 起来 要 支撑 不 住 了。 Nǐ kàn，luòtuòmen de yǎnjing xuèhóng xuèhóng de，kàn qilai yào zhī-chēng bu zhù le.
小　刘： Xiǎo Liú：	嘿， 快 看，那儿不是 有一个 半月形 的 泉 吗？ 它们 找到 水 了。 Hēi，kuài kàn，nàr bù shì yǒu yī ge bànyuèxíng de quán ma？ Tāmen zhǎo-dào shuǐ le.
小　王： Xiǎo Wáng：	可是 水面 太 低 了，小 骆驼们 怎么 也 喝 不 到 水。 Kěshì shuǐmiàn tài dī le，xiǎo luòtuomen zěnme yě hē bu dào shuǐ.
小　刘： Xiǎo Liú：	哎呀， 母骆驼 跳进 泉水 里 了，一 动 也 不 动。 Āiya，mǔluòtuo tiàojìn quánshuǐ li le，yī dòng yě bù dòng.
小　王： Xiǎo Wáng：	它 是 为了 让 水面 涨高， 让 孩子们 能 喝到 水 呀！ Tā shì wèile ràng shuǐmiàn zhǎnggāo，ràng háizimen néng hēdào shuǐ ya！
小　刘： Xiǎo Liú：	母爱 太 伟大 了！ Mǔ'ài tài wěidà le！

表达练习

1. 复述课文

词语提示：

探险	小伙子	大沙漠	母骆驼	小骆驼	渴	找水	支撑不住
泉边	水面	无法	跳进	涨高	沉入	爬上岸	母爱

2. 谈谈你对母爱的认识

提示：

在汶川地震中，一位母亲为保护怀中的婴儿而死去，甚至在生命最后时刻，她还在手机上留下了对孩子的嘱托。可以参考这个故事，以及那首著名的歌曲——《烛光里的妈妈》。

第十二课

○主课文

舌尖上的浪费

“谁 知 盘 中 餐，粒粒 皆 辛苦。” 这 是 中国 的 孩子们 很 小 就
“Shéi zhī pán zhōng cān，lìlì jiē xīnkǔ.” Zhè shì Zhōngguó de háizimen hěn xiǎo jiù
会 背诵 的 一 句 唐诗。 中华 民族 自古 以来 就 以 勤俭 节约 为 美德。
huì bèisòng de yī jù tángshī. Zhōnghuá mínzú zìgǔ yǐlái jiù yǐ qínjiǎn jiéyuē wéi měidé.
然而，近 些 年 来 餐桌 上 的 奢侈 浪费 之 风 却 愈演愈烈，尤
Rán’ér，jìn xiē nián lái，cānzhuō shang de shēchǐ làngfèi zhī fēng què yùyǎn-yùliè，yóu-
其 是 在 公款 宴请 的 场合。 在 这 种 不良 风气 之下，大量
qí shì zài gōngkuǎn yànqǐng de chǎnghé. Zài zhè zhǒng bùliáng fēngqì zhī xià，dàliàng
的 食物 从 厨房 出来 就 直接 进入了 泔水桶。 有 专家 分析，我 国
de shíwù cóng chúfáng chūlái jiù zhíjiē jìnrùle gānshuǐtǒng. Yǒu zhuānjiā fēnxī，wǒ guó
餐饮业 每 年 倒掉 的 剩菜 剩饭， 相当 于 两亿 多 人 一 年
cānyǐnyè měi nián dàodiào de shèngcài shèngfàn，xiāngdāng yú liǎngyì duō rén yī nián
的 口粮！ 可见，“舌尖 上 的 浪费” 不 是 什么 小 问题，而 是 关
de kǒuliáng！ Kějiàn，“shéjiān shang de làngfèi” bù shì shénme xiǎo wèntí，ér shì guān-
系 到 思想 意识 的 大 问题。 它 折射 出 的 是 人们 忧患 意识 的 缺失，
xì dào sīxiǎng yìshí de dà wèntí. Tā zhéshè chū de shì rénmen yōuhuàn yìshí de quēshī，
是 浮华 的 社会 风气。 如果 不 及时 遏制， 将 给 全 社会 带来 无法
shì fúhuá de shèhuì fēngqì. Rúguǒ bù jíshí èzhì，jiāng gěi quán shèhuì dàilái wúfǎ
想象 的 危害。
xiǎngxiàng de wēihài.

遏制 “舌尖 上 的 浪费” 需要 多方 努力。 首先 要 坚决 抵制
Èzhì “shéjiān shang de làngfèi” xūyào duōfāng nǔlì. Shǒuxiān yào jiānjué dǐzhì
公款 大吃大喝 的 不良 风气。 政府 部门 和 企事业 单位 应该 带
gōngkuǎn dàchī-dàhē de bùliáng fēngqì. Zhèngfǔ bùmén hé qǐshìyè dānwèi yīnggāi dài-
头 倡导 节约，严格 监管 接待 用餐 的 费用， 限定 公务 用
tóu chàngdǎo jiéyuē，yángé jiānguǎn jiēdài yòngcān de fèiyòng，xiàndìng gōngwù yòng-
餐 的 标准。 其次 是 提倡 勤俭 的 消费 观念， 从 细微 处 做起，饭
cān de biāozhǔn. Qícì shì tíchàng qínjiǎn de xiāofèi guānniàn，cóng xìwēi chù zuòqǐ，fàn-
菜 吃 不 完 就 打包 带走。 让 “光盘 行动” 走进 校园， 也 走进
cài chī bu wán jiù dǎbāo dàizǒu. Ràng “guāngpán xíngdòng” zǒujìn xiàoyuán，yě zǒujìn

家庭。第三是餐饮企业要科学指导消费者点餐，避免不必要的
jiātíng. Dì-sān shì cānyǐn qǐyè yào kēxué zhǐdǎo xiāofèizhě diǎncān, bìmiǎn bù bìyào de
浪费。据称，从 2013 年春节开始，北京的全聚德、便宜坊、东
làngfèi. Jùchēng, cóng ér líng yī sān nián Chūnjié kāishǐ, Běijīng de Quánjùdé、Biànyífáng、Dōng-
来顺等多家大型连锁餐饮企业都开始销售半份菜，以求顾
láishùn děng duō jiā dàxíng liánsuǒ cānyǐn qǐyè dōu kāishǐ xiāoshòu bànfèncài, yǐ qiú gù-
客能节约用餐。
kè néng jiéyuē yòngcān.

让"光盘行动""半份菜"这样的勤俭之风逐渐吹
Ràng "guāngpán xíngdòng" "bànfèncài" zhèyàng de qínjiǎn zhī fēng zhújiàn chuī-
散大肆吃喝、铺张浪费的浊气，让人们头脑中的节俭意识
sàn dàsì chīhē、pūzhāng làngfèi de zhuóqì, ràng rénmen tóunǎo zhōng de jiéjiǎn yìshí
不断增强吧！
bùduàn zēngqiáng ba!

读重点词语

1. 背诵（bèisòng）	2. 唐诗（tángshī）	3. 自古以来（zìgǔ yǐlái）
4. 勤俭（qínjiǎn）	5. 节约（jiéyuē）	6. 美德（měidé）
7. 奢侈浪费（shēchǐ làngfèi）	8. 愈演愈烈（yùyǎn-yùliè）	9. 公款（gōngkuǎn）
10. 宴请（yànqǐng）	11. 泔水桶（gānshuǐtǒng）	12. 剩菜剩饭（shèngcài shèngfàn）
13. 口粮（kǒuliáng）	14. 折射（zhéshè）	15. 忧患（yōuhuàn）
16. 缺失（quēshī）	17. 浮华（fúhuá）	18. 遏制（èzhì）
19. 倡导（chàngdǎo）	20. 监管（jiānguǎn）	21. 限定（xiàndìng）
22. 标准（biāozhǔn）	23. 提倡（tíchàng）	24. 细微（xìwēi）
25. 打包（dǎbāo）	26. 光盘（guāngpán）	27. 餐饮（cānyǐn）
28. 避免（bìmiǎn）	29. 连锁（liánsuǒ）	30. 半份菜（bànfèncài）
31. 大肆（dàsì）	32. 铺张（pūzhāng）	33. 浊气（zhuóqì）

读句子

1. "谁知盘中餐，粒粒皆辛苦。"这是中国的孩子们很小就会背诵的一句唐诗。
"Shéi zhī pán zhōng cān, lìlì jiē xīnkǔ." Zhè shì Zhōngguó de háizimen hěn xiǎo jiù huì bèisòng de yī jù tángshī.

2. 中华民族自古以来就以勤俭节约为美德。
Zhōnghuá mínzú zìgǔ yǐlái jiù yǐ qínjiǎn jiéyuē wéi měidé.

3. 近些年来，餐桌上的奢侈浪费之风却愈演愈烈。
Jìn xiē nián lái, cānzhuō shang de shēchǐ làngfèi zhī fēng què yùyǎn-yùliè.

4. 大量的食物从厨房出来就直接进入了泔水桶。
Dàliàng de shíwù cóng chúfáng chūlai jiù zhíjiē jìnrùle gānshuǐtǒng.

5. 我国餐饮业每年倒掉的剩菜剩饭，相当于两亿多人一年的口粮！
Wǒ guó cānyǐnyè měi nián dàodiào de shèngcài shèngfàn, xiāngdāng yú liǎngyì duō rén yī nián de kǒuliáng!

6. 如果不及时遏制，将给全社会带来无法想象的危害。
Rúguǒ bù jíshí èzhì, jiāng gěi quán shèhuì dàilái wúfǎ xiǎngxiàng de wēihài.

7. 首先要坚决抵制公款大吃大喝的不良风气。
Shǒuxiān yào jiānjué dǐzhì gōngkuǎn dàchī-dàhē de bùliáng fēngqì.

8. 让"光盘行动"走进校园，也走进家庭。
Ràng "guāngpán xíngdòng" zǒujìn xiàoyuán, yě zǒujìn jiātíng.

读会话

小宇： Xiǎoyǔ:	妈妈，什么叫"舌尖上的浪费"啊？ Māma, shénme jiào "shéjiān shang de làngfèi" a?
妈妈： Māma:	就是说很多公款吃喝的人在餐桌上的浪费。 Jiù shì shuō hěn duō gōngkuǎn chīhē de rén zài cānzhuō shang de làngfèi.

小宇： Xiǎoyǔ：	哦，就是那些人点的菜太多，吃不了，很多都浪费了， Ò, jiù shì nàxiē rén diǎn de cài tài duō, chī bu liǎo, hěn duō dōu làngfèi le, 对吗？ duì ma?
妈妈： Māma：	对。据说每年餐桌上浪费的饭菜够两亿多人吃一 Duì. Jùshuō měi nián cānzhuō shang làngfèi de fàncài gòu liǎngyì duō rén chī yī 年的呢。 nián de ne.
小宇： Xiǎoyǔ：	真是太过分了！“谁知盘中餐，粒粒皆辛苦”都不 Zhēn shì tài guòfèn le! “Shéi zhī pán zhōng cān, lìlì jiē xīnkǔ” dōu bù 懂吗？ dǒng ma?
妈妈： Māma：	儿子说得真好！ Érzi shuō de zhēn hǎo!
小宇： Xiǎoyǔ：	那有什么办法制止这种浪费呢？ Nà yǒu shénme bànfǎ zhìzhǐ zhè zhǒng làngfèi ne?
妈妈： Māma：	要靠我们大家一起来努力啊。最近很多人都在倡议 Yào kào wǒmen dàjiā yīqǐ lái nǔlì a. Zuìjìn hěn duō rén dōu zài chàngyì “光盘行动”。 “guāngpán xíngdòng”.
小宇： Xiǎoyǔ：	跟光盘有什么关系啊？ Gēn guāngpán yǒu shénme guānxì a?
妈妈： Māma：	“光盘”的意思是呼吁人们不要浪费粮食，要吃光 “Guāngpán” de yìsi shì hūyù rénmen bù yào làngfèi liángshi, yào chīguāng 盘子里的饭菜，吃不完的就打包带走。 pánzi li de fàncài, chī bu wán de jiù dǎbāo dàizǒu.
小宇： Xiǎoyǔ：	哦，我明白了。咱们家也马上加入“光盘行动”吧。 Ò, wǒ míngbai le. Zánmen jiā yě mǎshàng jiārù “guāngpán xíngdòng” ba.

表达练习

1. 复述课文

词语提示：

自古以来	勤俭节约	餐桌上	浪费	公款	剩菜剩饭	倒掉	大问题
忧患意识	危害	抵制	多方	带头	严格	提倡	细微	打包
光盘行动	半份菜						

2. 请谈一谈如何抵制“舌尖上的浪费”

提示：

据说韩国某餐厅规定，“吃自助先交押金”。客人如果浪费食物，就不返还押金。丹麦政府则考虑取消食品标签上的最佳食用日期，因为不少食品在此日期后仍可食用，仅保留食品保质期，以达到减少食品浪费的目的。

普通话与粤语对比

（一）日常用语——服饰

请读与粤语对应的普通话词语

普通话	粤语
衬衫	恤衫
外衣	面衫
内衣	底衫
手套	手袜
球鞋	波鞋
大衣	大褛
围巾	颈巾

普通话	粤语
运动衣	体育衫/运动衫
男式鞋	男装鞋
风雨衣	干湿褛
连衣裙	连身裙
超短裙	迷你裙
毛衣	冷衫
项链	颈链

（二）词的分类——动词

普通话表现动作处于不同阶段有几种方式：既可以在动词前使用副词，也可以在动词后使用动态助词，还可以在句尾加上语气助词。比如，在动词前加上“正”“在”“正在”即表示动词的“进行体”，在动词后加上动态助词“了”即表示“完成体”。

粤语表示动词“体”的范畴主要靠动态助词，比如，“紧”表示动词的“进行体”，如“佢食紧饭”，而普通话则用“动词＋着”构成动词的“进行体”。但是在表示某种经历时，普通话和粤语都用“动词＋过”的形式，用法大体相同。

1. 请读与粤语对应的普通话词语

普通话	粤语
瞪着眼睛	睩起对眼
扫了一眼	睄一眼
把它扔了	抌咗佢
拱来拱去	弓嚟弓去
找回来了	揾番嚟
摇摇头	拧拧头
刮胡子	剃须

普通话	粤语
招手	扬手
割草	除草
卸妆	落妆
剔牙	撩牙
提水	挽水
看孩子	凑仔
下面条	渌面

2. 请把下面的粤语句子翻译成普通话句子，然后写在横线上

（1）架车扒咗头。______

（2）渌吓筷子。______

（3）笠件衫落身。______

（4）掺埋佢玩。______

（5）你愿唔愿去吖？______

○副课文

成功可以模仿

许多年前，一个小姑娘在法国巴黎市区的一家高级女装定制店找到了一份打杂的工作。她每天开始工作之前，都要对着店里的那面试衣镜，认真地整理自己的服装，检查自己的微笑是不是温柔、自信。虽然她经济拮据，只能穿粗布衣服，但她每天都假想自己是一位身穿漂亮衣服的贵小姐。她总是落落大方、彬彬有礼地接待客人。她做事积极主动、尽心尽责，时常想象自己已经当上了店里的老板，因此，深受老板的信赖和顾客们的喜爱。

Xǔduō nián qián, yī ge xiǎo gūniang zài Fǎguó Bālí shìqū de yī jiā gāojí nǚzhuāng dìngzhìdiàn zhǎodàole yī fèn dǎzá de gōngzuò. Tā měi tiān kāishǐ gōngzuò zhīqián, dōu yào duìzhe diàn li de nà miàn shìyījìng, rènzhēn de zhěnglǐ zìjǐ de fúzhuāng, jiǎnchá zìjǐ de wēixiào shì bu shì wēnróu、zìxìn. Suīrán tā jīngjì jiéjū, zhǐ néng chuān cūbù yīfu, dàn tā měi tiān dōu jiǎxiǎng zìjǐ shì yī wèi shēn chuān piàoliang yīfu de guìxiǎojiě. Tā zǒngshì luòluò-dàfāng、bīnbīn-yǒulǐ de jiēdài kèrén. Tā zuòshì jījí zhǔdòng、jìnxīn jìnzé, shícháng xiǎngxiàng zìjǐ yǐjīng dāngshàngle diàn li de lǎobǎn, yīncǐ, shēn shòu lǎobǎn de xìnlài hé gùkèmen de xǐ'ài.

渐渐地，许多客人不约而同地对女老板说："这个小姑娘是你们店里最有头脑、最有气质的员工。"女老板说："她确实很出色。"又过了不久，女老板就把这家高级女装定制店交给这个小姑娘管理了。

Jiànjiàn de, xǔduō kèrén bùyuē'értóng de duì nǚlǎobǎn shuō: "Zhège xiǎo gūniang shì nǐmen diàn li zuì yǒu tóunǎo、zuì yǒu qìzhì de yuángōng." Nǚlǎobǎn shuō: "Tā quèshí hěn chūsè." Yòu guòle bùjiǔ, nǚlǎobǎn jiù bǎ zhè jiā gāojí nǚzhuāng dìngzhìdiàn jiāo gěi zhège xiǎo gūniang guǎnlǐ le.

光阴荏苒，小姑娘的名字——"迪拉尼"成了时装界众

Guāngyīn rěnrǎn, xiǎo gūniang de míngzi——"Dílāní" chéngle shízhuāngjiè zhòng-

所周知 的 名字，她 本人 也 成了 服装 设计师“迪拉尼”，最后 终
suǒzhōuzhī de míngzi，tā běnrén yě chéngle fúzhuāng shèjìshī “Dílāní”，zuìhòu zhōng-
于 成了 “著名 设计师 迪拉尼 夫人”。
yú chéngle “zhùmíng shèjìshī Dílāní fūrén”.

看来，成功 是 可以 模仿 出来 的。如果 你 想 成为 成功
Kànlái，chénggōng shì kěyǐ mófǎng chulai de。Rúguǒ nǐ xiǎng chéngwéi chénggōng
人士，你 不妨 先 想象 自己 已经 成功，然后 就 像 一 位 成
rénshì，nǐ bùfáng xiān xiǎngxiàng zìjǐ yǐjīng chénggōng，ránhòu jiù xiàng yī wèi chéng-
功 人士 那样 去 生活、学习、工作，最后 你 完全 可能 成
gōng rénshì nàyàng qù shēnghuó、xuéxí、gōngzuò，zuìhòu nǐ wánquán kěnéng chéng-
为 一 名 真正 的 成功 人士。
wéi yī míng zhēnzhèng de chénggōng rénshì.

▣ 读词语

1. 请跟读与第一声相连的词语

shēn chuān （身穿）	guāngyīn （光阴）	bīnbīn-yǒulǐ （彬彬有礼）
Bālí （巴黎）	gāojí （高级）	wēnróu （温柔）
jījí （积极）	fūrén （夫人）	shēnghuó （生活）
jiēdài （接待）	wēixiào （微笑）	chūsè （出色）
cūbù （粗布）	jīngjì （经济）	zhēnzhèng （真正）
jiāo gěi （交给）		

2. 请跟读与第二声相连的词语

chéngwéi （成为）	wánquán （完全）	chénggōng （成功）
fúzhuāng （服装）	yuángōng （员工）	jiéjū （拮据）
shízhuāngjiè （时装界）	mófǎng （模仿）	tóunǎo （头脑）
rénshì （人士）		

3. 请跟读与第三声相连的词语

jiǎxiǎng （假想）	rěnrǎn （荏苒）	guǎnlǐ （管理）
zhěnglǐ （整理）	nǚzhuāng （女装）	xǔduō nián （许多年）
dǎzá （打杂）	Fǎguó （法国）	jiǎnchá （检查）
xǐ'ài （喜爱）	zhǔdòng （主动）	

4. 请跟读与第四声相连的词语

dìngzhìdiàn（定制店）	zìxìn（自信）	zuòshì（做事）
xìnlài（信赖）	gùkè（顾客）	jiànjiàn（渐渐）
qìzhì（气质）	shèjì（设计）	shìqū（市区）
shìyījìng（试衣镜）	jìnxīn jìnzé（尽心尽责）	kèrén（客人）
zhùmíng（著名）	guìxiǎojiě（贵小姐）	zhòngsuǒzhōuzhī（众所周知）
shèjìshī（设计师）	luòluò-dàfāng（落落大方）	

5. 请跟读与“不”相连的词语

bùyuē'értóng（不约而同）	bùfáng（不妨）	

6. 请跟读轻声词

diàn li（店里）		

读句子

1. 一个小姑娘在法国巴黎市区的一家高级女装定制店找到了一份打杂的工作。
Yī ge xiǎo gūniang zài Fǎguó Bālí shìqū de yī jiā gāojí nǚzhuāng dìngzhìdiàn zhǎodàole yī fèn dǎzá de gōngzuò.

2. 她每天开始工作之前，都要对着店里的那面试衣镜，认真地整理自己的服装。
Tā měi tiān kāishǐ gōngzuò zhīqián，dōu yào duìzhe diàn li de nà miàn shìyījìng，rènzhēn de zhěnglǐ zìjǐ de fúzhuāng.

3. 虽然她经济拮据，只能穿粗布衣服，但她每天都假想自己是一位身穿漂亮衣服的贵小姐。
Suīrán tā jīngjì jiéjū, zhǐ néng chuān cūbù yīfu，dàn tā měi tiān dōu jiǎxiǎng zìjǐ shì yī wèi shēn chuān piàoliang yīfu de guìxiǎojiě.

4. 她总是落落大方、彬彬有礼地接待客人。
Tā zǒngshì luòluò-dàfāng、bīnbīn-yǒulǐ de jiēdài kèrén.

5. 这个小姑娘是你们店里最有头脑、最有气质的员工。
Zhège xiǎo gūniang shì nǐmen diàn li zuì yǒu tóunǎo、zuì yǒu qìzhì de yuángōng.

6. 又过了不久，女老板就把这家高级女装定制店交给这个
Yòu guòle bùjiǔ，nǚlǎobǎn jiù bǎ zhè jiā gāojí nǚzhuāng dìngzhìdiàn jiāo gěi zhège
小姑娘管理了。
xiǎo gūniang guǎnlǐ le.

7. 小姑娘的名字——“迪拉尼”成了时装界众所周知的名字。
Xiǎo gūniang de míngzi——“Dílāní” chéngle shízhuāngjiè zhòngsuǒzhōuzhī de míngzi.

8. 看来，成功是可以模仿出来的。
Kànlái，chénggōng shì kěyǐ mófǎng chulai de.

9. 如果你想成为成功人士，你不妨先想象自己已经
Rúguǒ nǐ xiǎng chéngwéi chénggōng rénshì，nǐ bùfáng xiān xiǎngxiàng zìjǐ yǐjīng
成功了。
chénggōng le.

10. 像一位成功人士那样去生活、学习、工作，最后，你
Xiàng yī wèi chénggōng rénshì nàyàng qù shēnghuó、xuéxí、gōngzuò，zuìhòu，nǐ
完全可能成为一名真正的成功人士。
wánquán kěnéng chéngwéi yī míng zhēnzhèng de chénggōng rénshì.

◉ 读会话

小芳： Xiǎofāng：	你知道迪拉尼夫人吗？ Nǐ zhīdào Dílāní fūrén ma？
小芹： Xiǎoqín：	怎么会不知道呢？她在时装界这么有名。 Zěnme huì bù zhīdào ne？ Tā zài shízhuāngjiè zhème yǒumíng.
小芳： Xiǎofāng：	可是，当初她只是在服装店打杂的一个小姑娘啊。 Kěshì，dāngchū tā zhǐ shì zài fúzhuāngdiàn dǎzá de yī ge xiǎo gūniang a.
小芹： Xiǎoqín：	真的吗？她是怎么成功的？ Zhēn de ma？ Tā shì zěnme chénggōng de？
小芳： Xiǎofāng：	她每天开始工作之前，都要对着店里的那面试衣镜，认真地整理自己的服装，检查自己的微笑是不是温柔、自信。 Tā měi tiān kāishǐ gōngzuò zhīqián，dōu yào duìzhe diàn li de nà miàn shìyījìng，rènzhēn de zhěnglǐ zìjǐ de fúzhuāng，jiǎnchá zìjǐ de wēixiào shì bu shì wēnróu、zìxìn.
小芹： Xiǎoqín：	她真是与众不同啊！ Tā zhēn shì yǔzhòngbùtóng a！

小芳： Xiǎofāng：	对。她总是落落大方、彬彬有礼地接待客人，做事积极主动、尽心尽责。 Duì. Tā zǒngshì luòluò-dàfāng、bīnbīn-yǒulǐ de jiēdài kèrén，zuòshì jījí zhǔdòng、jìnxīn jìnzé.
小芹： Xiǎoqín：	老板和顾客们都很喜欢她吧？ Lǎobǎn hé gùkèmen dōu hěn xǐhuan tā ba？
小芳： Xiǎofāng：	是啊，所以最后她接管了服装店，成了著名的服装设计师。 Shì a，suǒyǐ zuìhòu tā jiēguǎnle fúzhuāngdiàn，chéngle zhùmíng de fúzhuāng shèjìshī.

表达练习

1. 复述课文

词语提示：

小姑娘　服装店　打杂　整理　检查　彬彬有礼　落落大方　积极主动
尽心尽责　想象　喜爱　信赖　出色　模仿　成功

2. 谈谈你怎么看心理暗示的作用

提示：

有时候，期望和期待具有一种神奇的力量，会带来令人难以想象的结果，即著名的“皮格马利翁效应（期望效应）”。

第十三课

○主课文

身边的电磁辐射

电脑 工程师 小 梁 的 妻子 怀孕 了，即将 做 父亲 的 他 对 妻子
Diànnǎo gōngchéngshī Xiǎo Liáng de qīzi huáiyùn le，jíjiāng zuò fùqin de tā duì qīzi
呵护 有 加。可是 这 几 天，一直 温柔 依人 的 妻子 对 小 梁 突然 冷淡
hēhù yǒu jiā. Kěshì zhè jǐ tiān，yīzhí wēnróu yīrén de qīzi duì Xiǎo Liáng tūrán lěngdàn
起来，对 他 避而远之， 还 提出 每 晚 睡觉 要 分居 两 室。看着 莫
qilai，duì tā bì'éryuǎnzhī，hái tíchū měi wǎn shuìjiào yào fēnjū liǎng shì. Kànzhe mò-
名其妙 的 丈夫，妻子 递 给 他 一 本 保健 杂志， 上面 一连串 的
míng-qímiào de zhàngfu，qīzi dì gěi tā yī běn bǎojiàn zázhì，shàngmian yīliánchuàn de
数字 让 小 梁 恍然大悟： 由于 严重 的 电磁 污染， 每 年 意大利
shùzì ràng Xiǎo Liáng huǎngrán-dàwù：Yóuyú yánzhòng de diàncí wūrǎn，měi nián Yìdàlì
有 400 多 名 新生儿 患上了 白血病； 一 癌症 医疗 基金会 的 研
yǒu sìbǎi duō míng xīnshēng'ér huànshangle báixuèbìng；yī áizhèng yīliáo jījīnhuì de yán-
究 表明， 在 高压线 附近 工作 的 人，其 癌细胞 生长 速度 比 一般
jiū biǎomíng，zài gāoyāxiàn fùjìn gōngzuò de rén，qí áixìbāo shēngzhǎng sùdù bǐ yībān
人 快 24 倍；我 国 每 年 25 万 新生儿 有 智力 缺陷， 有
rén kuài èrshísì bèi；wǒ guó měi nián èrshíwǔ wàn xīnshēng'ér yǒu zhìlì quēxiàn，yǒu
专家 认为， “元凶” 就 是 电磁 辐射……
zhuānjiā rènwéi，"yuánxiōng" jiù shì diàncí fúshè …

任何 电子、电器 设备 在 运行 时， 都 会 对 周边 环境 辐射 出
Rènhé diànzǐ、diànqì shèbèi zài yùnxíng shí，dōu huì duì zhōubiān huánjìng fúshè chū
一定 强度 的 电磁 能量。 有 专家 指出， 就 家庭 这 一 环境 来
yīdìng qiángdù de diàncí néngliàng. Yǒu zhuānjiā zhǐchū，jiù jiātíng zhè yī huánjìng lái
说， 电磁 辐射 只有 超过 一定 强度， 才 会 对 人体 有害。 也 有
shuō，diàncí fúshè zhǐyǒu chāoguò yīdìng qiángdù，cái huì duì réntǐ yǒuhài. Yě yǒu
研究 说， 人体 长期 或 多 次 暴露 于 电磁 辐射 的 环境 中 时， 会
yánjiū shuō，réntǐ chángqī huò duō cì bàolù yú diàncí fúshè de huánjìng zhōng shí，huì
造成 急性 或 慢性 损害， 如果 辐射 的 强度 过 高， 就 可能 增加
zàochéng jíxìng huò mànxìng sǔnhài，rúguǒ fúshè de qiángdù guò gāo，jiù kěnéng zēngjiā
癌症 发病 的 几率，还 可能 造成 人体 染色体 的 畸变。
áizhèng fābìng de jīlǜ，hái kěnéng zàochéng réntǐ rǎnsètǐ de jībiàn.

电磁 辐射 这 种 "潜伏" 在 我们 身边 的 新型 污染源， 正
Diàncí fúshè zhè zhǒng "qiánfú" zài wǒmen shēnbiān de xīnxíng wūrǎnyuán，zhèng
越 来 越 多 地 为 人们 所 关注。
yuè lái yuè duō de wéi rénmen suǒ guānzhù.

读重点词语

1. 电磁 （diàncí）	2. 辐射 （fúshè）	3. 电脑 （diànnǎo）
4. 工程师 （gōngchéngshī）	5. 妻子 （qīzi）	6. 怀孕 （huáiyùn）
7. 即将 （jíjiāng）	8. 呵护有加 （hēhù yǒu jiā）	9. 温柔 （wēnróu）
10. 依人 （yīrén）	11. 冷淡 （lěngdàn）	12. 避而远之 （bì'éryuǎnzhī）
13. 分居 （fēnjū）	14. 莫名其妙 （mòmíng-qímiào）	15. 保健 （bǎojiàn）
16. 杂志 （zázhì）	17. 一连串 （yīliánchuàn）	18. 恍然大悟 （huǎngrán-dàwù）
19. 由于 （yóuyú）	20. 严重 （yánzhòng）	21. 污染 （wūrǎn）
22. 新生儿 （xīnshēng'ér）	23. 患 （huàn）	24. 癌症 （áizhèng）
25. 医疗 （yīliáo）	26. 基金会 （jījīnhuì）	27. 表明 （biǎomíng）
28. 高压线 （gāoyāxiàn）	29. 附近 （fùjìn）	30. 癌细胞 （áixìbāo）
31. 生长 （shēngzhǎng）	32. 速度 （sùdù）	33. 倍 （bèi）
34. 智力 （zhìlì）	35. 缺陷 （quēxiàn）	36. 专家 （zhuānjiā）
37. 元凶 （yuánxiōng）	38. 任何 （rènhé）	39. 电子 （diànzǐ）
40. 设备 （shèbèi）	41. 运行 （yùnxíng）	42. 周边 （zhōubiān）
43. 强度 （qiángdù）	44. 能量 （néngliàng）	45. 超过 （chāoguò）
46. 人体 （réntǐ）	47. 有害 （yǒuhài）	48. 长期 （chángqī）
49. 暴露 （bàolù）	50. 造成 （zàochéng）	51. 急性 （jíxìng）
52. 慢性 （mànxìng）	53. 损害 （sǔnhài）	54. 发病 （fābìng）
55. 几率 （jīlǜ）	56. 染色体 （rǎnsètǐ）	57. 畸变 （jībiàn）
58. 潜伏 （qiánfú）	59. 新型 （xīnxíng）	60. 污染源 （wūrǎnyuán）
61. 关注 （guānzhù）		

读句子

1. 即将 做 父亲 的 他 对 妻子 呵护 有 加。
Jíjiāng zuò fùqin de tā duì qīzi hēhù yǒu jiā.

2. 一直 温柔 依人 的 妻子 对 他 避而远之。
Yīzhí wēnróu yīrén de qīzi duì tā bì'éryuǎnzhī.

3. 上面 一连串 的 数字 让 小 梁 恍然大悟。
Shàngmian yīliánchuàn de shùzì ràng Xiǎo Liáng huǎngrán-dàwù.

4. 其 癌细胞 生长 速度 比 一般人 快 24 倍。
Qí áixìbāo shēngzhǎng sùdù bǐ yībānrén kuài èrshísì bèi.

5. 电子 设备 在 运行 时 会 对 周边 环境 辐射 出 一定 强度 的
Diànzǐ shèbèi zài yùnxíng shí huì duì zhōubiān huánjìng fúshè chū yīdìng qiángdù de
电磁 能量。
diàncí néngliàng.

6. 电磁 辐射 只有 超过 一定 强度，才 会 对 人体 有害。
Diàncí fúshè zhǐyǒu chāoguò yīdìng qiángdù，cái huì duì réntǐ yǒuhài.

7. 如果 辐射 的 强度 过 高，可能 造成 人体 染色体 的 畸变。
Rúguǒ fúshè de qiángdù guò gāo，kěnéng zàochéng réntǐ rǎnsètǐ de jībiàn.

8. 这 种 "潜伏" 在 我们 身边 的 新型 污染源 很 受 关注。
Zhè zhǒng "qiánfú" zài wǒmen shēnbiān de xīnxíng wūrǎnyuán hěn shòu guānzhù.

读会话

小 梁： Xiǎo Liáng：	你 这 几 天 怎么 对 我 这么 冷淡，还 总 避而远之？ Nǐ zhè jǐ tiān zěnme duì wǒ zhème lěngdàn，hái zǒng bì'éryuǎnzhī？
妻子： Qīzi：	看 你 莫名其妙 的 样子，看看 这 本 保健 杂志 吧。 Kàn nǐ mòmíng-qímiào de yàngzi，kànkan zhè běn bǎojiàn zázhì ba.
小 梁： Xiǎo Liáng：	哦，原来 你 是 怕 我 把 电磁 污染 带回 家 来！ Ò，yuánlái nǐ shì pà wǒ bǎ diàncí wūrǎn dàihuí jiā lai！

妻子： Qīzi：	对，有很多新生儿因电磁污染患上了白血病！ Duì，yǒu hěn duō xīnshēng'ér yīn diàncí wūrǎn huànshangle báixuèbìng!
小梁： Xiǎo Liáng：	是啊，电磁辐射使很多孩子的智力出现了缺陷。 Shì a，diàncí fúshè shǐ hěn duō háizi de zhìlì chūxiànle quēxiàn.
妻子： Qīzi：	你长期在电磁辐射的环境中工作，也要小心啊。 Nǐ chángqī zài diàncí fúshè de huánjìng zhōng gōngzuò，yě yào xiǎoxīn a.
小梁： Xiǎo Liáng：	这上面说，要是辐射强度高会让人得癌症。 Zhè shàngmian shuō，yàoshi fúshè qiángdù gāo huì ràng rén dé áizhèng.
妻子： Qīzi：	所以，我们一定要重视这个“潜伏”的污染源。 Suǒyǐ，wǒmen yīdìng yào zhòngshì zhège “qiánfú” de wūrǎnyuán.

表达练习

1. 复述课文

词语提示：

妻子	怀孕	即将	冷淡	莫名其妙	恍然大悟	电磁	污染	新生儿
研究	元凶	辐射	强度	损害	癌症	畸变	新型	关注

2. 谈谈你对新污染的认识

提示：

可以谈谈你所知道的新污染源，也可以谈谈如何保护环境。

3. 看图说话

提示：

可以谈谈图中的现象及其原因、解决的办法。

◉ 普通话与粤语对比

（一）日常用语——楼宇

请读与粤语对应的普通话词语

普通话	粤语
房子	屋
空房子	吉屋
家里	屋企
主卧室	主人房
卧室	睡房
阳台	露台、骑楼

普通话	粤语
窗户	窗门
推拉门	趟门
地板	地下
小区	屋邨
楼梯	梯级
电梯	㩒（英语 lift）

（二）语法——形容词重叠结构

对同一事物的性质、状态进行形容时，普通话的形容词和粤语的形容词区别很大，比如粤语中的"靓"，在普通话中若形容人，则用"漂亮、美丽"，若形容食物，则是"美味"。

在句法中，这些形容词在重叠时更是不同，粤语中有很多特有的形容词重叠结构。在普通话句子中，单音节形容词重叠后，一般要在后面加上"的"，如"他长得高高的"。

1. 请读与粤语对应的普通话词语

普通话	粤语
滑溜溜	滑捋捋
湿漉漉	湿立立
傻呆呆	傻乎乎
气鼓鼓	气冲冲
白花花	白雪雪

普通话	粤语
黑漆漆	黑蚊蚊
有点儿黄	黄黄哋
零零碎碎	小意思
很结实	实实净净

2. 请把下面的粤语句子翻译成普通话句子，然后写在横线上

（1）这样点心好松化，唔似那样硬瓜瓜。 ____________________

（2）小丽的提包胀卜卜。 ____________________

（3）你的小宝贝大大只，好搞嘢。 ____________________

（4）这个小孩眼仔碌碌，看样子就知道好醒目。 ____________________

（5）你自己浑头浑脑，做什么喊咁口？ ____________________

○副课文

致命的爱

从前　在　江边　有一个老渔夫，养了一白一灰　两只　出生　不久
Cóngqián zài jiāngbiān yǒu yī ge lǎo yúfū，yǎngle yī bái yī huī liǎng zhī chūshēng bùjiǔ

的　小　鹰。渔夫　想　把　它们　训练　成　鱼鹰，于是　他　先　把　小　鹰　的
de xiǎo yīng. Yúfū xiǎng bǎ tāmen xùnliàn chéng yúyīng，yúshì tā xiān bǎ xiǎo yīng de

脖子扎起来，让　它们　饿了好几　天，然后　端出　一　盘子　鲜　鱼，那　两
bózi zā qilai，ràng tāmen èle hǎojǐ tiān，ránhòu duānchū yī pánzi xiān yú，nà liǎng

只　小　鹰　一　见到　鱼就　争先恐后　地　扑了过去，叼起　鱼，这时，渔夫
zhī xiǎo yīng yī jiàndào yú jiù zhēngxiān-kǒnghòu de pūle guoqu，diāoqǐ yú，zhèshí，yúfū

一下儿　攥紧了　小　鹰　的脖子，用　一　只　手　捏住　它们　的　双　腿，头　朝
yīxiàr zuànjǐnle xiǎo yīng de bózi，yòng yī zhī shǒu niēzhù tāmen de shuāng tuǐ，tóu cháo

下一抖，另一只　手　狠　拍　小　鹰　的　后背，强迫　小　鹰　将　鱼吐出
xià yī dǒu，lìng yī zhī shǒu hěn pāi xiǎo yīng de hòubèi，qiǎngpò xiǎo yīng jiāng yú tǔ chu-

来。渔夫就　这样　反反复复　地　训练着　这　两　只　小　鹰。
lai. Yúfū jiù zhèyàng fǎnfǎnfùfù de xùnliànzhe zhè liǎng zhī xiǎo yīng.

一　天，渔夫　住　的　房子　被　风　吹塌　了，他　被　重重　地压在　废墟下，
Yī tiān，yúfū zhù de fángzi bèi fēng chuītā le，tā bèi zhòngzhòng de yā zài fèixū xià，

聪明　的　小　白鹰　带来了附近　村子　的　人　才　把　渔夫　救了　出来。从　那以后，
cōngming de xiǎo báiyīng dàiláile fùjìn cūnzi de rén cái bǎ yúfū jiùle chulai. Cóng nà yǐhòu，

渔夫　分外　溺爱　小　白鹰，给　它　吃　偏食，　时常　解开　它　脖子　上　紧　系　的
yúfū fènwài nì'ài xiǎo báiyīng，gěi tā chī piānshí，shícháng jiěkāi tā bózi shang jǐn jì de

绳子，　让　小　白鹰　可以　吃到　自己　叼到　的　小　鱼。然而，　每　次　小　灰
shéngzi，ràng xiǎo báiyīng kěyǐ chīdào zìjǐ diāodào de xiǎo yú. Rán'ér，měi cì xiǎo huī-

鹰　要　吞掉　鱼　的　时候，渔夫　仍然　用　过去　的　训练　方法，　而且　下
yīng yào tūndiào yú de shíhou，yúfū réngrán yòng guòqù de xùnliàn fāngfǎ，érqiě xià-

手　比　以前　还　要　狠。　半　年　以后，　鹰　训练　好　了。老　渔夫　高兴　地
shǒu bǐ yǐqián hái yào hěn. Bàn nián yǐhòu，yīng xùnliàn hǎo le. Lǎo yúfū gāoxìng de

划着　一只　小　船　去　江　里　捕　鱼，　灰鹰　不断　地　逮上　鱼　来，但　白鹰
huázhe yī zhī xiǎo chuán qù jiāng li bǔ yú，huīyīng bùduàn de dǎishàng yú lái，dàn báiyīng

则　半天　也　逮不　到　鱼，只　会　围着　渔夫　转　来　转　去，最后　终于　被
zé bàntiān yě dǎi bu dào yú，zhǐ huì wéizhe yúfū zhuàn lái zhuàn qù，zuìhòu zhōngyú bèi

渔夫　撵走　了。
yúfū niǎnzǒu le.

几天后，渔夫找到了白鹰的骨头——它已经饿死了。此时，灰鹰
Jǐ tiān hòu, yúfū zhǎodàole báiyīng de gǔtou —— tā yǐjīng èsǐ le. Cǐshí, huīyīng
正在蓝天上翱翔。
zhèng zài lántiān shang áoxiáng.

◉ 读词语

1. 请跟读第一声和与第一声相连的词语

huī	（灰）	yīng	（鹰）	zā	（扎）
duān	（端）	pū	（扑）	diāo	（叼）
niē	（捏）	pāi	（拍）	tā	（塌）
yā	（压）	chūshēng	（出生）	jiāngbiān	（江边）
chuītā	（吹塌）	zhēngxiān-kǒnghòu	（争先恐后）	zhōngyú	（终于）
xiān yú	（鲜鱼）	piānshí	（偏食）	fāngfǎ	（方法）
gāoxìng	（高兴）	tūndiào	（吞掉）		

2. 请跟读第二声和与第二声相连的词语

cháo	（朝）	huá	（划）	réngrán	（仍然）
shícháng	（时常）	áoxiáng	（翱翔）	cóngqián	（从前）
yúfū	（渔夫）	rán'ér	（然而）	érqiě	（而且）
ránhòu	（然后）				

3. 请跟读第三声和与第三声相连的词语

dǒu	（抖）	hěn	（狠）	dǎi	（逮）
tǔ	（吐）	niǎn	（撵）	kěyǐ	（可以）
liǎng zhī	（两只）	xiǎo yīng	（小鹰）	hěn pāi	（狠拍）
jiěkāi	（解开）	tǔchū	（吐出）	xiǎo yú	（小鱼）
xiǎo chuán	（小船）	bǔ yú	（捕鱼）	cǐshí	（此时）
niǎnzǒu	（撵走）	fǎnfǎnfùfù	（反反复复）	jǐn jì	（紧系）
měi cì	（每次）	qiǎngpò	（强迫）		

4. 请跟读第四声和与第四声相连的词语

jiù	（救）	jì	（系）	hòubèi	（后背）
zhìmìng	（致命）	fènwài	（分外）	nì'ài	（溺爱）

xùnliàn （训练）	guòqù （过去）	fùjìn （附近）
zuìhòu （最后）	fèixū （废墟）	zhuàn lái zhuàn qù （转来转去）
zuànjǐn （攥紧）	xiàshǒu （下手）	

5. 请跟读与“一”相连的词语

yì zhī （一只）	yì bái yì huī （一白一灰）	yì pán （一盘）
yì pánzi （一盘子）	yì dǒu （一抖）	yí ge （一个）
yí jiàn （一见）		

6. 请跟读与“不”相连的词语

búduàn （不断）	bùjiǔ （不久）	

7. 请跟读轻声词

cōngming （聪明）	cūnzi （村子）	tāmen （它们）
zā qilai （扎起来）	bózi （脖子）	wéizhe （围着）
pánzi （盘子）	shéngzi （绳子）	huázhe （划着）
gǔtou （骨头）	tǔ chulai （吐出来）	yǎngle （养了）
èle （饿了）	wèi shénme （为什么）	jiù chulai （救出来）

8. 请跟读儿化词

yīxiàr （一下儿）		

读句子

1. 那 两 只 小 鹰 一 见到 鱼 就 争先恐后 地 扑了 过去。
Nà liǎng zhī xiǎo yīng yī jiàndào yú jiù zhēngxiān-kǒnghòu de pūle guoqu.

2. 渔夫 一下儿 攥紧了 小 鹰 的 脖子。
Yúfū yīxiàr zuànjǐnle xiǎo yīng de bózi.

3. 渔夫 就 这样 反反复复 地 训练着 这 两 只 小 鹰。
Yúfū jiù zhèyàng fǎnfǎnfùfù de xùnliànzhe zhè liǎng zhī xiǎo yīng.

4. 渔夫 住 的 房子 被 风 吹塌 了，他 被 重重 地 压 在 废墟 下。
Yúfū zhù de fángzi bèi fēng chuītā le，tā bèi zhòngzhòng de yā zài fèixū xià.

5. 渔夫 分外 溺爱 小 白鹰， 时常 解开 它 脖子 上 紧系的 绳子。
Yúfū fènwài nì'ài xiǎo báiyīng，shícháng jiěkāi tā bózi shang jǐn jì de shéngzi.

6. 渔夫 仍然 用 过去 的 训练 方法。
Yúfū réngrán yòng guòqù de xùnliàn fāngfǎ.

7. 老 渔夫 高兴 地 划着 一只 小 船 去 江 里 捕 鱼。
Lǎo yúfū gāoxìng de huázhe yī zhī xiǎo chuán qù jiāng li bǔ yú.

8. 白鹰 只 会 围着 渔夫 转 来 转 去，最后 终于 被 渔夫 撵走 了。
Báiyīng zhǐ huì wéizhe yúfū zhuàn lái zhuàn qù，zuìhòu zhōngyú bèi yúfū niǎnzǒu le.

读会话

村民： Cūnmín：	这 两 只 小 鹰 很 可爱，它们 多 大 了？ Zhè liǎng zhī xiǎo yīng hěn kě'ài，tāmen duō dà le？
渔夫： Yúfū：	它们 刚 出生 不久，都 很 聪明。 Tāmen gāng chūshēng bùjiǔ，dōu hěn cōngming.
村民： Cūnmín：	你 为 什么 要 给 它们 的 脖子 系上 绳子？ Ni，Weì shénme yào gěi tāmēn de bózi jìshang shéngzi？
渔夫： Yúfū：	因为 我 要 把 它们 训练 成 鱼鹰。 Yīnwèi wǒ yào bǎ tāmen xùnliàn chéng yúyīng.
村民： Cūnmín：	那 你 为 什么 时常 解开 白鹰 脖子 上 的 绳子？ Nà nǐ wèi shénme shícháng jiěkāi báiyīng bózi shang de shéngzi？
渔夫： Yúfū：	因为 我 很 喜欢 它，它 救过 我。 Yīnwèi wǒ hěn xǐhuan tā，tā jiùguo wǒ.
村民： Cūnmín：	你 给 它 吃 偏食 是 溺爱，它 不 会 成为 鱼鹰 的。 Nǐ gěi tā chī piānshí shì nì'ài，tā bù huì chéngwéi yúyīng de.
渔夫： Yúfū：	不，它 一定 会 为 我 逮到 很 多 鱼 的。 Bù，tā yīdìng huì wèi wǒ dǎidào hěn duō yú de.

表达练习

1. 复述课文

词语提示：

渔夫　出生　小鹰　训练　端　攥紧　吐　压　救　溺爱　绳子　仍然　逮　转来转去　撵走　饿死　翱翔

2. 谈谈教育孩子的方法

提示：

谈谈自己对教育孩子的认识，也可以以自己小时候所受的教育为例，介绍或比较不同的教育方法。

第十四课

○主课文

智慧农业，快乐农民

在江苏一个现代农业示范园区中，农民正在一边
Zài Jiāngsū yī ge xiàndài nóngyè shìfàn yuánqū zhōng，nóngmín zhèngzài yībiān

哼歌，一边劳作，他们的劳动工具不是传统的锄头、水桶，而
hēng gē，yībiān láozuò，tāmen de láodòng gōngjù bù shì chuántǒng de chútou、shuǐtǒng，ér

是一部小小的手机。有了它，农民在家里轻点手机屏幕就可
shì yī bù xiǎoxiǎo de shǒujī. Yǒule tā，nóngmín zài jiāli qīng diǎn shǒujī píngmù jiù kě-

以实现劳作。
yǐ shíxiàn láozuò.

这个农业园区依托传感技术和无线宽带技术，建成了
Zhège nóngyè yuánqū yītuō chuángǎn jìshù hé wúxiàn kuāndài jìshù，jiànchéngle

蔬菜大棚智能化管理平台，大棚内安装的传感器能
shūcài dàpéng zhìnénghuà guǎnlǐ píngtái，dàpéng nèi ānzhuāng de chuángǎnqì néng

采集棚内土壤的温度和湿度、二氧化碳浓度、光照强度等
cǎijí péng nèi tǔrǎng de wēndù hé shīdù、èryǎnghuàtàn nóngdù、guāngzhào qiángdù děng

数据，借助物联网，把这些数据实时传送到农民的手机
shùjù，jièzhù wùliánwǎng，bǎ zhèxiē shùjù shíshí chuánsòng dào nóngmín de shǒujī

中。当有数据超标或出现异常时，自动控制系统会
zhōng. Dāng yǒu shùjù chāobiāo huò chūxiàn yìcháng shí，zìdòng kòngzhì xìtǒng huì

通过短信等形式发出警告。农民只需发送短信或操
tōngguò duǎnxìn děng xíngshì fāchū jǐnggào. Nóngmín zhǐ xū fāsòng duǎnxìn huò cāo-

作手机客户端便可以下达浇灌、换气等指令。
zuò shǒujī kèhùduān biàn kěyǐ xiàdá jiāoguàn、huànqì děng zhǐlìng.

这种以宽带和物联网为支撑，以新技术、新思路解决问题
Zhè zhǒng yǐ kuāndài hé wùliánwǎng wéi zhīchēng，yǐ xīn jìshù、xīn sīlù jiějué wèntí

的农业就是"智慧农业"，它使农民摆脱了土地的束缚，劳动力投入
de nóngyè jiù shì "zhìhuì nóngyè"，tā shǐ nóngmín bǎituōle tǔdì de shùfù，láodònglì tóurù

大大减少，菜农开始过上了"体面种田，快乐生活"的好日子。
dàdà jiǎnshǎo，càinóng kāishǐ guòshàngle "tǐmiàn zhòngtián，kuàilè shēnghuó" de hǎo rìzi.

"智慧农业"对消费者来说同样是福音。这种农业
"Zhìhuì nóngyè" duì xiāofèizhě lái shuō tóngyàng shì fúyīn. Zhè zhǒng nóngyè

园区 生产 的 农产品 都 有 一 个 溯源码，消费者 用 手机
yuánqū shēngchǎn de nóngchǎnpǐn dōu yǒu yī ge sùyuánmǎ，xiāofèizhě yòng shǒujī

轻轻 扫描 一下儿，就 可以 获得 该 农产品 的 采收 日期、施肥 和 使用
qīngqīng sǎomiáo yīxiàr，jiù kěyǐ huòdé gāi nóngchǎnpǐn de cǎishōu rìqī、shīféi hé shǐyòng

农药 等 详细 信息.
nóngyào děng xiángxì xìnxī.

读重点词语

1. 智慧 (zhìhuì)	2. 农业 (nóngyè)	3. 农民 (nóngmín)
4. 示范 (shìfàn)	5. 园区 (yuánqū)	6. 哼 (hēng)
7. 劳作 (láozuò)	8. 劳动 (láodòng)	9. 工具 (gōngjù)
10. 传统 (chuántǒng)	11. 锄头 (chútou)	12. 水桶 (shuǐtǒng)
13. 屏幕 (píngmù)	14. 实现 (shíxiàn)	15. 依托 (yītuō)
16. 传感 (chuángǎn)	17. 技术 (jìshù)	18. 无线 (wúxiàn)
19. 宽带 (kuāndài)	20. 大棚 (dàpéng)	21. 智能化 (zhìnénghuà)
22. 管理 (guǎnlǐ)	23. 平台 (píngtái)	24. 安装 (ānzhuāng)
25. 传感器 (chuángǎnqì)	26. 采集 (cǎijí)	27. 土壤 (tǔrǎng)
28. 温度 (wēndù)	29. 湿度 (shīdù)	30. 浓度 (nóngdù)
31. 光照 (guāngzhào)	32. 数据 (shùjù)	33. 借助 (jièzhù)
34. 实时 (shíshí)	35. 传送 (chuánsòng)	36. 超标 (chāobiāo)
37. 异常 (yìcháng)	38. 自动 (zìdòng)	39. 控制 (kòngzhì)
40. 系统 (xìtǒng)	41. 短信 (duǎnxìn)	42. 形式 (xíngshì)
43. 警告 (jǐnggào)	44. 操作 (cāozuò)	45. 客户端 (kèhùduān)
46. 下达 (xiàdá)	47. 浇灌 (jiāoguàn)	48. 换气 (huànqì)
49. 指令 (zhǐlìng)	50. 支撑 (zhīchēng)	51. 思路 (sīlù)
52. 摆脱 (bǎituō)	53. 束缚 (shùfù)	54. 劳动力 (láodònglì)
55. 体面 (tǐmiàn)	55. 消费者 (xiāofèizhě)	56. 福音 (fúyīn)
57. 溯源码 (sùyuánmǎ)	58. 扫描 (sǎomiáo)	59. 采收 (cǎishōu)
60. 施肥 (shīféi)	61. 农药 (nóngyào)	62. 详细 (xiángxì)

读句子

1. 在 一个 现代 农业 示范 园区 中， 农民 正在 劳作。
Zài yī ge xiàndài nóngyè shìfàn yuánqū zhōng, nóngmín zhèngzài láozuò.

2. 借助 物联网， 把 这些 数据 实时 传送 到 农民 的 手机 中。
Jièzhù wùliánwǎng, bǎ zhèxiē shùjù shíshí chuánsòng dào nóngmín de shǒujī zhōng.

3. 当 有 数据 超标 或 出现 异常 时， 自动 控制 系统 会 通过 短信 等 形式 发出 警告。
Dāng yǒu shùjù chāobiāo huò chūxiàn yìcháng shí, zìdòng kòngzhì xìtǒng huì tōngguò duǎnxìn děng xíngshì fāchū jǐnggào.

4. 农民 只 需 发送 短信 或 操作 手机 客户端 便 可以 下达 指令。
Nóngmín zhǐ xū fāsòng duǎnxìn huò cāozuò shǒujī kèhùduān biàn kěyǐ xiàdá zhǐlìng.

5. 以 新 技术、新 思路 解决 问题 的 农业 就 是 "智慧 农业"。
Yǐ xīn jìshù、xīn sīlù jiějué wèntí de nóngyè jiù shì "zhìhuì nóngyè".

6. 它 使 农民 摆脱了 土地 的 束缚， 劳动力 投入 大大 减少。
Tā shǐ nóngmín bǎituōle tǔdì de shùfù, láodònglì tóurù dàdà jiǎnshǎo.

7. "智慧 农业" 对 消费者 来 说 同样 是 福音。
"Zhìhuì nóngyè" duì xiāofèizhě lái shuō tóngyàng shì fúyīn.

8. 消费者 用 手机 轻轻 扫描 一下儿，就 可以 获得 该 农产品 的 详细 信息。
Xiāofèizhě yòng shǒujī qīngqīng sǎomiáo yīxiàr, jiù kěyǐ huòdé gāi nóngchǎnpǐn de xiángxì xìnxī.

读会话

记者： Jìzhě:	你 怎么 不 去 劳作， 还 在 这儿 玩儿 手机？ Nǐ zěnme bù qù láozuò, hái zài zhèr wánr shǒujī?
农民： Nóngmín:	我 在 现代 农业 示范 园区 工作， 这 部 手机 就 是 我 的 劳动 工具。 Wǒ zài xiàndài nóngyè shìfàn yuánqū gōngzuò, zhè bù shǒujī jiù shì wǒ de láodòng gōngjù.

记者： Jìzhě：	这 部 手机 可以 做 什么？ Zhè bù shǒujī kěyǐ zuò shénme？
农民： Nóngmín：	我 只 需 发送 短信 或者 在 客户端 进行 简单 的 操作， Wǒ zhǐ xū fāsòng duǎnxìn huòzhě zài kèhùduān jìnxíng jiǎndān de cāozuò， 就 可以 给 蔬菜 大棚 浇灌、换气。 jiù kěyǐ gěi shūcài dàpéng jiāoguàn、huànqì.
记者： Jìzhě：	这 就 是 传说 中 的 "智慧 农业" 吧？ Zhè jiù shì chuánshuō zhōng de "zhìhuì nóngyè" ba？
农民： Nóngmín：	是 啊，我们 已经 摆脱了 土地 的 束缚，劳动力 的 投入 也 大大 Shì a，wǒmen yǐjīng bǎituōle tǔdì de shùfù，láodònglì de tóurù yě dàdà 减少 了。 jiǎnshǎo le.
记者： Jìzhě：	蔬菜 上 的 这个 条形码 是 做 什么 用 的？ Shūcài shang de zhège tiáoxíngmǎ shì zuò shénme yòng de？
农民： Nóngmín：	那 是 溯源码，只要 消费者 用 手机 扫描 一下儿 就 可以 Nà shì sùyuánmǎ，zhǐyào xiāofèizhě yòng shǒujī sǎomiáo yīxiàr jiù kěyǐ 获得 这 一 蔬菜 的 采收 日期 等 信息。 huòdé zhè yī shūcài de cǎishōu rìqī děng xìnxī.

表达练习

1. 复述课文

词语提示：

农民 劳作 传统 现代 农业 传感 无线 宽带 智能化 采集 据 借助 传送 操作 下达 指令 智能 摆脱 束缚 体面 福音

2. 谈谈高科技对农业和其他传统行业的意义和影响

提示：

可以谈谈你所知道的应用于实践的最新科学技术，也可以谈谈某些技术对传统行业的负面效应。

3. 看图说话

提示：

可以谈谈下图中的现象及其形成的原因。

◎ 普通话与粤语对比

（一）日常用语——家务

请读与粤语对应的普通话词语

普通话 —— 粤语	普通话 —— 粤语
洗衣服 —— 洗衫	叠被子 —— 折被
熨衣服 —— 烫衫	打毛衣 —— 织冷衫
烧开水 —— 煲水	淘米 —— 洗米
做菜 —— 煮	红烧 —— 炆
快炒 —— 兜	烤 —— 烧
劈柴 —— 破柴	家务事 —— 家事

（二）语法——后置结构（1）

在粤语中有大量的形容词和副词在作状语时往往用在所修饰的动词或形容词的后面，有时甚至出现在句末，而在普通话里，这些词一般是放在所修饰的动词或形容词前面。就形容词而言，“多”“少”是粤语中最常见的后置结构，但在普通话中位置常常不同。

1. 请读与粤语对应的普通话语句

普通话 —— 粤语
多吃点儿。 —— 食多啲。
少买两件吧。—— 买少两件喇。

2. 请把下面的粤语句子翻译成普通话句子，然后写在横线上

（1）坐多一阵间添啦。 ____________________

（2）唔该你畀多的我。 ____________________

（3）重系食少几支烟为好。 ____________________

（4）你喺处住多两日先走啦。 ____________________

（5）你着少佐件衫，唔怕冻亲咩？ ____________________

○副课文

有瑕疵的壶

一家 商场 新近 购进了 一 批 瓷壶。这 批 瓷壶 质地 精良， 外形
Yī jiā shāngchǎng xīnjìn gòujìnle yī pī cíhú. Zhè pī cíhú zhìdì jīngliáng, wàixíng

雅致，与 同样 价位 的 瓷壶 相比， 显得 十分 出众， 商场 的 老板
yǎzhì, yǔ tóngyàng jiàwèi de cíhú xiāngbǐ, xiǎnde shífēn chūzhòng, shāngchǎng de lǎobǎn

相信： 这些 完美 的瓷壶 只要 一 放上 货架 就 一定 会 十分 抢手。
xiāngxìn: Zhèxiē wánměi de cíhú zhǐyào yī fàngshang huòjià jiù yīdìng huì shífēn qiǎngshǒu.

然而， 一 周、 两 周、 三 周…… 两 个 月 都 过去 了， 售出 的 瓷壶 却
Rán'ér, yī zhōu、liǎng zhōu、sān zhōu… liǎng ge yuè dōu guòqu le, shòuchū de cíhú què

还是 寥寥无几。 老板 仔细 观察， 发现 很 多 顾客 一 看到 瓷壶 就 会
háishi liáoliáo-wújǐ. Lǎobǎn zǐxì guānchá, fāxiàn hěn duō gùkè yī kàndào cíhú jiù huì

显出 一副 很 感 兴趣 的 样子， 可是 拿到 手 里 仔细 端详 一下儿， 每
xiǎnchū yī fù hěn gǎn xìngqù de yàngzi, kěshì nádào shǒu li zǐxì duānxiang yīxiàr, měi

个 人 都 会 摇摇 头， 放下 瓷壶 走开。
ge rén dōu huì yáoyáo tóu, fàngxia cíhú zǒukāi.

老板 百思不得其解， 找来 一 家 策划 公司 帮忙。 策划 公司 的
Lǎobǎn bǎisībùdéqíjiě, zhǎolái yī jiā cèhuà gōngsī bāngmáng. Cèhuà gōngsī de

专家 拿起 瓷壶，从 壶底儿 看到 壶盖儿，然后 马上 叫 老板 把 整 批
zhuānjiā náqǐ cíhú, cóng húdǐr kàndào húgàir, ránhòu mǎshàng jiào lǎobǎn bǎ zhěng pī

瓷壶 的 壶盖儿 撤 下来， 仍 按 原价 出售。 这个 办法 果然 立竿见影， 几
cíhú de húgàir chè xialai, réng àn yuánjià chūshòu. Zhège bànfǎ guǒrán lìgān-jiànyǐng, jǐ

天 后， 整 批 瓷壶 销售 一 空。
tiān hòu, zhěng pī cíhú xiāoshòu yī kōng.

老板 向 策划 专家 请教 原因， 专家 说：“这 批 瓷壶 本身
Lǎobǎn xiàng cèhuà zhuānjiā qǐngjiào yuányīn, zhuānjiā shuō: "Zhè pī cíhú běnshēng

没有 任何 问题，设计 新颖、 做工 精细， 从 壶身 到 壶把儿 浑然 一体，
méiyǒu rènhé wèntí, shèjì xīnyǐng、zuògōng jīngxì, cóng húshēn dào húbàr húnrán yītǐ,

但 由于 壶盖儿 上 有 一个 小小 的 缺陷， 所以 就 分外 明显。 现在
dàn yóuyú húgàir shang yǒu yī ge xiǎoxiǎo de quēxiàn, suǒyǐ jiù fènwài míngxiǎn. Xiànzài

把它去掉了，自然就完美了。”
bǎ tā qùdiào le， zìrán jiù wánměi le.”

有时候，不完美的东西，并非欠缺很多，很可能只是多了
Yǒu shíhou，bù wánměi de dōngxi，bìngfēi qiànquē hěn duō，hěn kěnéng zhǐshì duōle

一点儿小小的瑕疵。
yīdiǎnr xiǎoxiǎo de xiácī.

读词语

1. 请跟读与第一声相连的词语

zhuānjiā（专家）	gōngsī（公司）	sān zhōu（三周）
guānchá（观察）	jīngliáng（精良）	xīnyǐng（新颖）
chūzhòng（出众）	xīnjìn（新近）	jīngxì（精细）
quēxiàn（缺陷）		

2. 请跟读与第二声相连的词语

cíhú（瓷壶）	rán'ér（然而）	yáo tóu（摇头）
yóuyú（由于）	xiácī（瑕疵）	liáoliáo-wújǐ（寥寥无几）
wánměi（完美）	yuánjià（原价）	

3. 请跟读与第三声相连的词语

qiǎngshǒu（抢手）	lǎobǎn（老板）	xiǎoxiǎo（小小）
suǒyǐ（所以）	běnshēn（本身）	xiǎnchū（显出）
zhěng pī（整批）	zǒukāi（走开）	guǒrán（果然）
kěnéng（可能）	mǎshàng（马上）	zhǐyào（只要）
zǐxì（仔细）	qǐngjiào（请教）	yǎzhì（雅致）
kěshì（可是）	zhǐshì（只是）	

4. 请跟读与第四声相连的词语

gòujìn（购进）	chè xialai（撤下来）	huòjià（货架）
zhìdì（质地）	jiàwèi（价位）	cèhuà（策划）
gùkè（顾客）	shèjì（设计）	xiànzài（现在）
guòqu（过去）	fènwài（分外）	qùdiào（去掉）
shòuchū（售出）	qiànquē（欠缺）	zuògōng（做工）
lìgān-jiànyǐng（立竿见影）	zìrán（自然）	wàixíng（外形）

5. 请跟读与"一"相连的词语

yì jiā （一家）	xiāoshòu yì kōng（销售一空）	yì pī （一批）
yì zhōu （一周）	húnrán yìtǐ （浑然一体）	yídìng （一定）
yí fù （一副）	yí ge （一个）	yí kàn （一看）

6. 请跟读与"不"相连的词语

bǎisībùdéqíjiě（百思不得其解）		

7. 请跟读轻声词

duānxiang （端详）	dōngxi （东西）	shǒu li （手里）
xiǎnde （显得）	yǒu shíhou （有时候）	chè xialai （撤下来）
yàngzi （样子）		

8. 请跟读儿化词

bàr （把儿）	yīxiàr （一下儿）	gàir （盖儿）
húdǐr （壶底儿）	yīdiǎnr （一点儿）	

读句子

1. 一家 商场 新近 购进了 一批 瓷壶。
Yī jiā shāngchǎng xīnjìn gòujìnle yī pī cíhú.

2. 这 批 瓷壶 质地 精良， 外形 雅致， 显得 十分 出众。
Zhè pī cíhú zhìdì jīngliáng，wàixíng yǎzhì，xiǎnde shífēn chūzhòng.

3. 两 个 月 都 过去 了， 售出 的 瓷壶 却 还是 寥寥无几。
Liǎng ge yuè dōu guòqu le，shòuchū de cíhú què háishi liáoliáo-wújǐ.

4. 很 多 顾客 一 看到 瓷壶 就 会 拿到 手 里 仔细 端详 一下儿。
Hěn duō gùkè yī kàndào cíhú jiù huì nádào shǒu li zǐxì duānxiang yīxiàr.

5. 老板 百思不得其解， 找来 一 家 策划 公司 帮忙。
Lǎobǎn bǎisībùdéqíjiě，zhǎolái yī jiā cèhuà gōngsī bāngmáng.

6. 策划 公司 的 专家 拿起 瓷壶， 从 壶底儿 看到 壶盖儿。
Cèhuà gōngsī de zhuānjiā náqǐ cíhú，cóng húdǐr kàndào húgàir.

7. 这 批 瓷壶 本身 没有 任何 问题，设计 新颖、做工 精细。
Zhè pī cíhú běnshēn méiyǒu rènhé wèntí, shèjì xīnyǐng、zuògōng jīngxì.

8. 很 可能 只是 多了 一点儿 小小 的 瑕疵。
Hěn kěnéng zhǐshì duōle yīdiǎnr xiǎoxiǎo de xiácī.

▣ 读会话

老板： Lǎobǎn:	您 看 这 批 瓷壶 真 的 那么 不 完美 吗？ Nín kàn zhè pī cíhú zhēn de nàme bù wánměi ma?
专家： Zhuānjiā:	这 批 瓷壶 质地 精良，外形 雅致，很 不错。 Zhè pī cíhú zhìdì jīngliáng, wàixíng yǎzhì, hěn bùcuò.
老板： Lǎobǎn:	可 为 什么 买 瓷壶 的 顾客 寥寥无几 呢？ Kě wèi shénme mǎi cíhú de gùkè liáoliáo-wújǐ ne?
专家： Zhuānjiā:	因为 瓷壶 的 壶盖儿 上 有 一点儿 小小 的 瑕疵。 Yīnwèi cíhú de húgàir shang yǒu yīdiǎnr xiǎoxiǎo de xiácī.
老板： Lǎobǎn:	哦，怪不得 很 多 顾客 把 瓷壶 拿到 手 里 仔细 端详 一下儿 Ò, guàibude hěn duō gùkè bǎ cíhú nádào shǒu li zǐxì duānxiang yīxiàr 后 都 会 摇 头 走开。 hòu dōu huì yáo tóu zǒukāi.
专家： Zhuānjiā:	是啊，瓷壶 从 壶身 到 壶把儿 浑然 一体，所以 这个 小 缺陷 Shì a, cíhú cóng húshēn dào húbàr húnrán yītǐ, suǒyǐ zhège xiǎo quēxiàn 分外 明显。 fènwài míngxiǎn.
老板： Lǎobǎn:	那 我们 应该 怎么 办？ Nà wǒmen yīnggāi zěnme bàn?
专家： Zhuānjiā:	只要 把 壶盖儿 去掉 就 可以 了，有时 不 完美 的 东西 并非 Zhǐyào bǎ húgàir qùdiào jiù kěyǐ le, yǒushí bù wánměi de dōngxi bìngfēi 欠缺 很 多。 qiànquē hěn duō.

表达练习

1. 复述课文

词语提示：

商场	购进	瓷壶	质地	外形	出众	老板	完美	抢手	寥寥无几
策划	帮忙	壶盖儿	撤	立竿见影	请教	缺陷	并非	欠缺	瑕疵

2. 谈谈你对产品包装的看法

提示：

可以谈谈产品过分包装的问题，也可以谈谈你遇到过的不完美的产品。

第十五课

○主课文

开着房车去旅行

88岁的高奶奶终于来北京旅游了。不过，这一次她是
Bāshíbā suì de Gāo nǎinai zhōngyú lái Běijīng lǚyóu le. Bùguò, zhè yī cì, tā shì

带着心爱的“京巴”和儿女一起开着房车来的。“妈妈上了岁数，
dàizhe xīn'ài de “jīngbā” hé érnǚ yīqǐ kāizhe fángchē lái de. “Māma shàngle suìshu,

腿脚不利落，坐飞机和火车都有些不方便。自从买了这辆房
tuǐjiǎo bù lìluo, zuò fēijī hé huǒchē dōu yǒuxiē bù fāngbiàn. Zìcóng mǎile zhè liàng fáng-

车，我们已经带着她溜达过了30多个城市。看她每天红光
chē, wǒmen yǐjīng dàizhe tā liūdaguole sānshí duō ge chéngshì. Kàn tā měi tiān hóngguāng-

满面的，多亏了这辆房车！”高奶奶的女儿逢人便说。
mǎnmiàn de, duōkuīle zhè liàng fángchē!” Gāo nǎinai de nǚ'ér féng rén biàn shuō.

女儿口中的“房车”，是一种可移动的、拥有居家必备基本
Nǚ'ér kǒu zhōng de “fángchē”, shì yī zhǒng kěyídòng de、yōngyǒu jūjiā bìbèi jīběn

设施的车种，兼具房与车两大功能，被称为“车轮上
shèshī de chēzhǒng, jiān jù fáng yǔ chē liǎng dà gōngnéng, bèi chēngwéi “chēlún shang

的家”。
de jiā”.

事实上，不止高奶奶一家，“开着房车去旅行”这种曾经
Shìshí shang, bùzhǐ Gāo nǎinai yī jiā, “kāizhe fángchē qù lǚxíng” zhè zhǒng céngjīng

只流行于欧美国家的休闲方式，现在已经成为很多家庭
zhǐ liúxíng yú Ōu-Měi guójiā de xiūxián fāngshì, xiànzài yǐjīng chéngwéi hěn duō jiātíng

暑期的必备项目了。
shǔqī de bìbèi xiàngmù le.

爱好汽车的孔先生几乎每年都要开房车来北京露营。
Àihào qìchē de Kǒng xiānsheng jīhū měi nián dōu yào kāi fángchē lái Běijīng lùyíng.

“沿途你可以看到很多不同的风景和人的生活状态，可以
“Yántú nǐ kěyǐ kàndào hěn duō bù tóng de fēngjǐng hé rén de shēnghuó zhuàngtài, kěyǐ

学到很多东西；你可以随处‘安营扎寨’，林荫间、湖水边，都
xuédào hěn duō dōngxi; nǐ kěyǐ suíchù ‘ānyíng zhāzhài’, línyīn jiān、húshuǐ biān, dōu

可以。”说起感受，孔先生滔滔不绝。
kěyǐ.” Shuōqǐ gǎnshòu, Kǒng xiānsheng tāotāo-bùjué.

在他身旁，房车爱好者们三五成群，有的吃着烧烤，
Zài tā shēn páng，fángchē àihàozhěmen sānwǔ-chéngqún，yǒude chīzhe shāokǎo，
有的在湖边钓鱼，一边呼吸着大自然新鲜的空气，一边感受着
yǒude zài hú biān diàoyú，yībiān hūxīzhe dàzìrán xīnxiān de kōngqì，yībiān gǎnshòuzhe
景在变、家不变的房车生活，好不惬意。
jǐng zài biàn、jiā bù biàn de fángchē shēnghuó，hǎobù qièyì.

读重点词语

1. 房车 （fángchē）	2. 终于 （zhōngyú）	3. 心爱 （xīn'ài）
4. 儿女 （érnǚ）	5. 岁数 （suìshu）	6. 腿脚 （tuǐjiǎo）
7. 利落 （lìluo）	8. 自从 （zìcóng）	9. 溜达 （liūda）
10. 红光满面 （hóngguāng-mǎnmiàn）	11. 多亏 （duōkuī）	12. 逢人 （féng rén）
13. 便 （biàn）	14. 移动 （yídòng）	15. 拥有 （yōngyǒu）
16. 居家 （jūjiā）	17. 必备 （bìbèi）	18. 基本 （jīběn）
19. 设施 （shèshī）	20. 车种 （chēzhǒng）	21. 兼具 （jiān jù）
22. 功能 （gōngnéng）	23. 车轮 （chēlún）	24. 事实 （shìshí）
25. 曾经 （céngjīng）	26. 流行 （liúxíng）	27. 于 （yú）
28. 休闲 （xiūxián）	29. 方式 （fāngshì）	30. 暑期 （shǔqī）
31. 项目 （xiàngmù）	32. 几乎 （jīhū）	33. 露营 （lùyíng）
34. 沿途 （yántú）	35. 状态 （zhuàngtài）	36. 随处 （suíchù）
37. 安营扎寨 （ānyíng zhāzhài）	38. 林荫 （línyīn）	39. 滔滔不绝 （tāotāo-bùjué）
40. 爱好者 （àihàozhě）	41. 三五成群 （sānwǔ-chéngqún）	42. 烧烤 （shāokǎo）
43. 钓鱼 （diàoyú）	44. 呼吸 （hūxī）	45. 大自然 （dàzìrán）
46. 新鲜 （xīnxiān）	47. 惬意 （qièyì）	

读句子

1. 妈妈上了岁数，腿脚不利落。
Māma shàngle suìshu，tuǐjiǎo bù lìluo.

2. 自从 买了 这 辆 房车，我们 已经 带着 她 溜达过了 30 多 个 城市。
Zìcóng mǎile zhè liàng fángchē，wǒmen yǐjīng dàizhe tā liūdaguole sānshí duō ge chéngshì.

3. 房车 是 一 种 可移动 的、拥有 居家 必备 基本 设施 的 车种。
Fángchē shì yī zhǒng kěyídòng de、yōngyǒu jūjiā bìbèi jīběn shèshī de chēzhǒng.

4. "开着 房车 去 旅行" 曾经 只 流行 于 欧美 国家。
"Kāizhe fángchē qù lǚxíng" céngjīng zhǐ liúxíng yú Ōu-Měi guójiā.

5. 现在 已经 成为 很 多 家庭 暑期 的 必备 项目 了。
Xiànzài yǐjīng chéngwéi hěn duō jiātíng shǔqī de bìbèi xiàngmù le.

6. 沿途 你 可以 看到 很 多 不 同 的 风景 和 人 的 生活 状态。
Yántú nǐ kěyǐ kàndào hěn duō bù tóng de fēngjǐng hé rén de shēnghuó zhuàngtài.

7. 你 可以 随处 "安营 扎寨"，林荫 间、湖水 边，都 可以。
Nǐ kěyǐ suíchù "ānyíng zhāzhài"，línyīn jiān、húshuǐ biān，dōu kěyǐ.

8. 感受着 景 在 变、家 不 变 的 房车 生活，好不 惬意。
Gǎnshòuzhe jǐng zài biàn、jiā bù biàn de fángchē shēnghuó，hǎobù qièyì.

读会话

记者： Jìzhě：	您 是 开 房车 来 北京 旅游 的 吧？ Nín shì kāi fángchē lái Běijīng lǚyóu de ba？
女儿： Nǚ'ér：	是 的，我 妈妈 上了 岁数，腿脚 不 利落，多亏了 这 辆 房车！ Shì de，wǒ māma shàngle suìshu，tuǐjiǎo bù lìluo，duōkuīle zhè liàng fángchē！
记者： Jìzhě：	您 妈妈 坐 房车 旅行 还 习惯 吗？ Nín māma zuò fángchē lǚxíng hái xíguàn ma？
女儿： Nǚ'ér：	很 习惯！ 我们 已经 开 房车 带 她 溜达过了 30 多 个 城市 了。 Hěn xíguàn！ Wǒmen yǐjīng kāi fángchē dài tā liūdaguole sānshí duō ge chéngshì le.
记者： Jìzhě：	她 现在 看 起来 红光满面 的，真 不错！ Tā xiànzài kàn qǐlai hóngguāng-mǎnmiàn de，zhēn bùcuò！

女儿： Nǚ'ér：	开 房车 旅行，沿途 你 还 可以 看到 很 多 不 同 的 风景 和 人 的 生活 状态。 Kāi fángchē lǚxíng，yántú nǐ hái kěyǐ kàndào hěn duō bù tóng de fēngjǐng hé rén de shēnghuó zhuàngtài.
记者： Jìzhě：	看来 你们 已经 喜欢 上 了 这 种 景 在 变、家 不 变 的 生活 了。 Kànlái nǐmen yǐjīng xǐhuan shang le zhè zhǒng jǐng zài biàn、jiā bù biàn de shēng-huó le.
女儿： Nǚ'ér：	对， 开 房车 旅行 已经 是 我 家 每 个 假期 必备 的 项目 了。 Duì，kāi fángchē lǚxíng yǐjīng shì wǒ jiā měi ge jiàqī bìbèi de xiàngmù le.

表达练习

1. 复述课文

词语提示：

房车　居家　设施　兼具　功能　流行　休闲　岁数　利落　溜达
红光满面　爱好　露营　沿途　安营扎寨　烧烤　钓鱼　大自然　惬意

2. 谈谈你对房车及其他新旅行方式的看法

提示：

谈谈你所知道的房车旅行，也可以谈谈你是否会选择这种旅行方式，还可以介绍你所知道的其他新旅行方式。

3. 看图说话

提示：

谈谈下图中的现象及其影响。

◙ 普通话与粤语对比

（一）日常用语——学习

请读与粤语对应的普通话词语

普通话	粤语
课时	教节
逃课	走堂
家庭作业	家课
家教	补习先生
作弊	出猫
不及格	肥佬

普通话	粤语
教室	课室
上学	返学
笔记	碌士
听写	读默
倒数第一	第尾
用功	勤力

（二）语法——后置结构（2）

粤语中的副词一般放在动词或形容词前作状语，这和普通话一样。例如，普通话说"这件衣服很漂亮"，粤语则说"呢件衫好靓"。但粤语中也有少数副词用作状语时位置在后，常见的有"先""添""埋""翻""过头""乜滞""得滞"等。

1. 请读与粤语对应的普通话语句

普通话	粤语
我先走了。	我行先。
我们再喝两杯。	我哋饮两杯添。
劳驾把我这件衣服也拿上。	唔该拎埋我件衫。
菜凉了，再热一下吧。	餸冻佐，煮翻热下啦。
太高了。	高过头嘞。
不怎么喜欢。	唔中意乜滞。
太快了。	快得滞。

2. 请把下面的粤语句子翻译成普通话句子，然后写在横线上

（1）唔该你斟杯茶畀我先。 ____________________

（2）食啲添，咪客气。 ____________________

（3）呢块布颜色淡翻的就好喇。 ____________________

（4）坐得远过头睇唔清楚。 ____________________

（5）佢冇笑乜滞。 ____________________

（6）架车洗得干净得滞。 ____________________

○副课文

真爱无声

忙碌的一天从早晨就开始了。刚过八点，小张的牙科
Mánglù de yī tiān cóng zǎochen jiù kāishǐ le. Gāng guò bā diǎn, Xiǎo Zhāng de yákē
诊室就走进来了一位老先生。老人看上去有 80 多岁，
zhěnshì jiù zǒu jinlai le yī wèi lǎoxiānsheng. Lǎorén kàn shangqu yǒu bāshí duō suì,
他急切地告诉小张，他原本预约的时间是十点，但是九
tā jíqiè de gàosu Xiǎo Zhāng, tā yuánběn yùyuē de shíjiān shì shí diǎn, dànshì jiǔ
点钟他有一个“极其重要”的约会，所以希望张大夫照顾一下儿。
diǎnzhōng tā yǒu yī ge “jíqí zhòngyào” de yuēhuì, suǒyǐ xīwàng Zhāng dàifu zhàogu yīxiàr.

出于对老人的尊敬，小张爽快地答应了。治疗的
Chūyú duì lǎorén de zūnjìng, Xiǎo Zhāng shuǎngkuai de dāying le. Zhìliáo de
间隙，小张好奇地问：“您来这么早到底是为什么啊？”“哦，
jiànxì, Xiǎo Zhāng hàoqí de wèn: “Nín lái zhème zǎo dàodǐ shì wèi shénme a? ” “Ò,
九点我要去康复中心跟我老伴儿一起吃早饭，每天都是。”
jiǔ diǎn wǒ yào qù kāngfù zhōngxīn gēn wǒ lǎobànr yīqǐ chī zǎofàn, měi tiān dōu shì. ”
老人有点儿不好意思地回答。“康复中心？”小张更好奇了。
Lǎorén yǒudiǎnr bù hǎoyìsi de huídá. “Kāngfù zhōngxīn?” Xiǎo Zhāng gèng hàoqí le.
老先生的眼神黯淡了一下儿：“她得了老年痴呆，在康复中心
Lǎoxiānsheng de yǎnshén àndànle yīxiàr: “Tā déle lǎonián chīdāi, zài kāngfù zhōngxīn
已经 5 年了，现在已经不知道我是谁了。”
yǐjīng wǔ nián le, xiànzài yǐjīng bù zhīdào wǒ shì shéi le. ”

小张有些抱歉，突然他想起了什么，说：“老人家，我给
Xiǎo Zhāng yǒuxiē bàoqiàn, tūrán tā xiǎngqǐle shénme, shuō: “Lǎorénjiā, wǒ gěi
您的牙齿做完这个治疗，您今天不仅吃饭会有影响，连说话
nín de yáchǐ zuòwán zhège zhìliáo, nín jīntiān bùjǐn chīfàn huì yǒu yǐngxiǎng, lián shuōhuà
都会有问题！……”老先生慈祥地说：“没事儿，我们俩在一起的
dōu huì yǒu wèntí !…” Lǎoxiānsheng cíxiáng de shuō: “Méishìr, wǒmen liǎ zài yīqǐ de
时候什么也不用说，她虽然不知道我是谁，但是只要互相
shíhou shénme yě bùyòng shuō, tā suīrán bù zhīdào wǒ shì shéi, dànshì zhǐyào hùxiāng
看着，心里就满意了，足够了。”老人甜蜜地笑了，好像一下子年轻了
kànzhe, xīnli jiù mǎnyì le, zúgòu le. ” Lǎorén tiánmì de xiào le, hǎoxiàng yīxiàzi niánqīngle
几十岁。小张的眼睛湿润了：真正的爱，是不需要语言的。
jǐshí suì. Xiǎo Zhāng de yǎnjing shīrùn le: Zhēnzhèng de ài, shì bù xūyào yǔyán de.

读词语

1. 请跟读与第一声相连的词语

zhōngxīn	（中心）	chīdāi	（痴呆）	jīntiān	（今天）
chūyú	（出于）	kāngfù	（康复）	zūnjìng	（尊敬）
shīrùn	（湿润）				

2. 请跟读与第二声相连的词语

jíqí	（极其）	cíxiáng	（慈祥）	yákē	（牙科）
yáchǐ	（牙齿）	yuánběn	（原本）	mánglù	（忙碌）
jíqiè	（急切）	tiánmì	（甜蜜）		

3. 请跟读与第三声相连的词语

suǒyǐ	（所以）	yǐngxiǎng	（影响）	xiǎngqǐ	（想起）
yǐjīng	（已经）	Xiǎo Zhāng	（小张）	měi tiān	（每天）
lǎonián	（老年）	lǎorén	（老人）	lǎorénjiā	（老人家）
yǎnshén	（眼神）	hǎoxiàng	（好像）	mǎnyì	（满意）
zǎofàn	（早饭）	zhěnshì	（诊室）	zhǐyào	（只要）

4. 请跟读与第四声相连的词语

zhòngyào	（重要）	jiànxì	（间隙）	àndàn	（黯淡）
bàoqiàn	（抱歉）	yùyuē	（预约）	hàoqí	（好奇）
zhìliáo	（治疗）	dàodǐ	（到底）		

5. 请跟读与“一”相连的词语

yì tiān	（一天）	yìqǐ	（一起）	yí wèi	（一位）
yíxiàzi	（一下子）				

6. 请跟读与“不”相连的词语

bù zhīdào	（不知道）	bùjǐn	（不仅）	búyòng	（不用）

7. 请跟读轻声词

dāying	（答应）	xiānsheng	（先生）	wèi shénme	（为什么）
shuǎngkuai	（爽快）	yǎnjing	（眼睛）	zǎochen	（早晨）
zǒu jinlai	（走进来）	dàifu	（大夫）	gàosu	（告诉）
kàn shangqu	（看上去）	zhàogu	（照顾）	zhème	（这么）

8. 请跟读儿化词

lǎobànr （老伴儿）	yǒudiǎnr （有点儿）	méishìr （没事儿）

读句子

1. 忙碌 的 一 天 从 早晨 就 开始 了。
Mánglù de yī tiān cóng zǎochen jiù kāishǐ le.

2. 他 急切 地 告诉 小 张，他 原本 预约 的 时间 是 十 点。
Tā jíqiè de gàosu Xiǎo Zhāng, tā yuánběn yùyuē de shíjiān shì shí diǎn.

3. 他 有 一 个“极其 重要” 的 约会，所以 希望 张 大夫 照顾 一下儿。
Tā yǒu yī ge “jíqí zhòngyào” de yuēhuì, suǒyǐ xīwàng Zhāng dàifu zhàogu yīxiàr.

4. 出于 对 老人 的 尊敬，小 张 爽快 地 答应 了。
Chūyú duì lǎorén de zūnjìng, Xiǎo Zhāng shuǎngkuai de dāying le.

5. 治疗 的 间隙，小 张 好奇 地 问。
Zhìliáo de jiànxì, Xiǎo Zhāng hàoqí de wèn.

6. 您 今天 不仅 吃饭 会 有 影响，连 说话 都 会 有 问题！
Nín jīntiān bùjǐn chīfàn huì yǒu yǐngxiǎng, lián shuōhuà dōu huì yǒu wèntí!

7. 老先生 慈祥 地 说：“没事儿。”
Lǎoxiānsheng cíxiáng de shuō: “Méishìr.”

8. 老人 甜蜜 地 笑 了，好像 一下子 年轻了 几十 岁。
Lǎorén tiánmì de xiào le, hǎoxiàng yīxiàzi niánqīngle jǐshí suì.

读会话

老先生： Lǎoxiānsheng:	张 医生，您 好，今天 您 能 不 能 早 点儿 给 我 治疗 啊？ Zhāng yīshēng, nín hǎo, jīntiān nín néng bu néng zǎo diǎnr gěi wǒ zhìliáo a?

小张： Xiǎo Zhāng：	您原本预约的时间是十点，现在才八点……嗯，好吧。 Nín yuánběn yùyuē de shíjiān shì shí diǎn，xiànzài cái bā diǎn… Èn，hǎo ba.
老先生： Lǎoxiānsheng：	谢谢您，不好意思，我九点有一个极其重要的约会。 Xièxie nín，bùhǎoyìsi，wǒ jiǔ diǎn yǒu yī ge jíqí zhòngyào de yuēhuì.
小张： Xiǎo Zhāng：	那到底是个什么样的约会啊？您说得我有点儿好奇了。 Nà dàodǐ shì ge shénme yàng de yuēhuì a？ Nín shuō de wǒ yǒudiǎnr hàoqí le.
老先生： Lǎoxiānsheng：	九点我要去康复中心跟我老伴儿一起吃早饭。 Jiǔ diǎn wǒ yào qù kāngfù zhōngxīn gēn wǒ lǎobànr yīqǐ chī zǎofàn.
小张： Xiǎo Zhāng：	去康复中心？我没听错吧？ Qù kāngfù zhōngxīn？ Wǒ méi tīngcuò ba？
老先生： Lǎoxiānsheng：	她得了老年痴呆，在康复中心好多年了。但每天看见她，我心里就会很满足。 Tā déle lǎonián chīdāi，zài kāngfù zhōngxīn hǎoduō nián le. Dàn měi tiān kànjiàn tā，wǒ xīnli jiù huì hěn mǎnzú.
小张： Xiǎo Zhāng：	真甜蜜啊，我相信您老伴儿虽然不能说，但她一定也和您一样幸福、满足。 Zhēn tiánmì a，wǒ xiāngxìn nín lǎobànr suīrán bù néng shuō，dàn tā yīdìng yě hé nín yīyàng xìngfú、mǎnzú.

表达练习

1. 复述课文

词语提示：

牙科	诊室	老人	急切	预约	约会	爽快	好奇	康复中心	老伴儿
黯淡	抱歉	治疗	慈祥	满意	甜蜜	湿润	真正	语言	

2. 举例说明最深、最真的爱应该是什么样的

提示：

谈谈自己对真爱的看法，也可以讲讲你最钟爱的爱情故事，或说说夫妻相处的方式。

第十六课

○主课文

校园婚恋：青苹果还是红苹果？

近日，成都一位 20 岁的小伙子宣布与 19 岁女友正式
Jìnrì，Chéngdū yī wèi èrshí suì de xiǎohuǒzi xuānbù yǔ shíjiǔ suì nǚyǒu zhèngshì
领证结婚。年轻人彼此相爱，情投意合，继而走进神圣的
lǐngzhèng jiéhūn. Niánqīngrén bǐcǐ xiāng'ài，qíngtóu-yìhé，jì'ér zǒujìn shénshèng de
婚姻殿堂，本是人生莫大的幸福，但这对新人却有着独
hūnyīn diàntáng，běn shì rénshēng mòdà de xìngfú，dàn zhè duì xīnrén què yǒuzhe dú-
特的双重身份：除了"新郎"和"新娘"的甜蜜称号，他们还
tè de shuāngchóng shēnfèn：Chúle "xīnláng" hé "xīnniáng" de tiánmì chēnghào，tāmen hái
有一个身份——学生。
yǒu yī ge shēnfèn —— xuésheng.

2005 年，教育部颁布了新版《普通高等学校学生管理
Èr líng líng wǔ nián，Jiàoyù Bù bānbùle xīnbǎn《Pǔtōng Gāoděng Xuéxiào Xuésheng Guǎnlǐ
规定》，取消了一直施行的大学生"禁婚令"，这反映了大学生
Guīdìng》，qǔxiāole yīzhí shīxíng de dàxuéshēng "jìnhūnlìng"，zhè fǎnyìngle dàxuéshēng
乃至整个社会的婚恋观随时代而变迁。然而，随着新规的
nǎizhì zhěnggè shèhuì de hūnliànguān suí shídài ér biànqiān. Rán'ér，suízhe xīnguī de
施行，大学生结婚现象日渐增多，还是引发了社会各界的不
shīxíng，dàxuéshēng jiéhūn xiànxiàng rìjiàn zēngduō，háishi yǐnfāle shèhuì gè jiè de bù
同反应。高校方面多表示尊重大学生自己的意愿，不
tóng fǎnyìng. Gāoxiào fāngmiàn duō biǎoshì zūnzhòng dàxuéshēng zìjǐ de yìyuàn，bù
提倡，也不反对。
tíchàng，yě bù fǎnduì.

很多家长和教师则表示担忧，一位研究生导师指出：
Hěn duō jiāzhǎng hé jiàoshī zé biǎoshì dānyōu，yī wèi yánjiūshēng dǎoshī zhǐchū：
大学生结婚将面临学业未完成、未找到工作、经济
Dàxuéshēng jiéhūn jiāng miànlín xuéyè wèi wánchéng、wèi zhǎodào gōngzuò、jīngjì
上未独立这三大主要问题，年轻人应为自己的人生负责，
shang wèi dúlì zhè sān dà zhǔyào wèntí，niánqīngrén yīng wèi zìjǐ de rénshēng fùzé，
慎重对待。
shènzhòng duìdài.

校园里的大学生观点不一，多数认为现在的大学生
Xiàoyuán li de dàxuéshēng guāndiǎn bùyī, duōshù rènwéi xiànzài de dàxuéshēng
已经是成年人了，没必要忌讳恋爱、结婚这类话题，只要够
yǐjīng shì chéngniánrén le, méi bìyào jìhuì liàn'ài、jiéhūn zhè lèi huàtí, zhǐyào gòu
结婚年龄，就有结婚权利，但半数以上的大学生表示自己
jiéhūn niánlíng, jiù yǒu jiéhūn quánlì, dàn bànshù yǐshàng de dàxuéshēng biǎoshì zìjǐ
并不会选择在读书期间结婚。
bìng bù huì xuǎnzé zài dúshū qījiān jiéhūn.

读重点词语

1. 婚恋 (hūnliàn)	2. 青 (qīng)	3. 近日 (jìnrì)
4. 宣布 (xuānbù)	5. 彼此 (bǐcǐ)	6. 情投意合 (qíngtóu-yìhé)
7. 继而 (jì'ér)	8. 神圣 (shénshèng)	9. 婚姻 (hūnyīn)
10. 殿堂 (diàntáng)	11. 本 (běn)	12. 人生 (rénshēng)
13. 莫大 (mòdà)	14. 幸福 (xìngfú)	15. 新人 (xīnrén)
16. 独特 (dútè)	17. 双重 (shuāngchóng)	18. 身份 (shēnfèn)
19. 新郎 (xīnláng)	20. 新娘 (xīnniáng)	21. 甜蜜 (tiánmì)
22. 称号 (chēnghào)	23. 颁布 (bānbù)	24. 高等 (gāoděng)
25. 规定 (guīdìng)	26. 取消 (qǔxiāo)	27. 施行 (shīxíng)
28. 令 (lìng)	29. 反映 (fǎnyìng)	30. 乃至 (nǎizhì)
31. 婚恋观 (hūnliànguān)	32. 时代 (shídài)	33. 变迁 (biànqiān)
34. 现象 (xiànxiàng)	35. 日渐增多 (rìjiàn zēngduō)	36. 引发 (yǐnfā)
37. 各界 (gè jiè)	38. 意愿 (yìyuàn)	39. 提倡 (tíchàng)
40. 担忧 (dānyōu)	41. 研究生 (yánjiūshēng)	42. 导师 (dǎoshī)
43. 面临 (miànlín)	44. 慎重 (shènzhòng)	45. 成年人 (chéngniánrén)
46. 忌讳 (jìhuì)	47. 类 (lèi)	48. 话题 (huàtí)
49. 权利 (quánlì)	50. 半数 (bànshù)	51. 以上 (yǐshàng)
52. 选择 (xuǎnzé)		

读句子

1. 年轻人 彼此 相爱， 情投意合， 继而 走进 神圣 的 婚姻 殿堂。
Niánqīngrén bǐcǐ xiāng'ài, qíngtóu-yìhé, jì'ér zǒujìn shénshèng de hūnyīn diàntáng.

2. 这 对 新人 却 有着 独特 的 双重 身份。
Zhè duì xīnrén què yǒuzhe dútè de shuāngchóng shēnfèn.

3. 2005 年， 教育 部 取消了 一直 施行 的 大学生 "禁婚令"。
Èr líng líng wǔ nián, Jiàoyù Bù qǔxiāole yīzhí shīxíng de dàxuéshēng "jìnhūnlìng".

4. 大学生 结婚 现象 日渐 增多， 还是 引发了 社会 各 界 的 不 同 反应。
Dàxuéshēng jiéhūn xiànxiàng rìjiàn zēngduō, háishi yǐnfāle shèhuì gè jiè de bù tóng fǎnyìng.

5. 高校 方面 多 表示 尊重 大学生 自己 的 意愿。
Gāoxiào fāngmiàn duō biǎoshì zūnzhòng dàxuéshēng zìjǐ de yìyuàn.

6. 年轻人 应 为 自己 的 人生 负责， 慎重 对待。
Niánqīngrén yīng wèi zìjǐ de rénshēng fùzé, shènzhòng duìdài.

7. 现在 的 大学生 已经 是 成年人 了， 没 必要 忌讳 恋爱、 结婚 这 类 话题。
Xiànzài de dàxuéshēng yǐjīng shì chéngniánrén le, méi bìyào jìhuì liàn'ài、jiéhūn zhè lèi huàtí.

8. 半数 以上 的 大学生 表示 自己 并 不 会 选择 在 读书 期间 结婚。
Bànshù yǐshàng de dàxuéshēng biǎoshì zìjǐ bìng bù huì xuǎnzé zài dúshū qījiān jiéhūn.

读会话

记者： 同学， 你 这 是 在 参加 谁 的 婚礼 啊？
Jìzhě: Tóngxué, nǐ zhè shì zài cānjiā shéi de hūnlǐ a?

大学生： 是 我 同学 的 婚礼， 你 看， 那 对儿 新人 都 是 我 的 大学 同学。
Dàxuéshēng: Shì wǒ tóngxué de hūnlǐ, nǐ kàn, nà duìr xīnrén dōu shì wǒ de dàxué tóngxué.

记者： Jìzhě:	他们 都 还 没有 毕业，是 吗？ Tāmen dōu hái méiyǒu bìyè, shì ma?
大学生： Dàxuéshēng:	对，但是 根据 教育 部 最 新 的 规定，在校 大学生 也 可以 结婚 了。 Duì, dànshì gēnjù Jiàoyù Bù zuì xīn de guīdìng, zàixiào dàxuéshēng yě kěyǐ jiéhūn le.
记者： Jìzhě:	这 说明 大家 的 婚恋观 也 随着 时代 发展 而 变化 了。 Zhè shuōmíng dàjiā de hūnliànguān yě suízhe shídài fāzhǎn ér biànhuà le.
大学生： Dàxuéshēng:	是 的，学校 也 表示 尊重 我们 自己 的 意愿，但 有些 家长 和 老师 还是 很 担忧 的。 Shì de, xuéxiào yě biǎoshì zūnzhòng wǒmen zìjǐ de yìyuàn, dàn yǒuxiē jiāzhǎng hé lǎoshī háishi hěn dānyōu de.
记者： Jìzhě:	他们 一定 是 担心 你们 的 学业 和 即将 面临 的 经济 压力。 Tāmen yídìng shì dānxīn nǐmen de xuéyè hé jíjiāng miànlín de jīngjì yālì.
大学生： Dàxuéshēng:	可能 吧，但 大家 都 是 成年人 了，可以 有 自己 的 选择。 Kěnéng ba, dàn dàjiā dōu shì chéngniánrén le, kěyǐ yǒu zìjǐ de xuǎnzé.

◉ 表达练习

1. 复述课文

词语提示：

宣布　领证　相爱　情投意合　婚姻　身份　颁布　禁婚令　婚恋观　变迁
各界　反映　尊重　担忧　面临　负责　慎重　不一　忌讳　权利　选择

2. 谈谈你对在校大学生结婚的看法

提示：

谈谈你对学生时代恋爱的看法，也可以谈谈你对于早婚、早育和晚婚、晚育所持的意见。

3. 看图说话

提示：

谈谈下图中的现象及你对这一现象的看法。

普通话与粤语对比

（一）日常用语——休闲

请读与粤语对应的普通话词语

普通话	粤语
台球	士碌架
游泳	游水
拳击	打卜陈
放风筝	放纸鹞
打麻将	打麻雀
相声	栋笃笑

普通话	粤语
扑克	啤牌
滑旱冰	踩雪屐
登山	行山
下棋	捉棋
打电子游戏	打机
看电影	睇戏

（二）语法——疑问句（1）

普通话和粤语表示疑问的方式基本相同，就特指疑问句而言，主要是由于疑问代词彼此各不相同而在表达时有所区别。

1. 请读与粤语对应的普通话词语

普通话	粤语
哪	边
谁	边个
哪里	边处

普通话	粤语
什么	乜嘢
怎么	点
怎么样	点样

哪里 —— 边度	为什么 —— 点解
多少 —— 几	为什么 —— 为乜
什么时候 ——几时	难道 —— 唔通

2. 请把下面的粤语句子翻译成普通话句子，然后写在横线上

（1）边间系你住嘅？ ________________

（2）你个仔有几大？ ________________

（3）而家觉得点啊？ ________________

（4）学到点样至算学会？ ________________

（5）你点解迟到呀？ ________________

（6）唔通你中意佢？ ________________

○副课文

完美与现实

小镇上新开了一家神奇的“完美婚介所”，厚厚的铁门
Xiǎo zhèn shang xīn kāile yī jiā shénqí de “Wánměi Hūnjièsuǒ”, hòuhòu de tiěmén

上挂着一块牌子，上面写着：“本婚姻介绍所能为您提
shang guàzhe yī kuài páizi, shàngmian xiězhe: “Běn hūnyīn jièshàosuǒ néng wèi nín tí-

供地球上最完美的爱情，如果不能让您满意，分文不取！
gōng dìqiú shang zuì wánměi de àiqíng, rúguǒ bù néng ràng nín mǎnyì, fēnwén bù qǔ!

但时间不能倒退，请您谨慎进入！”
Dàn shíjiān bù néng dàotuì, qǐng nín jǐnshèn jìnrù!”

大家看着这块牌子议论纷纷，不敢贸然进去，都在猜测里面的
Dàjiā kànzhe zhè kuài páizi yìlùn fēnfēn, bùgǎn màorán jìnqu, dōu zài cāicè lǐmian de

奥秘。小肖是小镇上胆子最大的小伙子，又没有结婚，他
àomì. Xiǎo Xiāo shì xiǎo zhèn shang dǎnzi zuì dà de xiǎohuǒzi, yòu méiyǒu jiéhūn, tā

满不在乎地推开了铁门。
mǎn bù zàihu de tuīkāile tiěmén.

他迎面看见两扇门，一扇门上写着“漂亮”，另一扇
Tā yíngmiàn kànjiàn liǎng shàn mén, yī shàn mén shang xiězhe “piàoliang”, lìng yī shàn

上写着“不太漂亮”。他推开了“漂亮”的门，又有两扇门，
shang xiězhe “bù tài piàoliang”. Tā tuīkāile “piàoliang” de mén, yòu yǒu liǎng shàn mén,

分别是“年轻”和“不太年轻”。他又自然地推开了“年轻”的门，
fēnbié shì “niánqīng” hé “bù tài niánqīng”. Tā yòu zìrán de tuīkāile “niánqīng” de mén,

又看见了"温柔贤淑"和"不太温柔贤淑"……就这样，小肖
yòu kànjiànle "wēnróu xiánshū" hé "bù tài wēnróu xiánshū"… Jiù zhèyàng, Xiǎo Xiāo
又推开了"健康的""能干的""聪明的"等一扇又一扇门。
yòu tuīkāile "jiànkāng de" "nénggàn de" "cōngmíng de" děng yī shàn yòu yī shàn mén.
当推开最后一扇门时，他发现自己已经走出了婚介所，墙
Dāng tuīkāi zuìhòu yī shàn mén shí, tā fāxiàn zìjǐ yǐjīng zǒuchūle hūnjièsuǒ, qiáng
上挂着一个牌子："对不起！您的要求过于完美了，本星球上
shang guàzhe yī ge páizi: "Duìbuqǐ! Nín de yāoqiú guòyú wánměi le, běn xīngqiú shang
没有如此完美的女人！"小肖沮丧地走到街上，忽然发现自己
méiyǒu rúcǐ wánměi de nǚrén!" Xiǎo Xiāo jǔsàng de zǒudào jiē shang, hūrán fāxiàn zìjǐ
已经白发苍苍，而且不能再回到原来了。
yǐjīng báifà cāngcāng, érqiě bù néng zài huídào yuánlái le.

十全十美的人和事都是不存在的，不尊重这一现实，
Shíquán-shíměi de rén hé shì dōu shì bù cúnzài de, bù zūnzhòng zhè yī xiànshí,
只会浪费生命。
zhǐ huì làngfèi shēngmìng.

◙ 读词语

1. 请跟读与第一声相连的词语

fēnfēn （纷纷）	hūnyīn （婚姻）	hūrán （忽然）
wēnróu （温柔）	xīngqiú （星球）	cāicè （猜测）
shēngmìng （生命）	zūnzhòng （尊重）	

2. 请跟读与第二声相连的词语

shénqí （神奇）	yuánlái （原来）	shíquán-shíměi （十全十美）
tígōng （提供）	xiánshū （贤淑）	báifà cāngcāng（白发苍苍）
cúnzài （存在）	nénggàn （能干）	yíngmiàn （迎面）

3. 请跟读第三声和与第三声相连的词语

suǒ （所）	gǎn （敢）	Xiǎo Xiāo （小肖）
nǚrén （女人）	tiěmén （铁门）	jǐnshèn （谨慎）
jǔsàng （沮丧）	lǐmian （里面）	mǎnyì （满意）
xiǎo zhèn （小镇）		

4. 请跟读第四声和与第四声相连的词语

guà （挂）	shàn （扇）	àomì （奥秘）
dàotuì （倒退）	hòuhòu （厚厚）	jièshàosuǒ （介绍所）
jìnrù （进入）	kànjiàn （看见）	làngfèi （浪费）
shàngmian （上面）	yìlùn （议论）	zuìhòu （最后）
dìqiú （地球）	guòyú （过于）	màorán （贸然）
xiànshí （现实）		

5. 请跟读与"一"相连的词语

yì jiā （一家）	yí kuài （一块）	yí shàn （一扇）

6. 请跟读与"不"相连的词语

fēnwén bù qǔ （分文不取）	mǎn bú zàihu （满不在乎）	

7. 请跟读轻声词

jiē shang （街上）	páizi （牌子）	dǎnzi （胆子）
xiǎohuǒzi （小伙子）	duìbuqǐ （对不起）	piàoliang （漂亮）

读句子

1. 厚厚 的 铁门 上 挂着 一 块 牌子。
Hòuhòu de tiěmén shang guàzhe yī kuài páizi.

2. 如果 不 能 让 您 满意， 分文 不 取！
Rúguǒ bù néng ràng nín mǎnyì，fēnwén bù qǔ！

3. 大家 看着 这 块 牌子 议论 纷纷，不敢 贸然 进去，都 在 猜测 里面 的 奥秘。
Dàjiā kànzhe zhè kuài páizi yìlùn fēnfēn，bùgǎn màorán jìnqu，dōu zài cāicè lǐmian de àomì.

4. 他 满 不 在乎 地 推开了 铁门。
Tā mǎn bù zàihu de tuīkāile tiěmén.

5. 小 肖 又 推开了 “健康 的” “能干 的” “聪明 的” 等 一 扇 又 一 扇 门。
Xiǎo Xiāo yòu tuīkāile “jiànkāng de” “nénggàn de” “cōngmíng de” děng yī shàn yòu yī shàn mén.

6. 对不起！ 您 的 要求 过于 完美 了。
Duìbuqǐ! Nín de yāoqiú guòyú wánměi le.

7. 小 肖 沮丧 地 走到 街 上， 忽然 发现 自己 已经 白发 苍苍。
Xiǎo Xiāo jǔsàng de zǒudào jiē shang, hūrán fāxiàn zìjǐ yǐjīng báifà cāngcāng.

8. 不 尊重 这 一 现实， 只 会 浪费 生命。
Bù zūnzhòng zhè yī xiànshí, zhǐ huì làngfèi shēngmìng.

读会话

朋友： Péngyou:	小 肖，你 终于 出来 了！ Xiǎo Xiāo, nǐ zhōngyú chūlai le!
小 肖： Xiǎo Xiāo:	我 在 里面 待了 很 长 时间 吗？ 为 什么 你们 都 老 了？ Wǒ zài lǐmian dāile hěn cháng shíjiān ma? Wèi shénme nǐmen dōu lǎo le?
朋友： Péngyou:	我们 已经 30 多 年 没 看见 你了，你 不 是 也 白发 苍苍 了 吗？ Wǒmen yǐjīng sānshí duō nián méi kànjiàn nǐ le, nǐ bù shì yě báifà cāngcāng le ma?
小 肖： Xiǎo Xiāo:	啊！ 我 一直 在 里面 寻找 完美 的 爱情， 根本 不 知道 时间 过 得 这么 快。 À! Wǒ yīzhí zài lǐmian xúnzhǎo wánměi de àiqíng, gēnběn bù zhīdào shíjiān guò de zhème kuài.
朋友： Péngyou:	那 你 找到 你 完美 的 另一半儿 了 吗？ Nà nǐ zhǎodào nǐ wánměi de lìngyībànr le ma?
小 肖： Xiǎo Xiāo:	没有， 他们 最后 告诉 我， 说 我 的 要求 过于 完美 了。 Méiyǒu, tāmen zuìhòu gàosu wǒ, shuō wǒ de yāoqiú guòyú wánměi le.
朋友： Péngyou:	看来 十全十美 的 爱情 是 不 存在 的。 Kànlái shíquán-shíměi de àiqíng shì bù cúnzài de.
小 肖： Xiǎo Xiāo:	对 啊，我 浪费了 30 年 才 明白了 这个 道理。 Duì a, wǒ làngfèile sānshí nián cái míngbaile zhège dàolǐ.

表达练习

1. 复述课文

词语提示：

小镇	神奇	婚介所	提供	完美	分文不取	倒退	议论纷纷	贸然
猜测	胆子	满不在乎	推开	过于	沮丧	十全十美	浪费	

2. 谈谈你对完美爱情的看法

提示：

可以以故事为例证明你的观点，也可以谈谈你自己对于完美爱情的追求。

第十七课

○主课文

体彩添了什么彩

对大多数人来说，体彩离得很近，因为身边的销售网点
Duì dàduōshù rén lái shuō，tǐcǎi lí de hěn jìn，yīnwèi shēnbiān de xiāoshòu wǎngdiǎn
无处不在，也经常会听到体彩的故事；体彩又离得很远，因
wú chù bù zài，yě jīngcháng huì tīngdào tǐcǎi de gùshi；tǐcǎi yòu lí de hěn yuǎn，yīn-
为中奖的确实只是少数人，很多人并不知道它和我们
wèi zhòngjiǎng de quèshí zhǐ shì shǎoshù rén，hěn duō rén bìng bù zhīdào tā hé wǒmen
的生活有多大的关联。如今，体彩早已迈入了千亿时代，人们
de shēnghuó yǒu duō dà de guānlián. Rújīn，tǐcǎi zǎoyǐ màirùle qiānyì shídài，rénmen
不禁要问：这动辄以亿元计的体彩到底添了什么“彩”？
bùjīn yào wèn：Zhè dòngzhé yǐ yì yuán jì de tǐcǎi dàodǐ tiānle shénme “cǎi”？

说起添彩，造就百万富翁无疑是体彩最让普通百姓艳羡
Shuōqǐ tiāncǎi，zàojiù bǎiwàn fùwēng wúyí shì tǐcǎi zuì ràng pǔtōng bǎixìng yànxiàn
的地方。据统计，体彩诞生至今，平均每天造就两个以上
de dìfang. Jù tǒngjì，tǐcǎi dànshēng zhìjīn，píngjūn měi tiān zàojiù liǎng ge yǐshàng
百万富翁，千万富翁和亿万富翁也不乏其人。一注体彩，意味着
bǎiwàn fùwēng，qiānwàn fùwēng hé yìwàn fùwēng yě bùfá qí rén. Yī zhù tǐcǎi，yìwèizhe
一份机会和梦想。
yī fèn jīhuì hé mèngxiǎng.

自1994年体彩正式发行开始，就被定义为一项取之于民、
Zì yī jiǔ jiǔ sì nián tǐcǎi zhèngshì fāxíng kāishǐ，jiù bèi dìngyì wéi yī xiàng qǔ zhī yú mín、
用之于民的社会公益事业。因此，体育彩票的公益金被广泛
yòng zhī yú mín de shèhuì gōngyì shìyè. Yīncǐ，tǐyù cǎipiào de gōngyìjīn bèi guǎngfàn
用于落实“全民健身计划”和“奥运争光计划”，以及体育
yòng yú luòshí “Quánmín Jiànshēn Jìhuà” hé “Àoyùn Zhēngguāng Jìhuà”，yǐjí tǐyù
场馆的维修、设备更新和体育扶贫工作。
chǎngguǎn de wéixiū、shèbèi gēngxīn hé tǐyù fúpín gōngzuò.

在社会最关注的就业问题上，体彩也功不可没。遍布
Zài shèhuì zuì guānzhù de jiùyè wèntí shang，tǐcǎi yě gōngbùkěmò. Biànbù
全国的体彩销售站点已解决了超过30万人的就业问题，
quán guó de tǐcǎi xiāoshòu zhàndiǎn yǐ jiějuéle chāoguò sānshí wàn rén de jiùyè wèntí，

而因体彩发展带动的其他相关行业也提供了超过60万个
ér yīn tǐcǎi fāzhǎn dàidòng de qítā xiāngguān hángyè yě tígōngle chāoguò liùshí wàn ge

就业岗位。
jiùyè gǎngwèi.

体彩在加油、添彩的同时，也存在透明度不高等问题，值得
Tǐcǎi zài jiāyóu、tiāncǎi de tóngshí，yě cúnzài tòumíngdù bùgāo děng wèntí，zhídé

警惕。
jǐngtì.

读重点词语

1. 添彩（tiāncǎi）	2. 销售（xiāoshòu）	3. 网点（wǎngdiǎn）
4. 无处不在（wú chù bù zài）	5. 中奖（zhòngjiǎng）	6. 确实（quèshí）
7. 关联（guānlián）	8. 如今（rújīn）	9. 迈入（màirù）
10. 亿（yì）	11. 时代（shídài）	12. 不禁（bùjīn）
13. 动辄（dòngzhé）	14. 造就（zàojiù）	15. 富翁（fùwēng）
16. 无疑（wúyí）	17. 百姓（bǎixìng）	18. 艳羡（yànxiàn）
19. 诞生（dànshēng）	20. 不乏其人（bùfá qí rén）	21. 注（zhù）
22. 意味（yìwèi）	23. 机会（jīhuì）	24. 梦想（mèngxiǎng）
25. 正式（zhèngshì）	26. 发行（fāxíng）	27. 定义（dìngyì）
28. 取之于民（qǔ zhī yú mín）	29. 用之于民（yòng zhī yú mín）	30. 公益（gōngyì）
31. 事业（shìyè）	32. 体育（tǐyù）	33. 彩票（cǎipiào）
34. 广泛（guǎngfàn）	35. 落实（luòshí）	36. 全民（quánmín）
37. 健身（jiànshēn）	38. 争光（zhēngguāng）	39. 场馆（chǎngguǎn）
40. 维修（wéixiū）	41. 更新（gēngxīn）	42. 扶贫（fúpín）
43. 关注（guānzhù）	44. 就业（jiùyè）	45. 功不可没（gōngbùkěmò）
46. 遍布（biànbù）	47. 站点（zhàndiǎn）	48. 带动（dàidòng）
49. 相关（xiāngguān）	50. 行业（hángyè）	51. 岗位（gǎngwèi）
52. 加油（jiāyóu）	53. 存在（cúnzài）	54. 透明度（tòumíngdù）
55. 值得（zhídé）	56. 警惕（jǐngtì）	

读句子

1. 体彩离得很近，因为身边的销售网点无处不在。
Tǐcǎi lí de hěn jìn, yīnwèi shēnbiān de xiāoshòu wǎngdiǎn wú chù bù zài.

2. 这动辄以亿元计的体彩到底添了什么“彩”？
Zhè dòngzhé yǐ yì yuán jì de tǐcǎi dàodǐ tiānle shénme “cǎi”?

3. 造就百万富翁无疑是体彩最让普通百姓艳羡的地方。
Zàojiù bǎiwàn fùwēng wúyí shì tǐcǎi zuì ràng pǔtōng bǎixìng yànxiàn de dìfang.

4. 千万富翁和亿万富翁也不乏其人。
Qiānwàn fùwēng hé yìwàn fùwēng yě bùfá qí rén.

5. 一注体彩，意味着一份机会和梦想。
Yī zhù tǐcǎi, yìwèizhe yī fèn jīhuì hé mèngxiǎng.

6. 体彩被定义为一项取之于民、用之于民的社会公益事业。
Tǐcǎi bèi dìngyì wéi yī xiàng qǔ zhī yú mín、yòng zhī yú mín de shèhuì gōngyì shìyè.

7. 体育彩票的公益金被广泛用于落实“全民健身计划”和“奥运争光计划”。
Tǐyù cǎipiào de gōngyìjīn bèi guǎngfàn yòng yú luòshí “Quánmín Jiànshēn Jìhuà” hé “Àoyùn Zhēngguāng Jìhuà”.

8. 遍布全国的体彩销售站点已解决了超过30万人的就业问题。
Biànbù quán guó de tǐcǎi xiāoshòu zhàndiǎn yǐ jiějuéle chāoguò sānshí wàn rén de jiùyè wèntí.

读会话

记者： Jìzhě:	您好！您常常来这里买彩票吗？ Nín hǎo! Nín chángcháng lái zhèli mǎi cǎipiào ma?
彩民： Cǎimín:	对，这家彩票投注站离我家最近，我没事儿就来买两注。 Duì, zhè jiā cǎipiào tóuzhùzhàn lí wǒ jiā zuì jìn, wǒ méishìr jiù lái mǎi liǎng zhù.
记者： Jìzhě:	那您中过奖吗？ Nà nín zhòngguo jiǎng ma?

彩民： Cǎimín：	大奖我还没中过呢，就中过几次百元以下的奖。 Dàjiǎng wǒ hái méi zhòngguo ne，jiù zhòngguo jǐ cì bǎi yuán yǐxià de jiǎng.
记者： Jìzhě：	看见电视上有人因为买体彩成了百万富翁，您一定很羡慕吧？ Kànjiàn diànshì shang yǒu rén yīnwèi mǎi tǐcǎi chéngle bǎiwàn fùwēng，nín yīdìng hěn xiànmù ba？
彩民： Cǎimín：	是啊，谁都有那样的梦想，但实现的只能是少数人。 Shì a，shéi dōu yǒu nàyàng de mèngxiǎng，dàn shíxiàn de zhǐ néng shì shǎoshù rén.
记者： Jìzhě：	那您以后还坚持买体彩吗？ Nà nín yǐhòu hái jiānchí mǎi tǐcǎi ma？
彩民： Cǎimín：	当然，据说我们的彩金还会用来资助贫困地区孩子练体育，我觉得值了！ Dāngrán，jùshuō wǒmen de cǎijīn hái huì yònglái zīzhù pínkùn dìqū háizi liàn tǐyù，wǒ juéde zhí le！

表达练习

1. 复述课文

词语提示：

体彩	网点	中奖	少数	生活	千亿	到底	添彩	富翁	艳羡
不乏其人	意味	梦想	用之于民	公益	健身	维修	扶贫	就业	

2. 谈谈你对博彩业的认识

提示：

谈谈博彩业的利弊，或者介绍一下你或你的朋友买彩票的经历。

3. 看图说话

提示：

请描述图中的场景，并谈谈你对这一现象的认识。

普通话与粤语对比

（一）日常用语——生物

请读与粤语对应的普通话词语

普通话 —— 粤语	普通话 —— 粤语
猴子 —— 马骝	蝙蝠 —— 蝠鼠
小鸟 —— 雀仔	蜘蛛 —— 蟾蟧
蜻蜓 —— 塘尾	苍蝇 —— 乌蝇
水稻 —— 稻草	玉米 —— 粟米
水果 —— 生果	大豆 —— 白豆
土豆 —— 薯仔	花蕾 —— 花稀

（二）语法——疑问句（2）

在选择问句中，粤语中的“× 唔 ×”可对译为普通话的“× 不 ×”或“× 没 ×”，但注意不能照搬。如用肯定加否定方式进行提问时，如有双音节动词或形容词，粤语常省略第一个双音节动词的后一个音节，如：“下午开唔开会？”在普通话中也可如此，但当用可能补语的肯定加否定方式进行提问时，普通话就不常省略了，如粤语说“你听唔听得懂？”，普通话要说“你听得懂听不懂？”。

另外，在粤语中还可以把宾语放在肯定和否定结构中间，普通话也不这样用，如粤语说“佢知我来唔知？”，普通话要说“他知道不知道我来？”。

还有如“肚唔肚饿？”之类的，在普通话中应为“肚子饿不饿？”或“肚子饿吗？”，绝对不能直接对译过来。

请把下面的粤语句子翻译成普通话句子，然后写在横线上

（1）你习唔习惯？ ______________________________

（2）呢个问题我哋重讨唔讨论呀？ ______________________________

（3）你睇唔睇得见？ ______________________________

（4）你爬唔爬得上去？ ______________________________

（5）你去学校唔去？ ______________________________

（6）你去佢处唔去？ ______________________________

○副课文

尊严无价

　　新年前夜，金店快打烊的时候，匆忙走进来一个中年
　　Xīnnián qiányè，jīndiàn kuài dǎyàng de shíhou，cōngmáng zǒu jinlai yī ge zhōngnián
男人，他身上的西装皱皱巴巴的，衬衫的领子泛着
nánrén，tā shēn shang de xīzhuāng zhòuzhoubābā de，chènshān de lǐngzi fànzhe
油光。他一走进来就盯着几条贵重的项链儿和手链儿。
yóuguāng. Tā yī zǒu jinlai jiù dīngzhe jǐ tiáo guìzhòng de xiàngliànr hé shǒuliànr.
“小姐，请把这几条项链儿拿给我看看。”他没有抬头。售货员
“Xiǎojiě，qǐng bǎ zhè jǐ tiáo xiàngliànr ná gěi wǒ kànkan.” Tā méiyǒu táitóu. Shòuhuòyuán
迟疑了一下儿，还是按照他的请求做了。
chíyíle yīxiàr，háishi ànzhào tā de qǐngqiú zuò le.

　　男人看了看几条项链儿，指着一条问：“这条多少钱？”
　　Nánrén kànle kàn jǐ tiáo xiàngliànr，zhǐzhe yī tiáo wèn：“Zhè tiáo duōshao qián？”
还是没有抬头。“10万，先生。”售货员回答。“太贵了，算了
Háishi méiyǒu táitóu. “Shíwàn，xiānsheng.” Shòuhuòyuán huídá. “Tài guì le，suànle
吧。”男人把手中的项链儿还给了售货员，转身就往
ba.” Nánrén bǎ shǒu zhōng de xiàngliànr huán gěile shòuhuòyuán，zhuǎnshēn jiù wǎng
外走。售货员小心翼翼地接过项链儿，发现其中一条的项
wài zǒu. Shòuhuòyuán xiǎoxīn-yìyì de jiēguo xiàngliànr，fāxiàn qízhōng yī tiáo de xiàng-
坠儿已经不见了。她紧走几步，在店门口追上了男人。售货
zhuìr yǐjīng bùjiàn le. Tā jǐn zǒu jǐ bù，zài diàn ménkǒu zhuīshàngle nánrén. Shòuhuò-
员微笑着伸出右手说：“先生，祝您新年快乐！”男人
yuán wēixiàozhe shēnchū yòushǒu shuō：“Xiānsheng，zhù nín xīnnián kuàilè！” Nánrén
第一次抬起头，僵硬地把右手从口袋里拿出来，握住了售货
dì-yī cì táiqǐ tóu，jiāngyìng de bǎ yòushǒu cóng kǒudai li ná chulai，wòzhùle shòuhuò-

员的手说："谢谢！"接着就消失在门外。此时，售货员手
yuán de shǒu shuō："Xièxie！" Jiēzhe jiù xiāoshī zài mén wài. Cǐshí，shòuhuòyuán shǒu

中多了一个金色的项坠儿。
zhōng duōle yī ge jīnsè de xiàngzhuìr.

10年后，又是这家金店，一位西装笔挺、两鬓斑白的
Shí nián hòu，yòu shì zhè jiā jīndiàn，yī wèi xīzhuāng bǐtǐng、liǎng bìn bānbái de

老人握住了女老板的手："谢谢您，是您给了我无价的尊严，给了我
lǎorén wòzhùle nǚlǎobǎn de shǒu："Xièxie nín，shì nín gěile wǒ wújià de zūnyán，gěile wǒ

生存的智慧！"十年前的男人和售货员又一次相遇了。
shēngcún de zhìhuì！" Shí nián qián de nánrén hé shòuhuòyuán yòu yī cì xiāngyù le.

读词语

1. 请跟读与第一声相连的词语

shēnchū（伸出）	xīzhuāng（西装）	xiāoshī（消失）
cōngmáng（匆忙）	shēngcún（生存）	zūnyán（尊严）
jiāngyìng（僵硬）	jīndiàn（金店）	jīnsè（金色）
wēixiào（微笑）	xiāngyù（相遇）	

2. 请跟读与第二声相连的词语

chíyí（迟疑）	huídá（回答）	nánrén（男人）
shí nián（十年）	táitóu（抬头）	yóuguāng（油光）
qiányè（前夜）	wújià（无价）	

3. 请跟读与第三声相连的词语

bǐtǐng（笔挺）	jǐn zǒu（紧走）	nǚlǎobǎn（女老板）
xiǎojiě（小姐）	shǒu zhōng（手中）	xiǎoxīn-yìyì（小心翼翼）
yǐjīng（已经）	zhuǎnshēn（转身）	cǐshí（此时）
lǎorén（老人）	qǐngqiú（请求）	dǎyàng（打烊）
liǎng bìn bānbái（两鬓斑白）		

4. 请跟读与第四声相连的词语

guìzhòng（贵重）	shòuhuòyuán（售货员）	wòzhù（握住）
zhìhuì（智慧）	zhòuzhoubābā（皱皱巴巴）	

5. 请跟读与"一"相连的词语

dì-yī cì （第一次）	yòu yí cì （又一次）	yí ge （一个）
yì tiáo （一条）	yí wèi （一位）	

6. 请跟读轻声词

dīngzhe （盯着）	fànzhe （泛着）	jiēguo （接过）
jiēzhe （接着）	kànkan （看看）	lǐngzi （领子）
shēn shang （身上）	shíhou （时候）	suànle （算了）
kǒudai （口袋）	tài guì le （太贵了）	xiānsheng （先生）
zhǐzhe （指着）		

7. 请跟读儿化词

shǒuliànr （手链儿）	xiàngliànr （项链儿）	xiàngzhuìr （项坠儿）

读句子

1. 他身上的西装皱皱巴巴的，衬衫的领子泛着油光。
Tā shēn shang de xīzhuāng zhòuzhoubābā de，chènshān de lǐzi fànzhe yóuguāng.

2. 小姐，请把这几条项链儿拿给我看看。
Xiǎojiě，qǐng bǎ zhè jǐ tiáo xiàngliànr nágěi wǒ kànkan.

3. 售货员小心翼翼地接过项链儿，发现其中一条的项坠儿已经不见了。
Shòuhuòyuán xiǎoxīn-yìyì de jiēguo xiàngliànr，fāxiàn qízhōng yī tiáo de xiàngzhuìr yǐjīng bùjiàn le.

4. 售货员微笑着伸出右手说："先生，祝您新年快乐！"
Shòuhuòyuán wēixiàozhe shēnchū yòushǒu shuō："Xiānsheng，zhù nín xīnnián kuàilè！"

5. 男人僵硬地把右手从口袋里拿出来，握住了售货员的手。
Nánrén jiāngyìng de bǎ yòushǒu cóng kǒudai li ná chulai，wòzhùle shòuhuòyuán de shǒu.

6. 此时，售货员手中多了一个金色的项坠儿。
Cǐshí，shòuhuòyuán shǒu zhōng duōle yī ge jīnsè de xiàngzhuìr.

7. 一位西装笔挺、两鬓斑白的老人握住了女老板的手。
Yī wèi xīzhuāng bǐtǐng、liǎng bìn bānbái de lǎorén wòzhùle nǚlǎobǎn de shǒu.

8. 是 您 给了 我 无价 的 尊严， 给了 我 生存 的 智慧！
Shì nín gěile wǒ wújià de zūnyán，gěile wǒ shēngcún de zhìhuì！

读会话

男人： Nánrén：	老板， 您 还记得 我 吗？ Lǎobǎn，nín hái jìde wǒ ma？
女老板： Nǚlǎobǎn：	实在 不 好意思， 您 是……？ Shízài bù hǎoyìsi，nín shì…？
男人： Nánrén：	没 关系， 很 正常， 我 10 年 前 曾经 在 这 家 店 里 Méi guānxi，hěn zhèngcháng，wǒ shí nián qián céngjīng zài zhè jiā diàn li 看过 项链儿。 kànguo xiàngliànr.
女老板： Nǚlǎobǎn：	哦， 老先生， 您 看 我 这 人 记忆力 一直 不 太 好…… Ò，lǎoxiānsheng，nín kàn wǒ zhè rén jìyìlì yīzhí bù tài hǎo…
男人： Nánrén：	那时 您 还 是 售货员， 您 还 握着 我 的 手 祝 我 新年 快乐。 Nàshí nín hái shì shòuhuòyuán，nín hái wòzhe wǒ de shǒu zhù wǒ xīnnián kuàilè.
女老板： Nǚlǎobǎn：	我 想 起来 了！ 但 当时 您 的 衣着、 您 的 年纪……都 这么 Wǒ xiǎng qilai le！ Dàn dāngshí nín de yīzhuó、nín de niánjì… dōu zhème 多 年 了。 duō nián le.
男人： Nánrén：	我 来 是 要 感谢 您， 是 您 给了 我 做人 的 尊严！ Wǒ lái shì yào gǎnxiè nín，shì nín gěile wǒ zuòrén de zūnyán！
女老板： Nǚlǎobǎn：	不， 尊严 一直 都 在， 我 那时 只是 帮 您 找了 找。 Bù，zūnyán yīzhí dōu zài，wǒ nàshí zhǐshì bāng nín zhǎole zhǎo.

表达练习

1. 复述课文

词语提示：

前夜	金店	打烊	匆忙	皱皱巴巴	盯着	贵重	迟疑	项坠
微笑	僵硬	握住	笔挺	两鬓斑白	握住	尊严	智慧	相遇

2. 谈谈你对尊严的看法

提示：

可以谈谈自己面临的金钱与尊严或爱情与尊严的选择，也可以说说面对乞讨者或流浪者时应做些什么。

第十八课

○主课文

错峰健身的北京老人

近来，在北京各公交车站的候车人群中，多是行色
Jìnlái，zài Běijīng gè gōngjiāo chēzhàn de hòuchē rénqún zhōng，duō shì xíngsè
匆匆的上班族，赶车的老年人寥寥无几，而以往身背宝
cōngcōng de shàngbānzú，gǎn chē de lǎoniánrén liáoliáo-wújǐ，ér yǐwǎng shēn bēi bǎo-
剑、手提花扇、穿着运动服的晨练老人更是一个也不见。
jiàn、shǒu tí huāshàn、chuānzhe yùndòngfú de chénliàn lǎorén gèng shì yī gè yě bújiàn.

老人都去哪儿了？原来，这就是之前在微博等网络媒体
Lǎorén dōu qù nǎr le？ Yuánlái，zhè jiù shì zhīqián zài wēibó děng wǎngluò méitǐ
上被广泛热议的、由北京老人发起的“错峰健身”公约
shang bèi guǎngfàn rèyì de、yóu Běijīng lǎorén fāqǐ de “Cuòfēng Jiànshēn” gōngyuē
施行后的结果。
shīxíng hòu de jiéguǒ.

当时，100多位北京老人在安定门街道的“百姓群言
Dāngshí，yībǎi duō wèi Běijīng lǎorén zài Āndìngmén jiēdào de “Bǎixìng Qúnyán-
堂”大会上，向全市老年人发出倡议：晨练，咱不和年
táng” dàhuì shang，xiàng quán shì lǎoniánrén fāchū chàngyì：Chénliàn，zán bù hé nián-
轻人抢公交，让出早晚高峰，和上班族错峰出行。
qīngrén qiǎng gōngjiāo，ràngchū zǎo-wǎn gāofēng，hé shàngbānzú cuòfēng chūxíng.

此举一出，全市老年人纷纷响应：九点后出门晨练，
Cǐ jǔ yī chū，quán shì lǎoniánrén fēnfēn xiǎngyìng：Jiǔ diǎn hòu chūmén chénliàn，
出远门时晚出门、早回家，避开高峰期。乘坐公共交通
chū yuǎnmén shí wǎn chūmén、zǎo huíjiā，bìkāi gāofēngqī. Chéngzuò gōnggòng jiāotōng
出行的都市上班族无不赞许，纷纷表示：老人们的行为是
chūxíng de dūshì shàngbānzú wúbù zànxǔ，fēnfēn biǎoshì：Lǎorénmen de xíngwéi shì
对晚辈的真心爱护，让人感动，更让人尊敬。有专家
duì wǎnbèi de zhēnxīn àihù，ràng rén gǎndòng，gèng ràng rén zūnjìng. Yǒu zhuānjiā
认为，老人“错峰晨练”是维护城市出行秩序的智慧选择，
rènwéi，lǎorén “cuòfēng chénliàn” shì wéihù chéngshì chūxíng zhìxù de zhìhuì xuǎnzé，
体现了城市文明，也有利于老人减少意外风险。也有学者
tǐxiànle chéngshì wénmíng，yě yǒulì yú lǎorén jiǎnshǎo yìwài fēngxiǎn. Yě yǒu xuézhě

指出，老人之所以选择坐公交晨练，主要原因是家附近没有合适
zhǐchū, lǎorén zhīsuǒyǐ xuǎnzé zuò gōngjiāo chénliàn, zhǔyào yuányīn shì jiā fùjìn méiyǒu héshì
的健身场地和器材，不能因"错峰"而忽略了老人健身的权利，
de jiànshēn chǎngdì hé qìcái, bù néng yīn "cuòfēng" ér hūlüèle lǎorén jiànshēn de quánlì,
对老年人健身应给予更多的关注和投入。
duì lǎoniánrén jiànshēn yīng jǐyǔ gèng duō de guānzhù hé tóurù.

读重点词语

1. 错峰（cuòfēng）	2. 近来（jìnlái）	3. 公交车（gōngjiāochē）
4. 候车（hòuchē）	5. 人群（rénqún）	6. 行色匆匆（xíngsè cōngcōng）
7. 上班族（shàngbānzú）	8. 赶车（gǎn chē）	9. 寥寥无几（liáoliáo-wújǐ）
10. 以往（yǐwǎng）	11. 宝剑（bǎojiàn）	12. 花扇（huāshàn）
13. 运动服（yùndòngfú）	14. 晨练（chénliàn）	15. 微博（wēibó）
16. 网络（wǎngluò）	17. 媒体（méitǐ）	18. 热议（rèyì）
19. 发起（fāqǐ）	20. 公约（gōngyuē）	21. 街道（jiēdào）
22. 群言堂（qúnyántáng）	23. 大会（dàhuì）	24. 倡议（chàngyì）
25. 抢（qiǎng）	26. 高峰（gāofēng）	27. 出行（chūxíng）
28. 举（jǔ）	29. 响应（xiǎngyìng）	30. 远门（yuǎnmén）
31. 避开（bìkāi）	32. 交通（jiāotōng）	33. 都市（dūshì）
34. 赞许（zànxǔ）	35. 晚辈（wǎnbèi）	36. 真心（zhēnxīn）
37. 爱护（àihù）	38. 尊敬（zūnjìng）	39. 专家（zhuānjiā）
40. 维护（wéihù）	41. 秩序（zhìxù）	42. 体现（tǐxiàn）
43. 文明（wénmíng）	44. 意外（yìwài）	45. 风险（fēngxiǎn）
46. 学者（xuézhě）	47. 原因（yuányīn）	48. 场地（chǎngdì）
49. 器材（qìcái）	50. 忽略（hūlüè）	51. 给予（jǐyǔ）
52. 关注（guānzhù）	53. 投入（tóurù）	

读句子

1. 多是行色匆匆的上班族，赶车的老年人寥寥无几。
Duō shì xíngsè cōngcōng de shàngbānzú, gǎn chē de lǎoniánrén liáoliáo-wújǐ.

2. 身背宝剑、手提花扇、穿着运动服的晨练老人更是一个也不见。
Shēn bēi bǎojiàn、shǒu tí huāshàn、chuānzhe yùndòngfú de chénliàn lǎorén gèng shì yī gè yě bùjiàn.

3. 这就是之前被广泛热议的“错峰健身”公约施行后的结果。
Zhè jiù shì zhīqián bèi guǎngfàn rèyì de “Cuòfēng Jiànshēn” gōngyuē shīxíng hòu de jiéguǒ.

4. 晨练，咱不和年轻人抢公交。
Chénliàn, zán bù hé niánqīngrén qiǎng gōngjiāo.

5. 乘坐公共交通出行的都市上班族无不赞许。
Chéngzuò gōnggòng jiāotōng chūxíng de dūshì shàngbānzú wúbù zànxǔ.

6. 老人们的行为是对晚辈的真心爱护，让人感动，更让人尊敬。
Lǎorénmen de xíngwéi shì duì wǎnbèi de zhēnxīn àihù, ràng rén gǎndòng, gèng ràng rén zūnjìng.

7. “错峰晨练”体现了城市文明，也有利于老人减少意外风险。
“Cuòfēng chénliàn” tǐxiànle chéngshì wénmíng, yě yǒulì yú lǎorén jiǎnshǎo yìwài fēngxiǎn.

8. 不能因“错峰”而忽略了老人健身的权利。
Bù néng yīn “cuòfēng” ér hūlüèle lǎorén jiànshēn de quánlì.

读会话

儿子： Érzi：	老爸，这几天怎么不见您出去晨练了？ Lǎobà, zhè jǐ tiān zěnme bùjiàn nín chūqu chénliàn le？
老人： Lǎorén：	哦，我这是发扬风格，响应号召啊！ Ò, wǒ zhè shì fāyáng fēnggé, xiǎngyìng hàozhào a！
儿子： Érzi：	您响应的是哪个部门的号召啊？ Nín xiǎngyìng de shì nǎge bùmén de hàozhào a？
老人： Lǎorén：	就是咱们街道，倡议老年人让出早高峰，不和你们年轻人抢公交。 Jiù shì zánmen jiēdào, chàngyì lǎoniánrén ràngchū zǎogāofēng, bù hé nǐmen niánqīngrén qiǎng gōngjiāo.

儿子： Érzi：	那对我们上班族可是件大好事！爸，您太让我感动啦！ Nà duì wǒmen shàngbānzú kě shì jiàn dà hǎoshì! Bà, nín tài ràng wǒ gǎndòng la!
老人： Lǎorén：	别肉麻啦，我们这也是为了自己的出行安全。 Bié ròumá la, wǒmen zhè yě shì wèile zìjǐ de chūxíng ānquán.
儿子： Érzi：	对了，那您健身多少会受点儿影响吧？ Duìle, nà nín jiànshēn duōshao huì shòu diǎnr yǐngxiǎng ba?
老人： Lǎorén：	是啊，希望咱们这儿附近能建点儿健身场馆什么的。 Shì a, xīwàng zánmen zhèr fùjìn néng jiàn diǎnr jiànshēn chǎngguǎn shénmede.

表达练习

1. 复述课文

词语提示：

候车　上班族　寥寥无几　宝剑　花扇　晨练　媒体　热议　错峰　施行
街道　倡议　出行　纷纷响应　避开　赞许　感动　智慧　忽略　关注

2. 谈谈你对错峰健身的看法

提示：

可以谈谈你所知道的解决交通高峰拥挤的好办法，也可以谈谈利于老人健身的举措。

3. 看图说话

提示：

描述下图，并谈谈你的想法和认识。

普通话与粤语对比

（一）日常用语——人体

请读与粤语对应的普通话词语

普通话	粤语
脑袋	头壳
眼球	眼核
耳朵	耳仔
睫毛	眼翕毛
酒窝儿	酒凹
大腿	大髀
手掌	手板

普通话	粤语
脖子	颈
鼻子	鼻哥
嘴唇	口唇
舌头	脷
肩膀	膊头
膝盖	膝头
脚掌	脚板底

（二）语法——否定句

普通话表示否定，最常用的就是在动词或形容词之前加“不”，粤语中的“唔”与之相当；普通话在表示动作未发生或尚未完成时，常用“(还)没有”或“(还)没”，粤语用“未”；普通话若表示未曾发生时，常用“没有”或“没”，粤语中的“冇”可与之对应。

1. 请读与粤语对应的普通话语句

普通话	粤语
我不知道。	我唔知。
我还没去过北京。	我未去过北京。
我没听见。	我冇听见。

2. 请把下面的粤语句子翻译成普通话句子，然后写在横线上

（1）你唔使忧。________________

（2）会重未开完。________________

（3）我冇话过。________________

（4）未曾有人入去。________________

（5）我冇写信畀佢。________________

○副课文

最后的陪伴

医院的病房里住进了一位病危的老人，他不时陷入昏迷，
Yīyuàn de bìngfáng li zhùjìnle yī wèi bìngwēi de lǎorén, tā bùshí xiànrù hūnmí,

但嘴里不停地叫着一个名字。"唉，真可怜，身边一个亲人也
dàn zuǐ li bùtíng de jiàozhe yī ge míngzi. "Ài, zhēn kělián, shēnbiān yī gè qīnrén yě

没有。"几名护士一边在老人身边忙碌着，一边偷偷地说。
méiyǒu." Jǐ míng hùshi yībiān zài lǎorén shēnbiān mánglùzhe, yībiān tōutōu de shuō.

"据说他只有一个儿子，在大城市做保安，还在路上呢。"周
"Jùshuō tā zhǐ yǒu yī ge érzi, zài dà chéngshì zuò bǎo'ān, hái zài lùshang ne." Zhōu-

围几个病房的病友在一旁说。
wéi jǐ ge bìngfáng de bìngyǒu zài yīpáng shuō.

傍晚，一个穿着保安制服的年轻人来到了病床前，
Bàngwǎn, yī ge chuānzhe bǎo'ān zhìfú de niánqīngrén láidàole bìngchuáng qián,

面色疲惫而又急切。老人似乎也感到了亲人的到来，竟然慢慢地
miànsè píbèi ér yòu jíqiè. Lǎorén sìhū yě gǎndàole qīnrén de dàolái, jìngrán mànmàn de

睁开了眼睛，还颤颤巍巍地向年轻人伸出了一只手。
zhēngkāile yǎnjing, hái chànchanwēiwēi de xiàng niánqīngrén shēnchūle yī zhī shǒu.

在昏暗的灯光下年轻人马上握住了老人瘦弱的手，护士
Zài hūn'àn de dēngguāng xià niánqīngrén mǎshàng wòzhùle lǎorén shòuruò de shǒu, hùshi

搬来椅子让他坐在床前，儿子就这样整夜陪伴着老人，无声
bānlái yǐzi ràng tā zuò zài chuáng qián, érzi jiù zhèyàng zhěng yè péibànzhe lǎorén, wúshēng

地安慰和鼓励着他。
de ānwèi hé gǔlìzhe tā.

黎明的时候，老人去世了。护士来处理老人的后事时，年轻人
Límíng de shíhou, lǎorén qùshì le. Hùshi lái chǔlǐ lǎorén de hòushì shí, niánqīngrén

突然问："老人的儿子还来吗？"护士吃了一惊："您不是他的儿子吗？"
tūrán wèn: "Lǎorén de érzi hái lái ma?" Hùshi chīle yī jīng: "Nín bù shì tā de érzi ma?"

"不，我不认识他。"年轻人回答，"我也是一个保安，我在隔壁病房
"Bù, wǒ bù rènshi tā." Niánqīngrén huídá, "Wǒ yě shì yī ge bǎo'ān, wǒ zài gébì bìngfáng

护理我的妻子，听说了老人的事，知道老人家想见儿子，所以特地来
hùlǐ wǒ de qīzi, tīngshuōle lǎorén de shì, zhīdào lǎorénjiā xiǎng jiàn érzi, suǒyǐ tèdì lái

陪他一程。"
péi tā yī chéng."

如果有人在这时候也需要你的陪伴，请你也留下来，这不
Rúguǒ yǒu rén zài zhè shíhou yě xūyào nǐ de péibàn, qǐng nǐ yě liú xialai, zhè bù

会让你后悔。
huì ràng nǐ hòuhuǐ.

读词语

1. 请跟读与第一声相连的词语

dēngguāng （灯光）	shēnbiān （身边）	shēnchū （伸出）
tīngshuō （听说）	tōutōu （偷偷）	zhēngkāi （睁开）
hūnmí （昏迷）	qīnrén （亲人）	ānwèi （安慰）
hūn'àn （昏暗）		

2. 请跟读与第二声相连的词语

chuáng qián （床前）	huídá （回答）	límíng （黎明）
gébì （隔壁）	jíqiè （急切）	mánglù （忙碌）
péibàn （陪伴）	píbèi （疲惫）	

3. 请跟读与第三声相连的词语

chǔlǐ （处理）	suǒyǐ （所以）	zuǐ li （嘴里）
zhǐ yǒu （只有）	bǎo'ān （保安）	kělián （可怜）
lǎorén （老人）	gǎndào （感到）	gǔlì （鼓励）
mǎshàng （马上）	zhěng yè （整夜）	

4. 请跟读第四声和与第四声相连的词语

ài （唉）	chànchanwēiwēi （颤颤巍巍）	hòushì （后事）
mànmàn （慢慢）	miànsè （面色）	qùshì （去世）
shòuruò （瘦弱）	tèdì （特地）	wòzhù （握住）
xiànrù （陷入）	bìngwēi （病危）	jùshuō （据说）
sìhū （似乎）	bìngfáng （病房）	jìngrán （竟然）
zhìfú （制服）	bàngwǎn （傍晚）	hòuhuǐ （后悔）
hùlǐ （护理）		

5. 请跟读与“一”相连的词语

yìbiān （一边）	yì jīng （一惊）	yì chéng （一程）
yìpáng （一旁）	yí ge （一个）	yí wèi （一位）

6. 请跟读与“不”相连的词语

bùshí （不时）	bùtíng （不停）	

7. 请跟读轻声词

chuānzhe	（穿着）	érzi	（儿子）	hùshi	（护士）
jiàozhe	（叫着）	lùshang	（路上）	mánglùzhe	（忙碌着）
míngzi	（名字）	péibànzhe	（陪伴着）	rènshi	（认识）
shíhou	（时候）	yǎnjing	（眼睛）	yǐzi	（椅子）

读句子

1. 他 不时 陷入 昏迷， 但 嘴里不停 地 叫着 一个 名字。
Tā bùshí xiànrù hūnmí，dàn zuǐ li bùtíng de jiàozhe yī ge míngzi.

2. 一个 穿着 保安 制服的 年轻人 来到了 病床 前，面色 疲惫 而 又 急切。
Yī ge chuānzhe bǎo'ān zhìfú de niánqīngrén láidàole bìngchuáng qián，miànsè píbèi ér yòu jíqiè.

3. 老人 颤颤巍巍 地 向 年轻人 伸出了 一只 手。
Lǎorén chànchanwēiwēi de xiàng niánqīngrén shēnchūle yī zhī shǒu.

4. 在 昏暗 的 灯光 下 年轻人 马上 握住了 老人 瘦弱 的 手。
Zài hūn'àn de dēngguāng xià niánqīngrén mǎshàng wòzhùle lǎorén shòuruò de shǒu.

5. 儿子就 这样 整 夜 陪伴着 老人， 无声 地 安慰 和 鼓励着 他。
Érzi jiù zhèyàng zhěng yè péibànzhe lǎorén，wúshēng de ānwèi hé gǔlìzhe tā.

6. 黎明 的 时候， 老人 去世 了。
Límíng de shíhou，lǎorén qùshì le.

7. “不， 我 不 认识 他。” 年轻人 回答。
“Bù，wǒ bù rènshi tā.” Niánqīngrén huídá.

8. 我 知道 老人家 想 见 儿子，所以 特地 来 陪 他 一 程。
Wǒ zhīdào lǎorénjiā xiǎng jiàn érzi，suǒyǐ tèdì lái péi tā yī chéng.

读会话

护士： Hùshi：	老人 走 得 很 安详， 别 太 难过 了。 Lǎorén zǒu de hěn ānxiáng, bié tài nánguò le.
年轻人： Niánqīngrén：	谢谢 你， 老人 的 儿子 回来 了 吗？ Xièxie nǐ, lǎorén de érzi huílai le ma?
护士： Hùshi：	什么？ 您 不 是 他 的 儿子 吗？ Shénme? Nín bù shì tā de érzi ma?
年轻人： Niánqīngrén：	我 是 隔壁 病房 病人 的 家属， 昨天 你们 说 老人 家里的 情况 时， 我 听见 了。 Wǒ shì gébì bìngfáng bìngrén de jiāshǔ, zuótiān nǐmen shuō lǎorén jiā li de qíngkuàng shí, wǒ tīngjiàn le.
护士： Hùshi：	哦，原来 您 不 是 老人 那个 做 保安 的儿子。 Ò, yuánlái nín bù shì lǎorén nàge zuò bǎo'ān de érzi.
年轻人： Niánqīngrén：	我 也是 一个 保安， 所以 我 就 穿了 制服来 陪 他 最后 一 程。 Wǒ yě shì yī ge bǎo'ān, suǒyǐ wǒ jiù chuānle zhìfú lái péi tā zuìhòu yī chéng.
护士： Hùshi：	您 能 这么 做 真 是 太 让 人 敬佩 了。 Nín néng zhème zuò zhēn shì tài ràng rén jìngpèi le.
年轻人： Niánqīngrén：	这 没 什么， 将心比心 嘛。 Zhè méi shénme, jiāngxīn-bǐxīn ma.

表达练习

1. 复述课文

词语提示：

病房	病危	不时	昏迷	可怜	亲人	护士	保安	疲惫	急切
睁开	昏暗	陪伴	安慰	鼓励	去世	隔壁	陪伴	后悔	

2. 谈谈你对养老的看法

提示：

谈谈自己对子女养老和社会养老的认识，也可以说说你对临终陪护的看法。

第十九课

○主课文

婚礼上的“陌生人”

苏州的刘女士看着自己刚到手的婚礼照片和录像很是
Sūzhōu de Liú nǚshì kànzhe zìjǐ gāng dàoshǒu de hūnlǐ zhàopiàn hé lùxiàng hěn shì
开心。在她上周的婚礼上，花了五六万元布置的现场美轮
kāixīn. Zài tā shàng zhōu de hūnlǐ shang，huāle wǔ-liùwàn yuán bùzhì de xiànchǎng měilún-
美奂，最令她自豪的，是由5对伴郎伴娘组成的豪华
měihuàn，zuì lìng tā zìháo de，shì yóu wǔ duì bànláng bànniáng zǔchéng de háohuá
伴郎伴娘团。而说起这些，刘女士却含蓄地说：其实，伴娘
bànláng-bànniángtuán. Ér shuōqǐ zhèxiē，Liú nǚshì què hánxù de shuō：Qíshí，bànniáng
是花钱租来的“陌生人”。
shì huā qián zūlái de “mòshēngrén”.

刘女士与老公已是大龄青年，今年两人定好婚期，发好
Liú nǚshì yǔ lǎogōng yǐ shì dàlíng qīngnián，jīnnián liǎng rén dìnghǎo hūnqī，fāhǎo
请帖。而将七亲八眷中的适龄女青年清算了一遍后，刘女士
qǐngtiě. Ér jiāng qīqīn-bājuàn zhōng de shìlíng nǚqīngnián qīngsuànle yī biàn hòu，Liú nǚshì
方才发现：闺蜜们都已为人妻、为人母，要在身边的亲朋好友
fāngcái fāxiàn：Guīmìmen dōu yǐ wéi rén qī、wéi rén mǔ，yào zài shēnbiān de qīnpéng-hǎoyǒu
中找一个不好看也不难看，不高不矮，关键是还未婚的
zhōng zhǎo yī ge bù hǎokàn yě bù nánkàn，bù gāo bù ǎi，guānjiàn shì hái wèihūn de
伴娘，实在太难了。此时，婚庆公司居然说他们可以出租伴郎
bànniáng，shízài tài nán le. Cǐshí，hūnqìng gōngsī jūrán shuō tāmen kěyǐ chūzū bànláng
和伴娘！老板几天后就为他们觅得了5对专业伴郎伴娘。
hé bànniáng！Lǎobǎn jǐ tiān hòu jiù wèi tāmen mìdéle wǔ duì zhuānyè bànláng bànniáng.
这些伴郎伴娘对婚礼来龙去脉和细枝末节都一清二楚，伴
Zhèxiē bànláng bànniáng duì hūnlǐ láilóng-qùmài hé xìzhī-mòjié dōu yīqīng-èrchǔ，bàn
新人步入殿堂、贴身叮咛、提裙挡酒、圆场救急这些自不必说，
xīnrén bùrù diàntáng、tiēshēn dīngníng、tíqún dǎngjiǔ、yuánchǎng jiùjí zhèxiē zì bùbì shuō，
伴娘还把刘女士无暇顾及的婚前试妆、接待来宾等都做得十
bànniáng hái bǎ Liú nǚshì wúxiá gùjí de hūnqián shìzhuāng、jiēdài láibīn děng dōu zuò de shí-
分完美。
fēn wánměi.

据统计，我国每年有超过1000万对新人喜结良缘，如此
Jù tǒngjì，wǒguó měi nián yǒu chāoguò yīqiān wàn duì xīnrén xǐ jié liángyuán，rúcǐ
庞大的市场使“职业伴郎伴娘”正逐渐成为婚庆
pángdà de shìchǎng shǐ “zhíyè bànláng bànniáng” zhèng zhújiàn chéngwéi hūnqìng
市场上的新亮点。
shìchǎng shang de xīn liàngdiǎn.

读重点词语

1. 陌生人（mòshēngrén）	2. 到手（dàoshǒu）	3. 录像（lùxiàng）
4. 布置（bùzhì）	5. 现场（xiànchǎng）	6. 美轮美奂（měilún-měihuàn）
7. 自豪（zìháo）	8. 伴郎（bànláng）	9. 伴娘（bànniáng）
10. 豪华（háohuá）	11. 团（tuán）	12. 含蓄（hánxù）
13. 大龄（dàlíng）	14. 婚期（hūnqī）	15. 请帖（qǐngtiě）
16. 七亲八眷（qīqīn-bājuàn）	17. 适龄（shìlíng）	18. 青年（qīngnián）
19. 清算（qīngsuàn）	20. 方才（fāngcái）	21. 闺蜜（guīmì）
22. 亲朋好友（qīnpéng-hǎoyǒu）	23. 关键（guānjiàn）	24. 未婚（wèihūn）
25. 婚庆（hūnqìng）	26. 居然（jūrán）	27. 觅得（mìdé）
28. 专业（zhuānyè）	29. 来龙去脉（láilóng-qùmài）	30. 细枝末节（xìzhī-mòjié）
31. 一清二楚（yīqīng-èrchǔ）	32. 贴身（tiēshēn）	33. 叮咛（dīngníng）
34. 挡酒（dǎngjiǔ）	35. 圆场（yuánchǎng）	36. 救急（jiùjí）
37. 无暇（wúxiá）	38. 顾及（gùjí）	39. 试妆（shìzhuāng）
40. 接待（jiēdài）	41. 来宾（láibīn）	42. 完美（wánměi）
43. 统计（tǒngjì）	44. 喜结良缘（xǐ jié liángyuán）	45. 庞大（pángdà）
46. 职业（zhíyè）	47. 亮点（liàngdiǎn）	

读句子

1. 在她上周的婚礼上，花了五六万元布置的现场美轮美奂。
Zài tā shàng zhōu de hūnlǐ shang, huāle wǔ-liùwàn yuán bùzhì de xiànchǎng měilún-měihuàn.

2. 将七亲八眷中的适龄女青年清算了一遍。
Jiāng qīqīn-bājuàn zhōng de shìlíng nǚqīngnián qīngsuànle yī biàn.

3. 刘女士方才发现：闺蜜们都已为人妻、为人母。
Liú nǚshì fāngcái fāxiàn: Guīmìmen dōu yǐ wéi rén qī、wéi rén mǔ.

4. 找一个不好看也不难看，不高不矮，关键是还未婚的伴娘，实在太难了。
Zhǎo yī ge bù hǎokàn yě bù nánkàn, bù gāo bù ǎi, guānjiàn shì hái wèihūn de bànniáng, shízài tài nán le.

5. 婚庆公司居然说他们可以出租伴郎和伴娘！
Hūnqìng gōngsī jūrán shuō tāmen kěyǐ chūzū bànláng hé bànniáng !

6. 这些伴郎伴娘对婚礼来龙去脉和细枝末节都一清二楚。
Zhèxiē bànláng bànniáng duì hūnlǐ láilóng-qùmài hé xìzhī-mòjié dōu yīqīng-èrchǔ.

7. 伴娘把刘女士无暇顾及的婚前试妆、接待来宾等都做得十分完美。
Bànniáng bǎ Liú nǚshì wúxiá gùjí de hūnqián shìzhuāng、jiēdài láibīn děng dōu zuò de shífēn wánměi.

8. 据统计，我国每年有超过1000万对新人喜结良缘。
Jù tǒngjì, wǒguó měi nián yǒu chāoguò yīqiān wàn duì xīnrén xǐ jié liángyuán.

读会话

刘女士： Liú nǚshì:	哎呀，我找不到伴娘了，怎么办啊？ Āiya, wǒ zhǎobudào bànniáng le, zěnme bàn a？
老板： Lǎobǎn:	别着急，您对伴娘有什么要求吗？ Bié zháojí, nín duì bànniáng yǒu shénme yāoqiú ma？

刘女士： Liú nǚshì：	没什么要求，就是别太高也别太矮，别太好看也别太难看。 Méi shénme yāoqiú, jiù shì bié tài gāo yě bié tài ǎi, bié tài hǎokàn yě bié tài nánkàn.
老板： Lǎobǎn：	好嘞！我明天就给您找几个来，您看看。 Hǎo lei! Wǒ míngtiān jiù gěi nín zhǎo jǐ ge lái, nín kànkan.
刘女士： Liú nǚshì：	怎么？你们婚庆公司还出租伴娘？ Zěnme? Nǐmen hūnqìng gōngsī hái chūzū bànniáng?
老板： Lǎobǎn：	这可不稀奇，上次那对新人的豪华伴娘团就是我们提供的。 Zhè kě bù xīqí, shàng cì nà duì xīnrén de háohuá bànniángtuán jiù shì wǒmen tígōng de.
刘女士： Liú nǚshì：	太好了，这些伴娘专业吗？ Tài hǎo le, zhèxiē bànniáng zhuānyè ma?
老板： Lǎobǎn：	您放心，她们可是职业的，一定会为您的婚礼锦上添花的！ Nín fàngxīn, tāmen kě shì zhíyè de, yīdìng huì wèi nín de hūnlǐ jǐnshàng-tiānhuā de!

表达练习

1. 复述课文

词语提示：

婚礼	美轮美奂	自豪	豪华	伴娘	陌生人	大龄	请帖	闺蜜	出租
觅得	来龙去脉	细枝末节	接待	完美	统计	喜结良缘	庞大	亮点	

2. 谈谈你对婚庆中新事物的认识

提示：

谈谈你所知道的婚庆新事物，也可以谈谈你对职业伴郎、伴娘的看法。

3. 看图说话

提示：

请描述图中的情况，并谈谈你的想法和认识。

普通话与粤语对比

（一）日常用语——生活用品

请读与粤语对应的普通话词语

普通话	粤语
围嘴儿	围兜
水舀子	水殼
别针	扣针
插座	插苏
拖把	地拖
折叠伞	折伞

普通话	粤语
手绢儿	手巾仔
剪子	铰剪
卷尺	拉尺
刮胡刀	胡刨
手杖	士的
花瓶儿	花樽

（二）语法——引语结构

粤语和普通话无论是直接引语还是间接引语，结构都基本一致，区别只在于用词，其中“话”的使用尤为不同。在普通话中，“话”是名词，而在粤语中，“话”既是名词，又是动词。粤语中的“话”在普通话中可以分别对应“说”“告诉”。此外，粤语中与“话”相关的“话低”“话落”“话斋”“话头”等用于引语结构时，在普通话中都有新的对应结构。

1. 请读与粤语对应的普通话语句

普通话 —— 粤语

他笑着说："这可太好了！"	——	佢笑住话："噉真好嘞！"
他告诉我，说他不来了。	——	佢话我知，话佢唔黎啦。
经理留下话儿了。	——	经理话落架勒。
用师傅的话来说	——	师傅话头

2. 请把下面的粤语句子翻译成普通话句子，然后写在横线上

（1）佢要我话你知，货听日到。 ____________________

（2）妈妈话今餐食炒粉。 ____________________

（3）人哋话食在广州。 ____________________

（4）粤语残片话斋，老窦跪仔，个仔会晕架。 ____________________

（5）佢话低十二点钟翻嚟。 ____________________

○副课文

微笑的力量

宾馆里住进了一位客人，他一办完手续就告诉前台的服务员，明天早上八点叫他起床。服务员微笑着答应了。
Bīnguǎn li zhùjìnle yī wèi kèrén, tā yī bànwán shǒuxù jiù gàosu qiántái de fúwùyuán, míngtiān zǎoshang bā diǎn jiào tā qǐchuáng. Fúwùyuán wēixiàozhe dāying le.

第二天一早，服务员在忙碌中偶然看了一眼手表，猛然意识到：糟了！忘了叫那位客人起床了！她马上给客人打电话，可是已然迟了半个小时。那位客人勃然大怒，穿好衣服跑出宾馆时仍面带怒气，服务员只好尽力解释，但始终面带微笑。
Dì-èr tiān yī zǎo, fúwùyuán zài mánglù zhōng ǒurán kànle yī yǎn shǒubiǎo, měngrán yìshidào: Zāo le! Wàngle jiào nà wèi kèrén qǐchuáng le! Tā mǎshàng gěi kèrén dǎ diànhuà, kěshì yǐrán chíle bàn ge xiǎoshí. Nà wèi kèrén bórán-dànù, chuānhǎo yīfu pǎochū bīnguǎn shí réng miàn dài nùqì, fúwùyuán zhǐhǎo jìnlì jiěshì, dàn shǐzhōng miàn dài wēixiào.

从那天晚上开始，服务员每天都去客人的房间道歉，并微笑着询问他需要什么帮助。但是客人始终余怒未消，不肯原谅她的疏忽。
Cóng nà tiān wǎnshang kāishǐ, fúwùyuán měi tiān dōu qù kèrén de fángjiān dàoqiàn, bìng wēixiàozhe xúnwèn tā xūyào shénme bāngzhù. Dànshì kèrén shǐzhōng yú nù wèi xiāo, bù kěn yuánliàng tā de shūhu.

退房的那一天，客人坚持要求服务员把意见簿拿给他。显然，
Tuì fáng de nà yī tiān, kèrén jiānchí yāoqiú fúwùyuán bǎ yìjiànbù ná gěi tā. Xiǎnrán,
他要投诉。尽管服务员心里有些委屈，但还是微笑着用双
tā yào tóusù. Jǐnguǎn fúwùyuán xīnli yǒuxiē wěiqu, dàn háishi wēixiàozhe yòng shuāng
手将意见簿递给客人：“先生，无论您提什么意见，我都将欣然
shǒu jiāng yìjiànbù dì gěi kèrén: “Xiānsheng, wúlùn nín tí shénme yìjiàn, wǒ dōu jiāng xīnrán
接受！”客人神情一动，嘴里没说什么，在本子上写了起来。
jiēshòu!” Kèrén shénqíng yī dòng, zuǐ li méi shuō shénme, zài běnzi shang xiěle qilai.

客人走后，她惊奇地发现，本子上竟是一封表扬信，信
Kèrén zǒu hòu, tā jīngqí de fāxiàn, běnzi shang jìng shì yī fēng biǎoyángxìn, xìn
上说：“我感受到了你真诚的歉意，尤其是你一星期来每天
shang shuō: “Wǒ gǎnshòu dàole nǐ zhēnchéng de qiànyì, yóuqí shì nǐ yī xīngqī lái měi tiān
真诚的微笑，深深打动了我，使我最终决定把投诉变成
zhēnchéng de wēixiào, shēnshēn dǎdòngle wǒ, shǐ wǒ zuìzhōng juédìng bǎ tóusù biànchéng
表扬！”
biǎoyáng !”

读词语

1. 请跟读第一声和与第一声相连的词语

zāo	（糟）	shēnshēn	（深深）	xīngqī	（星期）
jiānchí	（坚持）	jīngqí	（惊奇）	xīnrán	（欣然）
zhēnchéng	（真诚）	bīnguǎn	（宾馆）		

2. 请跟读第二声和与第二声相连的词语

chí	（迟）	qiántái	（前台）	shénqíng	（神情）
yóuqí	（尤其）	bórán-dànù	（勃然大怒）	juédìng	（决定）
mánglù	（忙碌）	tóusù	（投诉）	wúlùn	（无论）
xúnwèn	（询问）	yú nù wèi xiāo	（余怒未消）	yuánliàng	（原谅）

3. 请跟读第三声和与第三声相连的词语

kěn	（肯）	jǐnguǎn	（尽管）	shǒubiǎo	（手表）
zhǐhǎo	（只好）	měi tiān	（每天）	shǐzhōng	（始终）
biǎoyáng	（表扬）	měngrán	（猛然）	ǒurán	（偶然）
qǐchuáng	（起床）	xiǎnrán	（显然）	xiǎoshí	（小时）
yǐrán	（已然）	dǎdòng	（打动）	gǎnshòu	（感受）
kěshì	（可是）	mǎshàng	（马上）		

4. 请跟读与第四声相连的词语

dànshì （但是）	dàoqiàn （道歉）	diànhuà （电话）
miàn dài nùqì （面带怒气）	jìnlì （尽力）	lìliàng （力量）
qiànyì （歉意）	yìjiànbù （意见簿）	zhùjìn （住进）
zuìhòu （最后）	zuìzhōng （最终）	tuì fáng （退房）

5. 请跟读与“一”相连的词语

yì fēng （一封）	nà yì tiān （那一天）	yì yǎn （一眼）
yì zǎo （一早）	yí dòng （一动）	yì xīngqī （一星期）
yí wèi （一位）		

6. 请跟读与“不”相连的词语

bù kěn （不肯）		

7. 请跟读轻声词

yīfu （衣服）	zāo le （糟了）	chíle （迟了）
shénme （什么）	běnzi shang （本子上）	shūhu （疏忽）
wěiqu （委屈）	wǎnshang （晚上）	zǎoshang （早上）
gàosu （告诉）	wàngle （忘了）	wēixiàozhe （微笑着）
yìshi （意识）		

读句子

1. 糟了！忘了叫那位客人起床了！
Zāo le！ Wàngle jiào nà wèi kèrén qǐchuáng le！

2. 那位客人勃然大怒，穿好衣服跑出宾馆时仍面带怒气。
Nà wèi kèrén bórán-dànù，chuānhǎo yīfu pǎochū bīnguǎn shí réng miàn dài nùqì.

3. 服务员只好尽力解释，但始终面带微笑。
Fúwùyuán zhǐhǎo jìnlì jiěshì，dàn shǐzhōng miàn dài wēixiào.

4. 客人始终余怒未消，不肯原谅她的疏忽。
Kèrén shǐzhōng yú nù wèi xiāo，bù kěn yuánliàng tā de shūhu.

5. 尽管服务员心里有些委屈，但还是微笑着用双手将意见簿递给客人。
Jǐnguǎn fúwùyuán xīnli yǒuxiē wěiqu，dàn háishi wēixiàozhe yòng shuāng shǒu jiāng yìjiànbù dì gěi kèrén.

6. 先生，无论您提什么意见，我都将欣然接受！
Xiānsheng，wúlùn nín tí shénme yìjiàn，wǒ dōu jiāng xīnrán jiēshòu！

7. 我感受到了你真诚的歉意。
Wǒ gǎnshòu dàole nǐ zhēnchéng de qiànyì.

8. 你一星期来每天真诚的微笑，使我最终决定把投诉变成表扬！
Nǐ yī xīngqī lái měi tiān zhēnchéng de wēixiào，shǐ wǒ zuìzhōng juédìng bǎ tóusù biànchéng biǎoyáng！

◉ 读会话

客人： Kèrén：	我现在要退房了，请把意见簿给我。 Wǒ xiànzài yào tuì fáng le，qǐng bǎ yìjiànbù gěi wǒ.
服务员： Fúwùyuán：	先生，我还是得跟您道歉，那天害您迟到实在对不起！ Xiānsheng，wǒ háishi děi gēn nín dàoqiàn，nà tiān hài nín chídào shízài duìbuqǐ！
客人： Kèrén：	好了，你不用再说了。 Hǎole，nǐ bùyòng zài shuō le.
服务员： Fúwùyuán：	我知道您很难原谅我，但我愿意尽力补偿您的损失。 Wǒ zhīdao nín hěn nán yuánliàng wǒ，dàn wǒ yuànyì jìnlì bǔcháng nín de sǔnshī.
客人： Kèrén：	好了，好了，把意见簿给我吧。 Hǎole，hǎole，bǎ yìjiànbù gěi wǒ ba.
服务员： Fúwùyuán：	先生，给您，无论您提任何意见，都是对我的帮助，我会欣然接受的。 Xiānsheng，gěi nín，wúlùn nín tí rènhé yìjiàn，dōu shì duì wǒ de bāngzhù，wǒ huì xīnrán jiēshòu de.
客人： Kèrén：	我不是要投诉你，而是要表扬你，你的微笑很有魔力啊。 Wǒ bù shì yào tóusù nǐ，ér shì yào biǎoyáng nǐ，nǐ de wēixiào hěn yǒu mólì a.

表达练习

1. 复述课文

词语提示：

宾馆	前台	起床	猛然	糟了	勃然大怒	尽力	微笑	道歉
余怒未消	疏忽	退房	投诉	委屈	接受	惊奇	表扬	打动

2. 谈谈你心中最好的服务

提示：

谈谈微笑服务的意义，也可以就当今社会各种服务的优劣说说自己的看法。

第二十课

○主课文

“小书包”真的变轻了

新学期开学了，红旗小学的学生们背上了学校免费统一发放的“小书包”。这种书包设计有放置不同书本以及水杯的夹层，自重不到1斤。据学校测算，“小书包”装上必要的课本以及文具后不会超过5斤，这样就能控制学生书包的重量，而学校也会在学生早晚进出校门时对书包重量进行抽查，如有书包超重，学生所在班级会被扣分处理。

Xīn xuéqī kāixué le，Hóngqí Xiǎoxué de xuéshengmen bēishangle xuéxiào miǎnfèi tǒngyī fāfàng de “xiǎoshūbāo”. Zhè zhǒng shūbāo shèjì yǒu fàngzhì bù tóng shūběn yǐjí shuǐbēi de jiācéng，zìzhòng bù dào yī jīn. Jù xuéxiào cèsuàn，“xiǎoshūbāo” zhuāngshang bìyào de kèběn yǐjí wénjù hòu bù huì chāoguò wǔ jīn，zhèyàng jiù néng kòngzhì xuésheng shūbāo de zhòngliàng，ér xuéxiào yě huì zài xuésheng zǎo-wǎn jìn-chū xiàomén shí duì shūbāo zhòngliàng jìnxíng chōuchá，rú yǒu shūbāo chāozhòng，xuésheng suǒ zài bānjí huì bèi kòufēn chǔlǐ.

据学校介绍，这样的做法既可以锻炼学生管理自己的书包和统筹日常学习的能力，也减轻了学生的负担。

Jù xuéxiào jièshào，zhèyàng de zuòfǎ jì kěyǐ duànliàn xuésheng guǎnlǐ zìjǐ de shūbāo hé tǒngchóu rìcháng xuéxí de nénglì，yě jiǎnqīngle xuésheng de fùdān.

对于校方的这一创举，社会各界反响不一。一些家长认为，孩子们弱小的身板和正在发育的身体确实经不起过于沉重的书包折磨，这种做法值得提倡；有网友认为，为书包减负是一个突破口，学校会有更多的举措来切实减轻学生的负担，让人看到了希望；还有为数不少的人则表示，减轻书包的重量仅仅是表面功夫，只是隔靴搔痒，真正减负

Duìyú xiàofāng de zhè yī chuàngjǔ，shèhuì gè jiè fǎnxiǎng bùyī. Yīxiē jiāzhǎng rènwéi，háizimen ruòxiǎo de shēnbǎn hé zhèngzài fāyù de shēntǐ quèshí jīng bu qǐ guòyú chénzhòng de shūbāo zhémó，zhè zhǒng zuòfǎ zhídé tíchàng；yǒu wǎngyǒu rènwéi，wèi shūbāo jiǎnfù shì yī ge tūpòkǒu，xuéxiào huì yǒu gèng duō de jǔcuò lái qièshí jiǎnqīng xuésheng de fùdān，ràng rén kàndàole xīwàng；hái yǒu wéishù bù shǎo de rén zé biǎoshì，jiǎnqīng shūbāo de zhòngliàng jǐnjǐn shì biǎomiàn gōngfu，zhǐ shì géxuē-sāoyǎng，zhēnzhèng jiǎnfù

还需改变当前的教育制度，均衡配置办学资源，建立以素质
hái xū gǎibiàn dāngqián de jiàoyù zhìdù, jūnhéng pèizhì bànxué zīyuán, jiànlì yǐ sùzhì
教育为导向的质量评价体系。
jiàoyù wéi dǎoxiàng de zhìliàng píngjià tǐxì.

读重点词语

1. 开学 (kāixué)	2. 免费 (miǎnfèi)	3. 统一 (tǒngyī)
4. 发放 (fāfàng)	5. 放置 (fàngzhì)	6. 水杯 (shuǐbēi)
7. 夹层 (jiācéng)	8. 自重 (zìzhòng)	9. 测算 (cèsuàn)
10. 必要 (bìyào)	11. 文具 (wénjù)	12. 抽查 (chōuchá)
13. 扣分 (kòufēn)	14. 处理 (chǔlǐ)	15. 做法 (zuòfǎ)
16. 统筹 (tǒngchóu)	17. 负担 (fùdān)	18. 创举 (chuàngjǔ)
19. 反响 (fǎnxiǎng)	20. 弱小 (ruòxiǎo)	21. 发育 (fāyù)
22. 经不起 (jīng bu qǐ)	23. 过于 (guòyú)	24. 沉重 (chénzhòng)
25. 折磨 (zhémó)	26. 提倡 (tíchàng)	27. 减负 (jiǎnfù)
28. 突破口 (tūpòkǒu)	29. 举措 (jǔcuò)	30. 切实 (qièshí)
31. 为数不少 (wéishù bù shǎo)	32. 表面 (biǎomiàn)	33. 功夫 (gōngfu)
34. 隔靴搔痒 (géxuē-sāoyǎng)	35. 当前 (dāngqián)	36. 制度 (zhìdù)
37. 均衡 (jūnhéng)	38. 配置 (pèizhì)	39. 办学 (bànxué)
40. 资源 (zīyuán)	41. 建立 (jiànlì)	42. 素质 (sùzhì)
43. 导向 (dǎoxiàng)	44. 质量 (zhìliàng)	45. 评价 (píngjià)
46. 体系 (tǐxì)		

读句子

1. 这种书包设计有放置不同书本以及水杯的夹层。
Zhè zhǒng shūbāo shèjì yǒu fàngzhì bù tóng shūběn yǐjí shuǐbēi de jiācéng.

2. 学校也会在学生早晚进出校门时对书包重量进行抽查。
Xuéxiào yě huì zài xuésheng zǎo-wǎn jìn-chū xiàomén shí duì shūbāo zhòngliàng jìn-xíng chōuchá.

3. 可以 锻炼 学生 管理 自己 的 书包 和 统筹 日常 学习 的 能力。
Kěyǐ duànliàn xuésheng guǎnlǐ zìjǐ de shūbāo hé tǒngchóu rìcháng xuéxí de nénglì.

4. 对于 校方 的 这 一 创举， 社会 各 界 反响 不一。
Duìyú xiàofāng de zhè yī chuàngjǔ，shèhuì gè jiè fǎnxiǎng bùyī.

5. 孩子们 弱小 的 身板 和 正在 发育 的 身体 确实 经 不起 过于 沉重 的 书包 折磨。
Háizimen ruòxiǎo de shēnbǎn hé zhèngzài fāyù de shēntǐ quèshí jīng bu qǐ guòyú chénzhòng de shūbāo zhémó.

6. 这 种 做法 值得 提倡。
Zhè zhǒng zuòfǎ zhídé tíchàng.

7. 学校 会 有 更 多 的 举措 来 切实 减轻 学生 的 负担。
Xuéxiào huì yǒu gèng duō de jǔcuò lái qièshí jiǎnqīng xuésheng de fùdān.

8. 真正 减负 还 需 建立 以 素质 教育 为 导向 的 质量 评价 体系。
Zhēnzhèng jiǎnfù hái xū jiànlì yǐ sùzhì jiàoyù wéi dǎoxiàng de zhìliàng píngjià tǐxì.

读会话

家长： Jiāzhǎng:	校长， 这个 书包 有 什么 特别 之 处 吗？ Xiàozhǎng，zhège shūbāo yǒu shénme tèbié zhī chù ma？
校长： Xiàozhǎng:	这个 书包 自重 不 到 1 斤， 装上 课本 和 文具 也 不 会 超过 5 斤。 Zhège shūbāo zìzhòng bù dào yī jīn，zhuāngshang kèběn hé wénjù yě bù huì chāoguò wǔ jīn.
家长： Jiāzhǎng:	这个 书包 真 的 很 轻！ Zhège shūbāo zhēn de hěn qīng！
校长： Xiàozhǎng:	对， 如果 学生 的 书包 再 超重， 我们 就 处罚 他们 的 老师。 Duì， rúguǒ xuésheng de shūbāo zài chāozhòng，wǒmen jiù chǔfá tāmen de lǎoshī.
家长： Jiāzhǎng:	这 对 孩子 的 身体 确实 有 好处。 Zhè duì háizi de shēntǐ quèshí yǒu hǎochù.
校长： Xiàozhǎng:	这 只 是 个 开始， 我们 还 会 有 更 多 的 办法 来 减轻 学生 的 负担。 Zhè zhǐ shì ge kāishǐ，wǒmen hái huì yǒu gèng duō de bànfǎ lái jiǎnqīng xuésheng de fùdān.

家长：　　太　好了！　现在　的　孩子　太　累　了！
Jiāzhǎng：　Tài hǎo le！ Xiànzài de háizi tài lèi le！

表达练习

1. 复述课文

词语提示：

开学　统一　书包　设计　自重　抽查　扣分　锻炼　统筹　减轻　创举
反响　发育　提倡　突破口　举措　希望　表面　均衡　资源　素质　评价

2. 谈谈你对学生负担的认识

提示：

可以谈谈你理想中的小学生的生活，也可以谈谈如何减轻学生的负担。

3. 看图说话

提示：

描述下图中的现象，并谈谈这一现象的成因。

普通话与粤语对比

（一）日常用语——性格

请读与粤语对应的普通话词语

普通话 —— 粤语	普通话 —— 粤语
老实 —— 煁善	马虎 —— 大懵
霸道 —— 霸王	滑头 —— 鬼马
蔫儿坏 —— 阴湿	稳重 —— 老定
机灵 —— 醒目	耐心 —— 心机
有能力 —— 有料	能吃苦 —— 捱得苦
淘气 —— 百厌	挑剔 —— 淹尖

（二）语法——双宾语句

普通话中的双宾语句，如“哥哥给我一支笔”，指人的宾语“我”放在指物的宾语“一支笔”前面。然而粤语中表示给予意义的双宾语句，语序与普通话正好相反，如“给你一块钱”要说成“佢畀一蚊你”，即指人的宾语“你”要放在指物的宾语“一蚊”的后面。

1. 请读与粤语对应的普通话语句

普通话——粤语
给我钱。 —— 畀钱我。
给我一点儿零钱。—— 畀啲散银我。
我借给你五块钱。—— 我借五蚊你。

2. 请把下面的粤语句子翻译成普通话句子，然后写在横线上

（1）畀三本书过你。 ____________

（2）带封信畀老师。 ____________

（3）话个消息畀爸爸知。 ____________

（4）打个电话畀过佢。 ____________

（5）话啲嘢你知。 ____________

○副课文

闪光的拉环儿

火车站的候车室每到暑假都这样拥挤、闷热。角落的座
Huǒchēzhàn de hòuchēshì měi dào shǔjià dōu zhèyàng yōngjǐ、mēnrè. Jiǎoluò de zuò-
位上坐着一个农民模样的大男孩儿，他衣着简朴，穿的文
wèi shang zuòzhe yī ge nóngmín múyàng de dà nánháir，tā yīzhuó jiǎnpǔ，chuān de wén-
化衫上写着“不到长城非好汉”几个大字，白得有点儿发
huàshān shang xiězhe “bù dào Chángchéng fēi hǎohàn” jǐ ge dà zì，bái de yǒudiǎnr fā
黄；旁边的座位上是一个年轻的母亲和一个四五岁的
huáng；pángbiān de zuòwèi shang shī yī ge niánqīng de mǔqin hé yī ge sì-wǔ suì de
孩子，母女二人干净而时尚，活泼的孩子跑来跑去，给候车室
háizi，mǔ-nǚ èr rén gānjìng ér shíshàng，huópō de háizi pǎo lái pǎo qù，gěi hòuchēshì
带来一点儿生气。“方便面、火腿肠、冰镇可乐！”候车室的
dàilái yīdiǎnr shēngqì.“Fāngbiànmiàn、huǒtuǐcháng、bīngzhèn kělè！”Hòuchēshì de
售货员适时地出现了。大男孩儿抬起了头，右手在口袋里摸出
shòuhuòyuán shìshí de chūxiàn le. Dà nánháir táiqǐle tóu，yòushǒu zài kǒudai li mōchū
一张皱巴巴的五块钱，迟疑了半天，递给售货员，买了一听
yī zhāng zhòubābā de wǔ kuài qián，chíyíle bàntiān，dì gěi shòuhuòyuán，mǎile yī tīng
可乐。
kělè.

他颠来倒去地看了看手中的可乐，可是不知道怎么打开，
Tā diān lái dǎo qù de kànle kàn shǒu zhōng de kělè，kěshì bù zhīdào zěnme dǎkāi，
他试着用牙咬、用钥匙撬，最后干脆拿出了一把水果刀。
tā shìzhe yòng yá yǎo、yòng yàoshi qiào，zuìhòu gāncuì náchūle yī bǎ shuǐguǒdāo.

这时旁边的母亲说话了：“妞妞，快把可乐给妈妈拿过来！”
Zhèshí pángbiān de mǔqin shuōhuà le：“Niūniu，kuài bǎ kělè gěi māma ná guolai！”
“妈妈，你刚喝过水，怎么又渴了？”孩子充满稚气地问。“快，
“Māma，nǐ gāng hēguo shuǐ，zěnme yòu kě le？” Háizi chōngmǎn zhìqì de wèn. “Kuài，
听话。”母亲接过可乐，拉住拉环儿，余光看着大男孩儿，“砰”地一
tīnghuà.” Mǔqin jiēguo kělè，lāzhù lāhuánr，yúguāng kànzhe dà nánháir，“pēng” de yī
声打开了。很快，又是“砰”地一声，男孩儿也打开了可乐。
shēng dǎkāi le. Hěn kuài，yòu shì “pēng” de yī shēng，nánháir yě dǎkāile kělè.

阳光照进来了，母亲手中的拉环儿闪着光，似乎照亮
Yángguāng zhào jinlai le，mǔqin shǒuzhōng de lāhuánr shǎnzhe guāng，sìhū zhàoliàng
了偌大的候车室。
le ruòdà de hòuchēshì.

读词语

1. 请跟读第一声和与第一声相连的词语

fēi （非）	tīng （听）	pēng （砰）
pángbiān （旁边）	mōchū （摸出）	diān lái dǎo qù （颠来倒去）
yīzhuó （衣着）	yōngjǐ （拥挤）	bīngzhèn （冰镇）
fāngbiànmiàn （方便面）	gāncuì （干脆）	gānjìng （干净）
mēnrè （闷热）	shēngqì （生气）	tīnghuà （听话）

2. 请跟读与第二声相连的词语

Chángchéng （长城）	chíyí （迟疑）	nóngmín （农民）
huópō （活泼）	yángguāng （阳光）	yúguāng （余光）
múyàng （模样）	shíshàng （时尚）	wénhuàshān （文化衫）

3. 请跟读第三声和与第三声相连的词语

yǎo （咬）	jiǎnpǔ （简朴）	shuǐguǒdāo （水果刀）
huǒchēzhàn （火车站）	shǎnguāng （闪光）	shǒu zhōng （手中）
hǎohàn （好汉）	jiǎoluò （角落）	kělè （可乐）
kěshì （可是）	shǔjià （暑假）	

4. 请跟读第四声和与第四声相连的词语

qiào （撬）	zhào （照）	dà zì （大字）
ruòdà （偌大）	shòuhuòyuán （售货员）	zhìqì （稚气）
zuòwèi （座位）	hòuchēshì （候车室）	zhòubābā （皱巴巴）
shìshí （适时）		

5. 请跟读与"一"相连的词语

yì shēng （一声）	yì tīng （一听）	yì zhāng （一张）
yì bǎ （一把）	yí ge （一个）	

6. 请跟读与"不"相连的词语

bù zhīdào （不知道）	bú dào Chángchéng fēi hǎohàn （不到长城非好汉）	

7. 请跟读轻声词

māma （妈妈）	Niūniu （妞妞）	háizi （孩子）

ná guolai （拿过来）	mǔqin （母亲）	xiězhe （写着）
kànzhe （看着）	shìzhe （试着）	yàoshi （钥匙）
zuòzhe （坐着）	kǒudai （口袋）	

8. 请跟读儿化词

yǒudiǎnr （有点儿）	yīdiǎnr （一点儿）	lāhuánr （拉环儿）
nánháir （男孩儿）		

读句子

1. 火车站 的 候车室 每 到 暑假 都 这样 拥挤、闷热。
Huǒchēzhàn de hòuchēshì měi dào shǔjià dōu zhèyàng yōngjǐ、mēnrè.

2. 穿 的 文化衫 上 写着“不 到 长城 非 好汉”几 个 大 字。
Chuān de wénhuàshān shang xiězhe “bù dào Chángchéng fēi hǎohàn” jǐ ge dà zì.

3. 母女 二人 干净 而 时尚， 活泼 的 孩子 跑 来 跑 去。
Mǔ-nǚ èr rén gānjìng ér shíshàng，huópō de háizi pǎo lái pǎo qù.

4. 候车室 的 售货员 适时 地 出现 了。
Hòuchēshì de shòuhuòyuán shìshí de chūxiàn le.

5. 大 男孩儿 抬起了 头， 右手 在 口袋 里 摸出 一 张 皱巴巴 的 五 块 钱。
Dà nánháir táiqǐle tóu，yòushǒu zài kǒudai li mōchū yī zhāng zhòubābā de wǔ kuài qián.

6. 他 颠 来 倒 去 地 看了 看 手 中 的 可乐，可是 不 知道 怎么 打开。
Tā diān lái dǎo qù de kànle kàn shǒu zhōng de kělè，kěshì bù zhīdào zěnme dǎkāi.

7. 他 试着 用 牙 咬、用 钥匙 撬。
Tā shìzhe yòng yá yǎo、yòng yàoshi qiào.

8. 妞妞， 快 把 可乐 给 妈妈 拿 过来！
Niūniu，kuài bǎ kělè gěi māma ná guolai！

读会话

母亲： Mǔqin:	妞妞，快把可乐给妈妈拿过来。 Niūniu, kuài bǎ kělè gěi māma ná guolai.
妞妞： Niūniu:	妈妈，你不是刚喝过水吗？怎么又渴了？ Māma, nǐ bù shì gāng hēguo shuǐ ma? Zěnme yòu kě le?
母亲： Mǔqin:	对，妈妈有点儿渴了，听话，快给妈妈。 Duì, māma yǒudiǎnr kě le, tīnghuà, kuài gěi māma.
妞妞： Niūniu:	妈妈，给你。 Māma, gěi nǐ.
母亲： Mǔqin:	妞妞，你知道怎么打开吗？ Niūniu, nǐ zhīdào zěnme dǎkāi ma?
妞妞： Niūniu:	用手一拉那个拉环儿就打开了。 Yòng shǒu yī lā nàge lāhuánr jiù dǎkāi le.
母亲： Mǔqin:	妞妞真聪明！下次就让你帮妈妈打开可乐。 Niūniu zhēn cōngmíng! Xià cì jiù ràng nǐ bāng māma dǎkāi kělè.
妞妞： Niūniu:	好啊。 Hǎo a.

表达练习

1. 复述课文

词语提示：

候车室　闷热　角落　简朴　文化衫　母女　时尚　活泼　可乐
迟疑　颠来倒去　咬　撬　稚气　拉环儿　余光　砰　照亮

2. 谈谈孩子母亲这样做的原因

提示：

谈谈母亲这么做对妞妞、对大男孩儿都有什么影响，也可以说说你帮助别人或教育孩子的好方法。

第二十一课

○主课文

“诈弹”之殇

又是一个忙碌的中午，白云机场公安局的报警电话
Yòu shì yī ge mánglù de zhōngwǔ, Báiyún Jīchǎng Gōng'ān Jú de bàojǐng diànhuà

中突然传出一个急促的声音：“广州到乌鲁木齐的航班
zhōng tūrán chuánchū yī ge jícù de shēngyīn: “Guǎngzhōu dào Wūlǔmùqí de hángbān

上有炸弹！”
shang yǒu zhàdàn!”

应急预案立即启动：所有登机乘客马上撤离，集中进行二次
Yìngjí yù'àn lìjí qǐdòng: Suǒyǒu dēngjī chéngkè mǎshàng chèlí, jízhōng jìnxíng èr cì

安检；消防队、救护队飞机附近待命；排爆警察牵着搜爆犬，
ānjiǎn; xiāofángduì、jiùhùduì fēijī fùjìn dàimìng; páibào jǐngchá qiānzhe sōubàoquǎn,

带着排爆设备进入飞机，检查所有行李；通过技术手段锁定
dàizhe páibào shèbèi jìnrù fēijī, jiǎnchá suǒyǒu xíngli; tōngguò jìshù shǒuduàn suǒdìng

报警人的电话；……经过缜密侦查，公安机关排除了有爆炸物
bàojǐngrén de diànhuà; … Jīngguò zhěnmì zhēnchá, gōng'ān jīguān páichúle yǒu bàozhàwù

的可能性。而此时，已被控制的报警人王某终于交代了
de kěnéngxìng. Ér cǐshí, yǐ bèi kòngzhì de bàojǐngrén Wáng mǒu zhōngyú jiāodàile

令人啼笑皆非的事实：因途中堵车不能及时赶上该航班，
lìng rén tíxiào-jiēfēi de shìshí: Yīn tú zhōng dǔchē bù néng jíshí gǎnshàng gāi hángbān,

王某多次致电海南航空值机柜台，希望航班延迟起飞，
Wáng mǒu duō cì zhìdiàn Hǎinán Hángkōng zhíjī guìtái, xīwàng hángbān yánchí qǐfēi,

交涉未果的王某为了泄愤竟谎称航班上有炸弹！
jiāoshè wèiguǒ de Wáng mǒu wèile xièfèn jìng huǎngchēng hángbān shang yǒu zhàdàn!

像这样的“诈弹”事件在国内航空领域频频发生，在
Xiàng zhèyàng de “zhàdàn” shìjiàn zài guónèi hángkōng lǐngyù pínpín fāshēng, zài

虚惊一场的同时，既消耗了巨大的公共资源，又是对公共
xūjīng yī chǎng de tóngshí, jì xiāohàole jùdà de gōnggòng zīyuán, yòu shì duì gōnggòng

秩序的严重干扰。对此，社会各方反响巨大，但发出的声音
zhìxù de yánzhòng gānrǎo. Duì cǐ, shèhuì gè fāng fǎnxiǎng jùdà, dàn fāchū de shēngyīn

却是一致的：对威胁民航安全的肇事者和恶搞者应采取
què shì yīzhì de: Duì wēixié mínháng ānquán de zhàoshìzhě hé ègǎozhě yīng cǎiqǔ

"零容忍" 的 态度。
"língróngrěn" de tàidù.

日前， 地方 法院 一审 以 编造 虚假 恐怖 信息 等 罪名 判处
Rìqián，dìfāng fǎyuàn yīshěn yǐ biānzào xūjiǎ kǒngbù xìnxī děng zuìmíng pànchǔ
王 某 有期 徒刑 三 年 两 个 月。
Wáng mǒu yǒuqī túxíng sān nián liǎng ge yuè.

读重点词语

1. 诈 （zhà）	2. 殇 （shāng）	3. 报警 （bàojǐng）
4. 急促 （jícù）	5. 航班 （hángbān）	6. 炸弹 （zhàdàn）
7. 应急 （yìngjí）	8. 预案 （yù'àn）	9. 立即 （lìjí）
10. 启动 （qǐdòng）	11. 登机 （dēngjī）	12. 撤离 （chèlí）
13. 集中 （jízhōng）	14. 安检 （ānjiǎn）	15. 消防队 （xiāofángduì）
16. 救护队 （jiùhùduì）	17. 待命 （dàimìng）	18. 排爆 （páibào）
19. 搜爆犬 （sōubàoquǎn）	20. 检查 （jiǎnchá）	21. 手段 （shǒuduàn）
22. 锁定 （suǒdìng）	23. 缜密 （zhěnmì）	24. 侦查 （zhēnchá）
25. 排除 （páichú）	26. 爆炸物 （bàozhàwù）	27. 控制 （kòngzhì）
28. 某 （mǒu）	29. 交代 （jiāodài）	30. 啼笑皆非（tíxiào-jiēfēi）
31. 堵车 （dǔchē）	32. 致电 （zhìdiàn）	33. 值机 （zhíjī）
34. 柜台 （guìtái）	35. 延迟 （yánchí）	36. 交涉未果 （jiāoshè wèiguǒ）
37. 泄愤 （xièfèn）	38. 谎称 （huǎngchēng）	39. 领域 （lǐngyù）
40. 频频 （pínpín）	41. 虚惊一场 （xūjīng yī chǎng）	42. 消耗 （xiāohào）
43. 巨大 （jùdà）	44. 资源 （zīyuán）	45. 秩序 （zhìxù）
46. 干扰 （gānrǎo）	47. 一致 （yīzhì）	48. 威胁 （wēixié）
49. 肇事 （zhàoshì）	50. 恶搞 （ègǎo）	51. 采取 （cǎiqǔ）
52. 零容忍 （língróngrěn）	53. 态度 （tàidù）	54. 日前 （rìqián）
55. 法院 （fǎyuàn）	56. 编造 （biānzào）	57. 虚假 （xūjiǎ）
58. 恐怖 （kǒngbù）	59. 罪名 （zuìmíng）	60. 判处 （pànchǔ）
61. 有期徒刑 （yǒuqī túxíng）		

读句子

1. 公安局的报警电话中突然传出一个急促的声音。
Gōng'ān Jú de bàojǐng diànhuà zhōng tūrán chuánchū yī ge jícù de shēngyīn.

2. 所有登机乘客马上撤离，集中进行二次安检。
Suǒyǒu dēngjī chéngkè mǎshàng chèlí, jízhōng jìnxíng èr cì ānjiǎn.

3. 消防队、救护队飞机附近待命。
Xiāofángduì、jiùhùduì fēijī fùjìn dàimìng.

4. 通过技术手段锁定报警人的电话。
Tōngguò jìshù shǒuduàn suǒdìng bàojǐngrén de diànhuà.

5. 经过缜密侦查，公安机关排除了有爆炸物的可能性。
Jīngguò zhěnmì zhēnchá, gōng'ān jīguān páichúle yǒu bàozhàwù de kěnéngxìng.

6. 已被控制的报警人王某终于交代了令人啼笑皆非的事实。
Yǐ bèi kòngzhì de bàojǐngrén Wáng mǒu zhōngyú jiāodàile lìng rén tíxiào-jiēfēi de shìshí.

7. 既消耗了巨大的公共资源，又是对公共秩序的严重干扰。
Jì xiāohàole jùdà de gōnggòng zīyuán, yòu shì duì gōnggòng zhìxù de yánzhòng gānrǎo.

8. 对威胁民航安全的肇事者和恶搞者应采取"零容忍"的态度。
Duì wēixié mínháng ānquán de zhàoshìzhě hé ègǎozhě yīng cǎiqǔ "língróngrěn" de tàidù.

读会话

记者： Jìzhě:	请问，今天白云机场为什么有很多航班延误了？ Qǐng wèn, jīntiān Báiyún Jīchǎng wèi shénme yǒu hěn duō hángbān yánwù le?
警察： Jǐngchá:	因为今天中午有人报警说广州到乌鲁木齐的航班上有炸弹。 Yīnwèi jīntiān zhōngwǔ yǒu rén bàojǐng shuō Guǎngzhōu dào Wūlǔmùqí de hángbān shang yǒu zhàdàn.
记者： Jìzhě:	那么，你们找到炸弹了吗？ Nàme, nǐmen zhǎodào zhàdàn le ma?

警察： Jǐngchá：	经过 缜密 侦查， 我们 已经 排除 飞机 上 有 爆炸物 的 Jīngguò zhěnmì zhēnchá，wǒmen yǐjīng páichú fēijī shang yǒu bàozhàwù de 可能性。 kěnéngxìng.
记者： Jìzhě：	那个 报警 电话 又 是 怎么 回 事 呢？ Nàge bàojǐng diànhuà yòu shì zěnme huí shì ne？
警察： Jǐngchá：	报案人 已经 交代 了，他 是 为了 泄愤 谎称 飞机 上 有 Bào'ànrén yǐjīng jiāodài le，tā shì wèile xièfèn huǎngchēng fēijī shang yǒu 炸弹。 zhàdàn.
记者： Jìzhě：	对于 这 种 行为 和 肇事者， 我们 会 怎么 处理？ Duìyú zhè zhǒng xíngwéi hé zhàoshìzhě，wǒmen huì zěnme chǔlǐ？
警察： Jǐngchá：	这 种 行为 危害 极 大， 当事人 触犯 法律， 将 受到 Zhè zhǒng xíngwéi wēihài jí dà，dāngshìrén chùfàn fǎlǜ，jiāng shòudào 法律 的 制裁。 fǎlǜ de zhìcái.

表达练习

1. 复述课文

词语提示：

忙碌	机场	报警	炸弹	预案	撤离	待命	排爆	锁定	侦查
排除	交代	延迟	未果	泄愤	诈弹	频频	消耗	干扰	一致
零容忍									

2. 谈谈你对航空安全的认识

提示：

谈谈你对“诈弹”事件的看法，也可以谈谈如何保证航空安全。

3. 看图说话

提示：

描述下图，并谈谈你对遵守公共秩序的看法。

普通话与粤语对比

（一）日常用语——生意

请读与粤语对应的普通话词语

普通话	粤语	普通话	粤语
钱	银	挣钱	揾钱
上班	返工	补助	补水
加班	开 OT	摆摊儿	摆档
涨价	起价	开工厂	做厂
门市房	街铺	产业	物业
畅销	渴市	卸货	落货
银行按揭	上会	首次买房	上车

（二）语法——“有”字句

粤语中的动词“有”与普通话里的动词“有”词义基本相同，用法也基本一致。不过，在粤语中“有”还可以用作助动词，在肯定形式中使用，如“有去”“有吃”等等，但普通话只可以在否定形式中看到这种用法，只可以说“没有去”“没有吃”，粤语中与之相对应的是“冇”。

另外，粤语中用“有冇 + 动词”形式的疑问句，在普通话中很少用“有没有 + 动词”形式，常用的是“动词 + 了 + 没有？”“动词 + 过 + 没有？”等。

1. 请读与粤语对应的普通话语句

普通话 —— 粤语

他曾经讲过。 —— 佢有讲过。
衣服没有干。 —— 件衫冇干到。
他讲过没有？ —— 佢有冇讲过？
衣服干了没有？ —— 件衫有冇干到呀？

2. 请把下面的粤语句子翻译成普通话句子，然后写在横线上

（1）佢冇留意。 ______
（2）我哋都冇瞓觉。 ______
（3）你有冇写信？ ______
（4）佢有冇食饭呀？ ______
（5）你有冇答应佢？ ______

○副课文

战争与人性

大牛和小刘的家分别在村子的东边和西边，哥儿俩从小儿就
Dà Niú hé Xiǎo Liú de jiā fēnbié zài cūnzi de dōngbian hé xībian，gērliǎ cóngxiǎor jiù
是好朋友，不是亲兄弟，胜似亲兄弟。小刘的父亲去世得
shì hǎo péngyou，bú shì qīn xiōngdì，shèngsì qīn xiōngdì． Xiǎo Liú de fùqin qùshì de
早，大牛常做完了自家的农活儿就去小刘家帮忙，小刘家
zǎo，Dà Niú cháng zuòwánle zìjiā de nónghuór jiù qù Xiǎo Liú jiā bāngmáng，Xiǎo Liú jiā
做点儿什么好吃的也总要给大牛送一份，关系十分融洽。
zuò diǎnr shénme hǎochī de yě zǒng yào gěi Dà Niú sòng yī fèn，guānxi shífēn róngqià.

战争开始了，大牛和小刘都参了军，又在同一个连队。
Zhànzhēng kāishǐ le，Dà Niú hé Xiǎo Liú dōu cānle jūn，yòu zài tóng yī ge liánduì.
一次战斗中，两人与部队失去了联系，只好撤到深山中
Yī cì zhàndòu zhōng，liǎng rén yǔ bùduì shīqùle liánxì，zhǐhǎo chèdào shēnshān zhōng
寻找回部队的路。几天过去了，敌人似乎已经被他们甩掉了。
xúnzhǎo huí bùduì de lù. Jǐ tiān guòqu le，dírén sìhū yǐjīng bèi tāmen shuǎidiào le.
就在两人都以为安全的时候，走在前面的大牛突然中了
Jiù zài liǎng rén dōu yǐwéi ānquán de shíhou，zǒu zài qiánmian de Dà Niú tūrán zhòngle
一枪，小刘冲了上来，背着大牛跑出了很远，还流着泪
yī qiāng，Xiǎo Liú chōngle shanglai，bēizhe Dà Niú pǎochūle hěn yuǎn，hái liúzhe lèi

给他包扎伤口。那一夜，大牛才知道，战斗前小刘收到了
gěi tā bāozā shāngkǒu. Nà yī yè，Dà Niú cái zhīdào，zhàndòu qián Xiǎo Liú shōudàole
一封家书，说他的妈妈得了重病，快不行了。小刘背着大牛
yī fēng jiāshū，shuō tā de māma déle zhòngbìng，kuài bùxíng le. Xiǎo Liú bēizhe Dà Niú
走了整整两天，终于找到了部队。
zǒule zhěngzhěng liǎng tiān，zhōngyú zhǎodàole bùduì.

30年以后，小刘登门向大牛请罪，原来是他打了
Sānshí nián yǐhòu，Xiǎo Liú dēngmén xiàng Dà Niú qǐngzuì，yuánlái shì tā dǎle
大牛一枪，因为他当时想当逃兵回家看妈妈，而大牛
Dà Niú yī qiāng，yīnwèi tā dāngshí xiǎng dāng táobīng huí jiā kàn māma，ér Dà Niú
没有同意。大牛拉住了他的手说："我早知道这一切，残酷的
méiyǒu tóngyì. Dà Niú lāzhùle tā de shǒu shuō："Wǒ zǎo zhīdào zhè yīqiè，cánkù de
战争往往会扭曲人性，但你及时醒悟了，没有迷失，你还
zhànzhēng wǎngwǎng huì niǔqū rénxìng，dàn nǐ jíshí xǐngwù le，méiyǒu míshī，nǐ hái
是我最好的朋友。"
shì wǒ zuì hǎo de péngyou."

读词语

1. 请跟读第一声和与第一声相连的词语

chōng	（冲）	bāozā	（包扎）	cānjūn	（参军）
jiāshū	（家书）	shēnshān	（深山）	ānquán	（安全）
dēngmén	（登门）	shāngkǒu	（伤口）	shīqù	（失去）

2. 请跟读与第二声相连的词语

dírén	（敌人）	jíshí	（及时）	nónghuór	（农活儿）
yuánlái	（原来）	míshī	（迷失）	táobīng	（逃兵）
xúnzhǎo	（寻找）	cánkù	（残酷）	liánduì	（连队）
liánxì	（联系）	liú lèi	（流泪）	rénxìng	（人性）
róngqià	（融洽）	tóngyì	（同意）		

3. 请跟读与第三声相连的词语

wǎngwǎng	（往往）	yǐjīng	（已经）	zhěngzhěng	（整整）
zhǐhǎo	（只好）	niǔqū	（扭曲）	Xiǎo Liú	（小刘）
yǐwéi	（以为）	qǐngzuì	（请罪）	shuǎidiào	（甩掉）
xǐngwù	（醒悟）	yǐhòu	（以后）	zǒng yào	（总要）

4. 请跟读第四声和与第四声相连的词语

chè（撤）	bùduì（部队）	guòqu（过去）
qùshì（去世）	shèngsì（胜似）	zhàndòu（战斗）
zhòngbìng（重病）	zhànzhēng（战争）	zhòngqiāng（中枪）
zìjiā（自家）		

5. 请跟读与"一"相连的词语

yì fēng（一封）	yì qiāng（一枪）	yí cì（一次）
yí fèn（一份）	yí ge（一个）	yíqiè（一切）
yí yè（一夜）		

6. 请跟读轻声词

bēizhe（背着）	cūnzi（村子）	dōngbian（东边）
guānxi（关系）	tāmen（他们）	xībian（西边）
liúzhe（流着）	péngyou（朋友）	shénme（什么）
shíhou（时候）	fùqin（父亲）	

7. 请跟读儿化词

gērliǎ（哥儿俩）	cóngxiǎor（从小儿）	nónghuór（农活儿）

读句子

1. 哥儿俩从小儿就是好朋友，不是亲兄弟，胜似亲兄弟。
gērliǎ cóngxiǎor jiù shì hǎo péngyou，bù shì qīn xiōngdì，shèngsì qīn xiōngdì.

2. 小刘家做点儿什么好吃的也总要给大牛送一份，关系十分融洽。
Xiǎo Liú jiā zuò diǎnr shénme hǎochī de yě zǒng yào gěi Dà Niú sòng yī fèn，guānxi shífēn róngqià.

3. 战争开始了，大牛和小刘都参了军，又在同一个连队。
Zhànzhēng kāishǐ le，Dà Niú hé Xiǎo Liú dōu cānle jūn，yòu zài tóng yī ge liánduì.

4. 一次战斗中，两人与部队失去了联系。
Yī cì zhàndòu zhōng，liǎng rén yǔ bùduì shīqùle liánxì.

5. 只好 撤到 深山 中 寻找 回 部队 的路。
Zhǐhǎo chèdào shēnshān zhōng xúnzhǎo huí bùduì de lù.

6. 走 在 前面 的大 牛 突然 中了 一 枪。
Zǒu zài qiánmian de Dà Niú tūrán zhòngle yī qiāng.

7. 小 刘 冲了 上来， 背着 大 牛 跑出了 很 远， 还 流着 泪 给 他 包扎 伤口。
Xiǎo Liú chōngle shanglai，bēizhe Dà Niú pǎochūle hěn yuǎn，hái liúzhe lèi gěi tā bāozā shāngkǒu.

8. 残酷 的 战争 往往 会 扭曲 人性， 但 你 及时 醒悟 了。
Cánkù de zhànzhēng wǎngwǎng huì niǔqū rénxìng，dàn nǐ jíshí xǐngwù le.

读会话

小 刘： Xiǎo Liú：	大 牛 哥，我 今天 是 来 登门 谢罪 的。 Dà Niú gē，wǒ jīntiān shì lái dēngmén xièzuì de.
大 牛： Dà Niú：	你 怎么 了？ 这 是 从 何 说起 啊？ Nǐ zěnme le？ Zhè shì cóng hé shuōqǐ a？
小 刘： Xiǎo Liú：	你 还 记得 30 多 年 前 的 那 次 战斗 吗？ Nǐ hái jìde sānshí duō nián qián de nà cì zhàndòu ma？
大 牛： Dà Niú：	记得 啊，我们 与 部队 失去了 联系，一直 在 找 回 部队 的 路。 Jìde a，wǒmen yǔ bùduì shīqùle liánxi，yīzhí zài zhǎo huí bùduì de lù.
小 刘： Xiǎo Liú：	过了 几 天，你 突然 中了 一 枪。 Guòle jǐ tiān，nǐ tūrán zhòngle yī qiāng.
大 牛： Dà Niú：	是 你 给 我 包扎 伤口， 还 背着 我 找到了 部队。 Shì nǐ gěi wǒ bāozā shāngkǒu，hái bēizhe wǒ zhǎodàole bùduì.
小 刘： Xiǎo Liú：	那 一 枪 是 我 打 的， 因为 我 想 当 逃兵， 我 对不起 你！ Nà yī qiāng shì wǒ dǎ de，yīnwèi wǒ xiǎng dāng táobīng，wǒ duìbuqǐ nǐ！
大 牛： Dà Niú：	其实 我 早 就 知道，你 是 一时 迷失了 本性， 你 永远 是 我 的 好 兄弟。 Qíshí wǒ zǎo jiù zhīdào，nǐ shì yīshí míshīle běnxìng，nǐ yǒngyuǎn shì wǒ de hǎo xiōngdì.

◉ 表达练习

1. 复述课文

词语提示：

哥儿俩	胜似	去世	农活儿	融洽	战争	参军	战斗	撤到	甩掉
中枪	背着	包扎	终于	请罪	逃兵	残酷	扭曲	人性	醒悟

2. 谈谈你对人性的看法

提示：

谈谈什么时候人会迷失本性，也可以就人性本善还是本恶谈谈自己的看法。

第二十二课

○主课文

吃螃蟹，品文化

国人食蟹历史悠久，这些“横行将军”外形虽丑陋，但
Guórén shí xiè lìshǐ yōujiǔ，zhèxiē “héngxíng jiāngjūn” wàixíng suī chǒulòu，dàn
肉质鲜美，人人喜爱。
ròuzhì xiānměi，rénrén xǐ'ài.

蟹并非一年四季都能享用，因为蟹的生长有周期
Xiè bìngfēi yīnián-sìjì dōu néng xiǎngyòng，yīnwèi xiè de shēngzhǎng yǒu zhōuqī-
性规律。食蟹大致按蟹脱壳季节的不同，从小蟹吃到大蟹。以
xìng guīlǜ. Shí xiè dàzhì àn xiè tuō ké jìjié de bù tóng，cóng xiǎo xiè chīdào dà xiè. Yǐ
著名的大闸蟹为例，初夏和初秋两个时点最佳，常说的
zhùmíng de dàzháxiè wéi lì，chūxià hé chūqiū liǎng ge shídiǎn zuì jiā，cháng shuō de
“九雌十雄”，就是指九月挑雌蟹，十月选雄蟹，味道最鲜。
“jiǔ cí shí xióng”，jiù shì zhǐ jiǔ yuè tiāo cí xiè，shí yuè xuǎn xióng xiè，wèidào zuì xiān.

此时选蟹也很有讲究，除了熟知的死蟹不选，断腿缺
Cǐshí xuǎn xiè yě hěn yǒu jiǎngjiu，chúle shúzhī de sǐ xiè bù xuǎn，duàn tuǐ quē
脚的和软脚薄壳的蟹也不应考虑。具体方法为：“一看”，蟹壳
jiǎo de hé ruǎn jiǎo báo ké de xiè yě bù yīng kǎolǜ. Jùtǐ fāngfǎ wéi：“Yī kàn”，xièké
呈墨绿或青色，蟹脐凸出的是好蟹，体厚坚实，膏肥脂满；
chéng mòlǜ huò qīngsè，xièqí tūchū de shì hǎo xiè，tǐ hòu jiānshí，gāo féi zhī mǎn；
“二拿”，拿在手里，手感沉重、蟹钳有力的是好蟹，肥大壮
“èr ná”，ná zài shǒu li，shǒugǎn chénzhòng、xièqián yǒulì de shì hǎo xiè，féidà zhuàng-
实；“三翻”，将蟹翻转，腹部朝天，能迅速翻转弹回的必
shi；“sān fān”，jiāng xiè fānzhuǎn，fùbù cháo tiān，néng xùnsù fānzhuǎn tánhuí de bì
是好蟹。
shì hǎo xiè.

烹制螃蟹方法众多。近些年来，蒸的方法使用更
Pēngzhì pángxiè fāngfǎ zhòngduō. Jìn xiē nián lái，zhēng de fāngfǎ shǐyòng gèng
多，因为蒸比煮温度更高，可以缩短烹制时间，最大限
duō，yīnwèi zhēng bǐ zhǔ wēndù gèng gāo，kěyǐ suōduǎn pēngzhì shíjiān，zuì dà xiàn-
度地保持鲜蟹的本味，同时也可以杀灭蟹体内的寄生虫，
dù de bǎochí xiān xiè de běnwèi，tóngshí yě kěyǐ shāmiè xiè tǐ nèi de jìshēngchóng，

确保 肉质 洁净。煮蟹则是最原始、最简单的方法，但由于
quèbǎo ròuzhì jiéjìng. Zhǔ xiè zé shì zuì yuánshǐ、zuì jiǎndān de fāngfǎ，dàn yóuyú
蟹性至寒，清水中应放老姜和紫苏叶以抵御寒气。
xiè xìng zhì hán，qīngshuǐ zhōng yīng fàng lǎo jiāng hé zǐsūyè yǐ dǐyù hánqì.

读重点词语

1. 螃蟹 （pángxiè）	2. 品 （pǐn）	3. 历史 （lìshǐ）
4. 悠久 （yōujiǔ）	5. 横行 （héngxíng）	6. 将军 （jiāngjūn）
7. 外形 （wàixíng）	8. 丑陋 （chǒulòu）	9. 肉质 （ròuzhì）
10. 鲜美 （xiānměi）	11. 一年四季 （yīnián-sìjì）	12. 享用 （xiǎngyòng）
13. 生长 （shēngzhǎng）	14. 周期性 （zhōuqīxìng）	15. 规律 （guīlǜ）
16. 大致 （dàzhì）	17. 脱壳 （tuōké）	18. 时点 （shídiǎn）
19. 佳 （jiā）	20. 雌 （cí）	21. 雄 （xióng）
22. 讲究 （jiǎngjiu）	23. 熟知 （shúzhī）	24. 壳 （ké）
25. 具体 （jùtǐ）	26. 呈 （chéng）	27. 墨绿 （mòlǜ）
28. 青色 （qīngsè）	29. 蟹脐 （xièqí）	30. 凸出 （tūchū）
31. 坚实 （jiānshí）	32. 膏 （gāo）	33. 脂 （zhī）
34. 手感 （shǒugǎn）	35. 沉重 （chénzhòng）	36. 蟹钳 （xièqián）
37. 壮实 （zhuàngshi）	38. 腹部 （fùbù）	39. 迅速 （xùnsù）
40. 弹回 （tánhuí）	41. 烹制 （pēngzhì）	42. 众多 （zhòngduō）
43. 蒸 （zhēng）	44. 煮 （zhǔ）	45. 缩短 （suōduǎn）
46. 限度 （xiàndù）	47. 本味 （běnwèi）	48. 杀灭 （shāmiè）
49. 寄生虫 （jìshēngchóng）	50. 确保 （quèbǎo）	51. 洁净 （jiéjìng）
52. 原始 （yuánshǐ）	53. 至 （zhì）	54. 清水 （qīngshuǐ）
54. 抵御 （dǐyù）	55. 寒气 （hánqì）	

读句子

1. 这些“横行将军”外形虽丑陋，但肉质鲜美，人人喜爱。
Zhèxiē “héngxíng jiāngjūn” wàixíng suī chǒulòu，dàn ròuzhì xiānměi，rénrén xǐ’ài.

2. 初夏和初秋两个时点最佳。
Chūxià hé chūqiū liǎng ge shídiǎn zuì jiā.

3. 除了 熟知 的死蟹不 选，断 腿 缺 脚 的和 软 脚 薄 壳 的蟹也不
Chúle shúzhī de sǐ xiè bù xuǎn，duàn tuǐ quē jiǎo de hé ruǎn jiǎo báo ké de xiè yě bù
应 考虑。
yīng kǎolǜ.

4. 蟹脐 凸出 的 是 好 蟹，体 厚 坚实，膏 肥 脂 满。
Xièqí tūchū de shì hǎo xiè，tǐ hòu jiānshí，gāo féi zhī mǎn.

5. 将 蟹 翻转，能 迅速 翻转 弹回 的必是 好 蟹。
Jiāng xiè fānzhuǎn，néng xùnsù fānzhuǎn tánhuí de bì shì hǎo xiè.

6. 近 些 年 来，蒸 的 方法 使用 更 多。
Jìn xiē nián lái，zhēng de fāngfǎ shǐyòng gèng duō.

7. 因为 蒸 比 煮 温度 更 高，最 大 限度 地 保持 鲜 蟹 的 本味。
Yīnwèi zhēng bǐ zhǔ wēndù gèng gāo，zuì dà xiàndù de bǎochí xiān xiè de běnwèi.

8. 但 由于 蟹 性 至 寒，清水 中 应 放 老 姜 和 紫苏叶 以 抵御
Dàn yóuyú xiè xìng zhì hán，qīngshuǐ zhōng yīng fàng lǎo jiāng hé zǐsūyè yǐ dǐyù
寒气。
hánqì.

读会话

买蟹人： Mǎixièrén：	这些 大闸蟹 好吃 吗？ Zhèxiē dàzháxiè hǎochī ma？
卖蟹人： Màixièrén：	当然 好吃，别看 它们 外形 丑陋，其实 肉 鲜 极 了。 Dāngrán hǎochī，biékàn tāmen wàixíng chǒulòu，qíshí ròu xiān jí le.
买蟹人： Mǎixièrén：	是 雌 蟹 好吃 还是 雄 蟹 好吃 啊？ Shì cí xiè hǎochī háishi xióng xiè hǎochī a？
卖蟹人： Màixièrén：	我们 常 说“九 雌 十 雄”，现在 是 九 月，当然 吃 雌 蟹。 Wǒmen cháng shuō “jiǔ cí shí xióng”，xiànzài shì jiǔ yuè，dāngrán chī cí xiè.
买蟹人： Mǎixièrén：	这些 蟹 的 蟹壳 颜色 很 深，是 好 蟹 吗？ Zhèxiē xiè de xièké yánsè hěn shēn，shì hǎo xiè ma？

卖蟹人： Màixièrén：	青色的蟹才新鲜，你看这蟹活蹦乱跳的，都是 Qīngsè de xiè cái xīnxiān，nǐ kàn zhè xiè huóbèng-luàntiào de，dōu shì 好蟹啊！ hǎo xiè a！
买蟹人： Mǎixièrén：	我买回去应该怎么做呢？ Wǒ mǎi huiqu yīnggāi zěnme zuò ne？
卖蟹人： Màixièrén：	蒸、煮都可以，煮的时候别忘了放点儿姜片， Zhēng、zhǔ dōu kěyǐ，zhǔ de shíhou bié wàngle fàng diǎnr jiāngpiàn， 驱寒气。 qū hánqì.

表达练习

1. 复述课文

词语提示：

食蟹	悠久	丑陋	鲜美	周期性	脱壳	大闸蟹	最佳	选蟹	讲究
薄壳	凸出	膏肥	沉重	有力	弹回	烹制	蒸	缩短	本味	寒气

2. 谈谈你对蟹的了解

提示：

谈谈你食蟹的经验，也可以谈谈中国的美食文化。

3. 看图说话

提示：

描述下图，并谈谈你的想法和认识。

普通话与粤语对比

（一）日常用语——情感

请读与粤语对应的普通话词语

普通话 —— 粤语
喜欢 —— 中意
生气 —— 发嬲
哭 —— 喊
急 —— 瞓挣
发愁 —— 忧
心疼 —— 肉刺

普通话 —— 粤语
幸运 —— 好彩
讨厌 —— 憎
害怕 —— 惊
奇怪 —— 奇
害羞 —— 怕丑
紧张 —— 肉紧

（二）语法——动词后的宾补结构

当动宾句中动词后出现补语时，普通话的语序是“动词＋补语＋宾语”，粤语中也常常是这一形式。但若补语表示否定，宾语是人称代词时，补语也可以在宾语之后。

1. 请读与粤语对应的普通话语句

普通话 —— 粤语
信不过我。—— 信我唔过。
赢不了他。—— 赢佢唔到。
找不着他。—— 揾佢唔到。

2. 请把下面的粤语句子翻译成普通话句子，然后写在横线上

（1）你打我唔赢。 ______________________

（2）我讲你唔掂。 ______________________

（3）我避佢唔开。 ______________________

（4）边个都叫佢唔嘟。 ______________________

（5）点都打佢唔烂。 ______________________

母亲的家常菜

自从记事儿开始，我就不知道医院的大门冲哪儿开，没想到
Zìcóng jìshìr kāishǐ，wǒ jiù bù zhīdào yīyuàn de dàmén chòng nǎr kāi，méi xiǎngdào
正值壮年会被区区流行感冒打倒，还住进了医院。媳妇儿
zhèng zhí zhuàngnián huì bèi qūqū liúxíng gǎnmào dǎdǎo，hái zhùjìnle yīyuàn. Xífur
工作特别忙，但下了班就到医院伺候我，给我买吃的。“你
gōngzuò tèbié máng，dàn xiàle bān jiù dào yīyuàn cìhou wǒ，gěi wǒ mǎi chī de. “Nǐ
现在最想吃啥？”媳妇儿问。“吃什么都行，我想吃点儿家
xiànzài zuì xiǎng chī shá？” Xífur wèn. “Chī shénme dōu xíng，wǒ xiǎng chī diǎnr jiā-
常菜——我妈做的。”最后脱口而出的这句把我自己都说愣了。
chángcài——wǒ mā zuò de.” Zuìhòu tuōkǒu’érchū de zhè jù bǎ wǒ zìjǐ dōu shuōlèng le.
我一向号称“无所不吃”，对吃的没什么讲究，而且这几
Wǒ yīxiàng hàochēng “wú suǒ bù chī”，duì chī de méi shénme jiǎngjiu，érqiě zhè jǐ
年因为工作的关系，尝遍了南北大菜。不过，在我心里总
nián yīnwèi gōngzuò de guānxi，chángbiànle nán běi dàcài. Bùguò，zài wǒ xīnli zǒng
时不时地想起妈妈做的摊鸡蛋、贴饼子，还有猪肉炖粉条儿。
shíbushí de xiǎngqǐ māma zuò de tān jīdàn、tiē bǐngzi，hái yǒu zhūròu dùn fěntiáor.
妈妈住在农村，她自己种的菜从不用化肥农药，一律井水
Māma zhù zài nóngcūn，tā zìjǐ zhòng de cài cóng bù yòng huàféi nóngyào，yīlǜ jǐngshuǐ
浇地。每次过年回老家，她总会做上一大桌，笑眯眯地看
jiāo dì. Měi cì guònián huí lǎojiā，tā zǒng huì zuòshang yī dà zhuō，xiàomīmī de kàn-
着我和儿子狼吞虎咽。眼看着妈妈这几年已经上了年纪，可是
zhe wǒ hé érzi lángtūn-hǔyàn. Yǎnkànzhe māma zhè jǐ nián yǐjīng shàngle niánjì，kěshì
总不肯来城里。
zǒng bù kěn lái chéng li.

我的这句话不知怎么被妈妈知道了，老人家带了原料连夜
Wǒ de zhè jù huà bù zhī zěnme bèi māma zhīdào le，lǎorénjiā dàile yuánliào liányè
坐火车来到北京，在厨房里忙活了大半天，做了一碗龙须
zuò huǒchē láidào Běijīng，zài chúfáng li mánghuole dàbàntiān，zuòle yī wǎn lóngxū-
面，送到我面前说：“快吃吧，你从小儿就喜欢这个。”闻
miàn，sòngdào wǒ miànqián shuō：“ Kuài chī ba，nǐ cóngxiǎor jiù xǐhuan zhège. Wén-
着浓郁的鸡汤味儿，我突然意识到：我真正想念的，何止是
zhe nóngyù de jītāng wèir，wǒ tūrán yìshidào：Wǒ zhēnzhèng xiǎngniàn de，hézhǐ shì
母亲做的家常菜。
mǔqin zuò de jiāchángcài.

读词语

1. 请跟读第一声和与第一声相连的词语

jiāo （浇）	tān （摊）	tiē （贴）
jītāng （鸡汤）	qūqū （区区）	jiāchángcài （家常菜）
tuōkǒu'érchū （脱口而出）		

2. 请跟读与第二声相连的词语

chúfáng （厨房）	liúxíng （流行）	lángtūn-hǔyàn （狼吞虎咽）
lóngxūmiàn （龙须面）	hézhǐ （何止）	chángbiàn （尝遍）
nóngyào （农药）	nóngyù （浓郁）	yuánliào （原料）

3. 请跟读与第三声相连的词语

jǐngshuǐ （井水）	huǒchē （火车）	lǎojiā （老家）
lǎorénjiā （老人家）	gǎnmào （感冒）	měi cì （每次）
xiǎngniàn （想念）		

4. 请跟读第四声和与第四声相连的词语

chòng （冲）	dùn （炖）	lèng （愣）
dàbàntiān （大半天）	dàcài （大菜）	xiànzài （现在）
zuìhòu （最后）	hàochēng （号称）	xiàomīmī （笑眯眯）
huàféi （化肥）	zhèng zhí （正值）	zhuàngnián （壮年）

5. 请跟读与“一”相连的词语

yì wǎn （一碗）	yí dà zhuō （一大桌）	yílǜ （一律）
yíxiàng （一向）		

6. 请跟读与“不”相连的词语

wú suǒ bù chī （无所不吃）	bù zhīdào （不知道）	

7. 请跟读轻声词

guānxi （关系）	érzi （儿子）	mánghuo （忙活）
méi shénme （没什么）	shíbushí （时不时）	jiǎngjiu （讲究）
mǔqin （母亲）	xǐhuan （喜欢）	cìhou （伺候）
yìshi （意识）		

8. 请跟读儿化词

nǎr （哪儿）	fěntiáor （粉条儿）	xífur （媳妇儿）
chī diǎnr （吃点儿）	wèir （味儿）	jìshìr （记事儿）

读句子

1. 自从 记事儿开始，我就不知道 医院 的 大门 冲 哪儿开。
Zìcóng jìshìr kāishǐ，wǒ jiù bù zhīdào yīyuàn de dàmén chòng nǎr kāi.

2. 没 想到 正 值 壮年 会被区区 流行 感冒 打倒。
Méi xiǎngdào zhèng zhí zhuàngnián huì bèi qūqū liúxíng gǎnmào dǎdǎo.

3. 媳妇儿工作 特别 忙，但下了 班 就 到 医院 伺候 我。
Xífur gōngzuò tèbié máng，dàn xiàle bān jiù dào yīyuàn cìhou wǒ.

4. 我 一向 号称“无 所 不 吃”，对 吃 的 没 什么 讲究。
Wǒ yīxiàng hàochēng “wú suǒ bù chī”，duì chī de méi shénme jiǎngjiu.

5. 在 我 心里 总 时不时 地 想起 妈妈 做 的 摊 鸡蛋、贴 饼子，还 有 猪肉 炖 粉条儿。
Zài wǒ xīnli zǒng shíbushí de xiǎngqǐ māma zuò de tān jīdàn、tiē bǐngzi，hái yǒu zhūròu dùn fěntiáor.

6. 她自己 种 的菜 从 不 用 化肥 农药，一律 井水 浇 地。
Tā zìjǐ zhòng de cài cóng bù yòng huàféi nóngyào，yīlǜ jǐngshuǐ jiāo dì.

7. 她 总会 做上 一大 桌，笑眯眯 地 看着 我 和儿子 狼吞虎咽。
Tā zǒng huì zuòshang yī dà zhuō，xiàomīmī de kànzhe wǒ hé érzi lángtūn-hǔyàn.

8. 老人家 在 厨房 里 忙活了 大半天，做了一 碗 龙须面。
Lǎorénjiā zài chúfáng li mánghuole dàbàntiān，zuòle yī wǎn lóngxūmiàn.

读会话

妻子： 住了 这几天 院，最 想 吃 点儿 啥？
Qīzi： Zhùle zhè jǐ tiān yuàn，zuì xiǎng chī diǎnr shá？

丈夫： Zhàngfu：	吃 什么 都 行，最好 吃 点儿 家常菜——我 妈 做 的 那 种。 Chī shénme dōu xíng，zuìhǎo chī diǎnr jiāchángcài——wǒ mā zuò de nà zhǒng.
妻子： Qīzi：	你 不 是 一向 号称 “无 所 不 吃” 吗？ 怎么 突然 想 吃 妈 做 的 家常菜 了？ Nǐ bù shì yīxiàng hàochēng “wú suǒ bù chī” ma？ Zěnme tūrán xiǎng chī mā zuò de jiāchángcài le？
丈夫： Zhàngfu：	我 也 不 知道 为 什么，总 想起 我 妈 做 的 贴 饼子 和 猪肉 炖 粉条儿。 Wǒ yě bù zhīdào wèi shénme，zǒng xiǎngqǐ wǒ mā zuò de tiē bǐngzi hé zhūròu dùn fěntiáor.
妻子： Qīzi：	是 不 是 因为 妈 种 菜 不 用 化肥 农药，绿色 健康 啊？ Shì bu shì yīnwèi mā zhòng cài bù yòng huàféi nóngyào，lǜsè jiànkāng a？
丈夫： Zhàngfu：	可能 吧，反正 我 和 咱 儿子 都 爱 吃。 Kěnéng ba，fǎnzhèng wǒ hé zán érzi dōu ài chī.
妻子： Qīzi：	妈 知道 你 想 吃 她 做 的 菜 了，今晚 就 来 北京 给 你 做。 Mā zhīdào nǐ xiǎng chī tā zuò de cài le，jīnwǎn jiù lái Běijīng gěi nǐ zuò.
丈夫： Zhàngfu：	真 的？！ 太 辛苦 她 了，我 也 好久 没 见到 妈 了。 Zhēn de？！ Tài xīnkǔ tā le，wǒ yě hǎojiǔ méi jiàndào mā le.

表达练习

1. 复述课文

词语提示：

自从	冲	壮年	打倒	伺候	家常菜	愣	号称	讲究	尝遍	农村
井水	笑眯眯	狼吞虎咽	年纪	连夜	忙活	龙须面	浓郁	何止		

2. 谈谈你爱吃的一道家常菜

提示：

可以说说你最喜欢的一道家常菜，也可以说说父母对子女的爱。

第二十三课

○主课文

助学贷款——求学路上的"金色阳光"

公元 2011 年 8 月，小马的心情坐了一次"过山车"。
Gōngyuán èr líng yī yī nián bā yuè，Xiǎo Mǎ de xīnqíng zuòle yī cì "guòshānchē".

先是一喜：接到大学录取通知书的时候，这个小伙子觉得自己
Xiān shì yī xǐ：Jiēdào dàxué lùqǔ tōngzhīshū de shíhou，zhège xiǎohuǒzi juéde zìjǐ
多年寒窗苦读、父母含辛茹苦得到了回报；接下来却是担心：
duō nián hánchuāng kǔ dú、fùmǔ hánxīn-rúkǔ dédàole huíbào；jiē xialai què shì dānxīn：
面对每年 8000 元的学费，他突然觉得自己成了这个普通
Miànduì měi nián bāqiān yuán de xuéfèi，tā tūrán juéde zìjǐ chéngle zhège pǔtōng
农民家庭的负担；就在他打算通过打工来减轻父母的负担
nóngmín jiātíng de fùdān；jiù zài tā dǎsuàn tōngguò dǎgōng lái jiǎnqīng fùmǔ de fùdān
时，突发的阑尾炎让他住进了医院，小伙子的心情低落到了极点。
shí，tūfā de lánwěiyán ràng tā zhùjìnle yīyuàn，xiǎohuǒzi de xīnqíng dīluò dàole jídiǎn.

总算及时康复，惴惴不安的他在开学前赶到了学校，根
Zǒngsuàn jíshí kāngfù，zhuìzhuì-bù'ān de tā zài kāixué qián gǎndàole xuéxiào，gēn-
本不知道自己的大学梦还能不能变成现实。但命运
běn bù zhīdào zìjǐ de dàxuémèng hái néng bu néng biànchéng xiànshí. Dàn mìngyùn
并没有和他开玩笑：学校的老师把他领到了新生报名的
bìng méiyǒu hé tā kāi wánxiào：Xuéxiào de lǎoshī bǎ tā lǐngdàole xīnshēng bàomíng de
"绿色通道"，在这里，像他这样无力支付学费的学生可以先
"lǜsè tōngdào"，zài zhèli，xiàng tā zhèyàng wúlì zhīfù xuéfèi de xuésheng kěyǐ xiān
报名，然后申请国家助学贷款，读书期间他根本不用为
bàomíng，ránhòu shēnqǐng guójiā zhùxué dàikuǎn，dúshū qījiān tā gēnběn bùyòng wèi
学费担心了。
xuéfèi dānxīn le.

1999 年以来，国家助学贷款已经帮助 200 多万家庭经济
yī jiǔ jiǔ jiǔ nián yǐlái，guójiā zhùxué dàikuǎn yǐjīng bāngzhù liǎngbǎi duō wàn jiātíng jīngjì
困难的学子圆了"大学梦"。助学贷款每年平稳增长，
kùnnan de xuézǐ yuánle "dàxuémèng". Zhùxué dàikuǎn měi nián píngwěn zēngzhǎng，
从蹒跚起步到渐入佳境，截至 2012 年，国家助学贷款覆盖地区
cóng pánshān qǐbù dào jiàn rù jiājìng，jiézhì èr líng yī èr nián，guójiā zhùxué dàikuǎn fùgài dìqū

已达到 1761 个县区，15 个省份达到全覆盖。国家
yǐ dádào yīqiān qībǎi liùshíyī ge xiàn-qū，shíwǔ ge shěngfèn dádào quán fùgài. Guójiā
助学贷款已成为我国贫困生支付高等教育费用的主要来源。
zhùxué dàikuǎn yǐ chéngwéi wǒguó pínkùnshēng zhīfù gāoděng jiàoyù fèiyong de zhǔyào láiyuán.

读重点词语

1. 助学贷款（zhùxué dàikuǎn）	2. 求学（qiúxué）	3. 金色（jīnsè）
4. 阳光（yángguāng）	5. 公元（gōngyuán）	6. 过山车（guòshānchē）
7. 录取（lùqǔ）	8. 通知书（tōngzhīshū）	9. 多年（duō nián）
10. 寒窗苦读（hánchuāng kǔ dú）	11. 含辛茹苦（hánxīn-rúkǔ）	12. 回报（huíbào）
13. 负担（fùdān）	14. 打工（dǎgōng）	15. 减轻（jiǎnqīng）
16. 突发（tūfā）	17. 低落（dīluò）	18. 极点（jídiǎn）
19. 康复（kāngfù）	20. 惴惴不安（zhuìzhuì-bù'ān）	21. 根本（gēnběn）
22. 命运（mìngyùn）	23. 领（lǐng）	24. 新生（xīnshēng）
25. 报名（bàomíng）	26. 绿色通道（lǜsè tōngdào）	27. 无力（wúlì）
28. 支付（zhīfù）	29. 申请（shēnqǐng）	30. 期间（qījiān）
31. 学子（xuézǐ）	32. 圆梦（yuánmèng）	33. 平稳（píngwěn）
34. 蹒跚（pánshān）	35. 起步（qǐbù）	36. 渐入佳境（jiàn rù jiājìng）
37. 截至（jiézhì）	38. 覆盖（fùgài）	39. 省份（shěngfèn）
40. 高等（gāoděng）	41. 费用（fèiyòng）	42. 来源（láiyuán）

读句子

1. 公元 2011 年 8 月，小马的心情坐了一次“过山车”。
Gōngyuán èr líng yī yī nián bā yuè，Xiǎo Mǎ de xīnqíng zuòle yī cì “guòshānchē”.

2. 这个小伙子觉得自己多年寒窗苦读、父母含辛茹苦得到了回报。
Zhège xiǎohuǒzi juéde zìjǐ duō nián hánchuāng kǔ dú、fùmǔ hánxīn-rúkǔ dédàole huíbào.

3. 就在他打算通过打工来减轻父母的负担时，突发的阑尾炎让他住进了医院。
Jiù zài tā dǎsuàn tōngguò dǎgōng lái jiǎnqīng fùmǔ de fùdān shí, tūfā de lánwěiyán ràng tā zhùjìnle yīyuàn.

4. 总算及时康复，惴惴不安的他在开学前赶到了学校。
Zǒngsuàn jíshí kāngfù, zhuìzhuì-bù'ān de tā zài kāixué qián gǎndàole xuéxiào.

5. 读书期间他根本不用为学费担心了。
Dúshū qījiān tā gēnběn bùyòng wèi xuéfèi dānxīn le.

6. 国家助学贷款已经帮助200多万家庭经济困难的学子圆了"大学梦"。
Guójiā zhùxué dàikuǎn yǐjīng bāngzhù liǎngbǎi duō wàn jiātíng jīngjì kùnnan de xuézǐ yuánle "dàxuémèng".

7. 助学贷款每年平稳增长，从蹒跚起步到渐入佳境。
Zhùxué dàikuǎn měi nián píngwěn zēngzhǎng, cóng pánshān qǐbù dào jiàn rù jiājìng.

8. 截至2012年，国家助学贷款覆盖地区已达到1761个县区。
Jiézhì èr líng yī èr nián, guójiā zhùxué dàikuǎn fùgài dìqū yǐ dádào yīqiān qībǎi liùshíyī ge xiàn-qū.

读会话

小马： Xiǎo Mǎ:	老师，我来报到了，现在还不晚吧？ Lǎoshī, wǒ lái bàodào le, xiànzài hái bù wǎn ba?
老师： Lǎoshī:	不晚不晚，听说你得了阑尾炎，现在怎么样了？ Bù wǎn bù wǎn, tīngshuō nǐ déle lánwěiyán, xiànzài zěnmeyàng le?
小马： Xiǎo Mǎ:	现在已经好了，本想帮帮家里，没想到又给他们增加负担了。 Xiànzài yǐjīng hǎo le, běn xiǎng bāngbang jiāli, méi xiǎngdào yòu gěi tāmen zēngjiā fùdān le.
老师： Lǎoshī:	你还是个孩子，别有那么大的压力。 Nǐ hái shì ge háizi, bié yǒu nàme dà de yālì.
小马： Xiǎo Mǎ:	谢谢老师，但我真的觉得自己是家里最大的麻烦。 Xièxie lǎoshī, dàn wǒ zhēn de juéde zìjǐ shì jiāli zuì dà de máfan.

老师： Lǎoshī：	你家里的　情况　我 已经 了解 了，所以　我们　现在 就 去 申请　国家　助学　贷款。 Nǐ jiāli de qíngkuàng wǒ yǐjīng liǎojiě le，suǒyǐ wǒmen xiànzài jiù qù shēnqǐng guójiā zhùxué dàikuǎn.
小马： Xiǎo Mǎ：	真　的 吗？　我　不用　为　学费　担心　了？ Zhēn de ma？ Wǒ bùyòng wèi xuéfèi dānxīn le？
老师： Lǎoshī：	是 啊，放心　地　圆　你　的　大学梦　吧。 Shì a，fàngxīn de yuán nǐ de dàxuémèng ba.

表达练习

1. 复述课文

词语提示：

公元	过山车	通知书	回报	负担	打工	突发	低落	康复
惴惴不安	命运	无力	申请	贷款	学子	圆梦	增长	来源

2. 谈谈你对助学贷款的认识

提示：

谈谈你所知道的助学方式，也可以谈谈政府、社会、个人应如何帮助贫困家庭的孩子接受教育。

3. 看图说话

提示：

描述下图中的现象，并评论一下这个男人的做法。

普通话与粤语对比

（一）日常用语——起居

请读与粤语对应的普通话词语

普通话——粤语	普通话——粤语
睡觉——瞓觉	打瞌睡——瞌眼瞓
做梦——发梦	熬夜——捱眼瞓
落枕——瞓颈	起床——起身
穿衣服——着衫	刷牙——擦牙
漱口——喰口	洗澡——冲凉
开灯——着灯	关门——闩门

（二）语法——比较句（1）

普通话的比较句在比较性状和程度的差别时，常把介词“比”放在被比较对象的前面，后面加形容词，构成“A+ 比 +B+ 形容词”的格式，而粤语则用介词“过”代替“比”，并把形容词放在“过”前，构成“A+ 形容词 + 过 +B”的格式。如普通话“我比他大”，粤语则为“我大过佢”。

粤语用“得过”时，普通话中常用“更”来表示。如粤语“佢早得过你”，普通话则为“他比你更早”。

请把下面的粤语句子翻译成普通话句子，然后写在横线上

（1）细佬肥过大佬。________________

（2）男仔高过女仔。________________

（3）今日暖过琴日。________________

（4）边个叻得过我？________________

（5）我仲瞓得过你。________________

○副课文

磨难也是财富

有 一 个 年轻人， 他 的 父亲 是 有名 的 富翁， 而 每 次 谈到 这
Yǒu yī ge niánqīngrén，tā de fùqin shì yǒumíng de fùwēng，ér měi cì tándào zhè

万贯 家财 时， 父亲 总是 说：“记住， 等 你 有了 足够 的 财富， 我 才
wànguàn jiācái shí，fùqin zǒngshì shuō：“Jìzhù，děng nǐ yǒule zúgòu de cáifù，wǒ cái

会把我的产业交给你!"
huì bǎ wǒ de chǎnyè jiāogěi nǐ!"

于是,他读大学的时候,每逢节假日都要去打工,而打工的工资都要用来偿还父母所给的学费和生活费。大学毕业后,他的父亲仍然要求他按期偿还生活费;他想做生意,可他的父亲拒绝为他申请银行贷款做担保;年轻人去一个小公司打工,因为那里复杂的人际关系而被炒了鱿鱼……终于,他用自己积攒的一点儿钱开了一个小公司,他小心翼翼,不知吃了多少苦头儿,才把小公司发展成了一个大公司,而公司又因经营管理不善倒闭了。
Yúshì, tā dú dàxué de shíhou, měi féng jiéjiàrì dōu yào qù dǎgōng, ér dǎgōng de gōngzī dōu yào yònglái chánghuán fùmǔ suǒ gěi de xuéfèi hé shēnghuófèi. Dàxué bìyè hòu, tā de fùqin réngrán yāoqiú tā ànqī chánghuán shēnghuófèi; tā xiǎng zuò shēngyi, kě tā de fùqin jùjué wèi tā shēnqǐng yínháng dàikuǎn zuò dānbǎo; niánqīngrén qù yī ge xiǎo gōngsī dǎgōng, yīnwèi nàli fùzá de rénjì guānxi ér bèi chǎole yóuyú··· Zhōngyú, tā yòng zìjǐ jīzǎn de yīdiǎnr qián kāile yī ge xiǎo gōngsī, tā xiǎoxīn-yìyì, bù zhī chīle duōshao kǔtóur, cái bǎ xiǎo gōngsī fāzhǎn chéngle yī ge dà gōngsī, ér gōngsī yòu yīn jīngyíng guǎnlǐ bùshàn dǎobì le.

就在他咬紧牙关、重树信心,准备卷土重来的时候,父亲找到了他,决定将自己的产业都交给他。父亲说:"孩子,你虽然看起来一无所有,但你已经经历了足够的苦难,这是人生最大的财富,现在我可以放心地把公司交给你了。"这个年轻人果然没有辜负父亲的期望,他就是被称为"美国股神"的沃伦·巴菲特。
Jiù zài tā yǎojǐn yáguān、chóng shù xìnxīn, zhǔnbèi juǎntǔ-chónglái de shíhou, fùqin zhǎodàole tā, juédìng jiāng zìjǐ de chǎnyè dōu jiāo gěi tā. Fùqin shuō: "Háizi, nǐ suīrán kàn qilai yīwúsuǒyǒu, dàn nǐ yǐjīng jīnglìle zúgòu de kǔnàn, zhè shì rénshēng zuì dà de cáifù, xiànzài wǒ kěyǐ fàngxīn de bǎ gōngsī jiāo gěi nǐ le." Zhège niánqīngrén guǒrán méiyǒu gūfù fùqin de qīwàng, tā jiù shì bèi chēngwéi "Měiguó gǔshén" de Wòlún Bāfēitè.

◎ 读词语

1. 请跟读与第一声相连的词语

gōngsī （公司）	gōngzī （工资）	jīngyíng （经营）
shēnghuófèi （生活费）	dānbǎo （担保）	jīzǎn （积攒）

gūfù （辜负）	jīnglì （经历）	qīwàng （期望）

2. 请跟读第二声和与第二声相连的词语

féng （逢）	chánghuán （偿还）	réngrán （仍然）
yínháng （银行）	cáifù （财富）	chóng shù xìnxīn （重树信心）
mónàn （磨难）	zúgòu （足够）	

3. 请跟读与第三声相连的词语

chǎnyè （产业）	guǎnlǐ （管理）	juǎntǔ-chónglái（卷土重来）
yǎojǐn yáguān （咬紧牙关）	dǎgōng （打工）	xiǎoxīn-yìyì （小心翼翼）
chǎo yóuyú （炒鱿鱼）	gǔshén （股神）	měi féng （每逢）
Měiguó （美国）	yǒumíng （有名）	dǎobì （倒闭）
kǔnàn （苦难）	zhǔnbèi （准备）	zǒngshì （总是）

4. 请跟读与第四声相连的词语

bìyè （毕业）	jìzhù （记住）	wànguàn jiācái（万贯家财）
xiànzài （现在）	zuì dà （最大）	ànqī （按期）
fùwēng （富翁）	fùzá （复杂）	jùjué （拒绝）
Wòlún Bāfēitè （沃伦·巴菲特）		

5. 请跟读与“一”相连的词语

yìwúsuǒyǒu （一无所有）	yí ge （一个）	

6. 请跟读与“不”相连的词语

búshàn （不善）		

7. 请跟读轻声词

guānxi （关系）	zuò shēngyi （做生意）	háizi （孩子）
fùqin （父亲）	kàn qilai （看起来）	

8. 请跟读儿化词

kǔtóur （苦头儿）		

读句子

1. 他读大学的时候，每逢节假日都要去打工。
Tā dú dàxué de shíhou，měi féng jiéjiàrì dōu yào qù dǎgōng.

2. 大学毕业后，他的父亲仍然要求他按期偿还生活费。
Dàxué bìyè hòu，tā de fùqin réngrán yāoqiú tā ànqī chánghuán shēnghuófèi.

3. 可他的父亲拒绝为他申请银行贷款做担保。
Kě tā de fùqin jùjué wèi tā shēnqǐng yínháng dàikuǎn zuò dānbǎo.

4. 因为他那里复杂的人际关系而被炒了鱿鱼……
Yīnwèi tā nàli fùzá de rénjì guānxi ér bèi chǎole yóuyú…

5. 终于，用自己积攒的一点儿钱开了一个小公司。
Zhōngyú，yòng zìjǐ jīzǎn de yīdiǎnr qián kāile yī ge xiǎo gōngsī.

6. 他小心翼翼，不知吃了多少苦头儿。
Tā xiǎoxīn-yìyì，bù zhī chīle duōshao kǔtóur.

7. 就在他咬紧牙关、重树信心，准备卷土重来的时候。
Jiù zài tā yǎojǐn yáguān、chóng shù xìnxīn，zhǔnbèi juǎntǔ-chónglái de shíhou.

8. 你虽然看起来一无所有，但你已经经历了足够的苦难。
Nǐ suīrán kàn qilai yīwúsuǒyǒu，dàn nǐ yǐjīng jīnglìle zúgòu de kǔnàn.

读会话

记者： Jìzhě：	巴菲特先生，听说您的父亲也是一位富翁？ Bāfēitè xiānsheng，tīngshuō nín de fùqin yě shì yī wèi fùwēng？
巴菲特： Bāfēitè：	是的，可是我年轻的时候特别恨他。 Shì de，kěshì wǒ niánqīng de shíhou tèbié hèn tā.
记者： Jìzhě：	为什么？听说他常逼着您在大学时还他学费和生活费？ Wèi shénme？Tīngshuō tā cháng bīzhe nín zài dàxué shí huán tā xuéfèi hé shēnghuófèi？

巴菲特： Bāfēitè：	不仅如此，在我创业时，他居然拒绝为我申请的贷款做担保！ Bùjǐn rúcǐ，zài wǒ chuàngyè shí，tā jūrán jùjué wèi wǒ shēnqǐng de dàikuǎn zuò dānbǎo！
记者： Jìzhě：	那您一定经历了不少磨难吧？ Nà nín yīdìng jīnglìle bù shǎo mónàn ba？
巴菲特： Bāfēitè：	是的，我被炒过鱿鱼，经营的公司也倒闭过。 Shì de，wǒ bèi chǎoguo yóuyú，jīngyíng de gōngsī yě dǎobìguo.
记者： Jìzhě：	那您现在还恨您的父亲吗？ Nà nín xiànzài hái hèn nín de fùqin ma？
巴菲特： Bāfēitè：	当然不恨，我经历的磨难是他给我的最大一笔财富。 Dāngrán bù hèn，wǒ jīnglì de mónàn shì tā gěi wǒ de zuì dà yī bǐ cáifù.

表达练习

1. 复述课文

词语提示：

父亲	富翁	万贯家财	足够	产业	打工	偿还	拒绝	担保
复杂	炒鱿鱼	积攒	苦头儿	倒闭	卷土重来	一无所有		苦难
期望								

2. 谈谈你对年轻人创业的看法

提示：

可以谈谈自己或他人的创业经历，也可以对年轻人接受磨炼谈谈自己的看法。

第二十四课

○主课文

有机食品——餐桌上的新宠

不知不觉， 有机 食品 越 来 越 频繁 地 出现 在 我们 身边， 已
Bùzhī-bùjué，yǒujī shípǐn yuè lái yuè pínfán de chūxiàn zài wǒmen shēnbiān，yǐ
慢慢 走进了 我们 的 厨房， 登上了 餐桌。 然而 究竟 什么 是
mànmàn zǒujìnle wǒmen de chúfáng，dēngshàngle cānzhuō. Rán’ér jiūjìng shénme shì
有机 食品 呢？
yǒujī shípǐn ne？

有机 食品 是 指 来自 有机 农业 生产 体系，根据 有机 农业 生
Yǒujī shípǐn shì zhǐ láizì yǒujī nóngyè shēngchǎn tǐxì，gēnjù yǒujī nóngyè shēng-
产 的 规范 生产 加工， 并 经 独立 的 认证 机构 认证 的 农
chǎn de guīfàn shēngchǎn jiāgōng，bìng jīng dúlì de rènzhèng jīgòu rènzhèng de nóng-
产品 及其 加工 产品。 以 有机 牛奶 为 例：乳牛 牧场 的 土壤 必须
chǎnpǐn jíqí jiāgōng chǎnpǐn. Yǐ yǒujī niúnǎi wéi lì：Rǔniú mùchǎng de tǔrǎng bìxū
首先 经过 3 年 或 以上 的 净化， 其间 不 得 使用 任何 农
shǒuxiān jīngguò sān nián huò yǐshàng de jìnghuà，qíjiān bù dé shǐyòng rènhé nóng-
药、 化肥 等 违禁 物质； 牧草 的 种子 或 种苗 必须 来自 自然界， 未
yào、huàféi děng wéijìn wùzhì；mùcǎo de zhǒngzi huò zhǒngmiáo bìxū láizì zìránjiè，wèi
经 基因 工程 技术 改造过； 在 养殖、 生产、 物流、 销售 等 各
jīng jīyīn gōngchéng jìshù gǎizàoguo；zài yǎngzhí、shēngchǎn、wùliú、xiāoshòu děng gè
环节 都 要 严格 监控， 不 得 有 任何 污染…… 即使 是 风 把 一点点
huánjié dōu yào yángé jiānkòng，bù dé yǒu rènhé wūrǎn… Jíshǐ shì fēng bǎ yīdiǎndiǎn
农药 残留 吹到 草叶 上， 最后 的 牛奶 也 无法 得到 相关 部门
nóngyào cánliú chuīdào cǎoyè shang，zuìhòu de niúnǎi yě wúfǎ dédào xiāngguān bùmén
的 认证。
de rènzhèng.

有机 食品 近乎 严苛 的 认证 标准 保证了 其 与 其他 食品 相
Yǒujī shípǐn jìnhū yánkē de rènzhèng biāozhǔn bǎozhèngle qí yǔ qítā shípǐn xiāng
比 更 为 健康、 含有 较 少 的 化学 物质， 还 可以 保护 土壤， 对
bǐ gèng wéi jiànkāng、hányǒu jiào shǎo de huàxué wùzhì，hái kěyǐ bǎohù tǔrǎng，duì
生态 环境 也 更加 有利。
shēngtài huánjìng yě gèngjiā yǒulì.

目前　国内 有机 食品 的 销售额 还 很 小，与 发达 国家 平均 水
Mùqián guónèi yǒujī shípǐn de xiāoshòu'é hái hěn xiǎo，yǔ fādá guójiā píngjūn shuǐ-
平 相 比，相 差 近 百 倍，有机 食品 行业 必将 成为 下 一个 朝
píng xiāng bǐ，xiāng chà jìn bǎi bèi，yǒujī shípǐn hángyè bìjiāng chéngwéi xià yī ge zhāo-
阳 行业。
yáng hángyè.

读重点词语

1. 有机 (yǒujī)	2. 食品 (shípǐn)	3. 餐桌 (cānzhuō)
4. 新宠 (xīnchǒng)	5. 频繁 (pínfán)	6. 登 (dēng)
7. 究竟 (jiūjìng)	8. 来自 (láizì)	9. 体系 (tǐxì)
10. 规范 (guīfàn)	11. 加工 (jiāgōng)	12. 独立 (dúlì)
13. 认证 (rènzhèng)	14. 机构 (jīgòu)	15. 农产品 (nóngchǎnpǐn)
16. 乳牛 (rǔniú)	17. 牧场 (mùchǎng)	18. 土壤 (tǔrǎng)
19. 净化 (jìnghuà)	20. 其间 (qíjiān)	21. 违禁 (wéijìn)
22. 物质 (wùzhì)	23. 种子 (zhǒngzi)	24. 种苗 (zhǒngmiáo)
25. 自然界 (zìránjiè)	26. 基因 (jīyīn)	27. 工程 (gōngchéng)
28. 改造 (gǎizào)	29. 养殖 (yǎngzhí)	30. 物流 (wùliú)
31. 销售 (xiāoshòu)	32. 环节 (huánjié)	33. 严格 (yángé)
34. 监控 (jiānkòng)	35. 残留 (cánliú)	36. 相关 (xiāngguān)
37. 部门 (bùmén)	38. 严苛 (yánkē)	39. 标准 (biāozhǔn)
40. 化学 (huàxué)	41. 生态 (shēngtài)	42. 有利 (yǒulì)
43. 销售额 (xiāoshòu'é)	44. 发达 (fādá)	45. 平均 (píngjūn)
46. 行业 (hángyè)	47. 朝阳 (zhāoyáng)	

读句子

1. 不知不觉，有机 食品 越 来 越 频繁 地 出现 在 我们 身边。
Bùzhī-bùjué，yǒujī shípǐn yuè lái yuè pínfán de chūxiàn zài wǒmen shēnbiān.

2. 然而，究竟 什么 是 有机 食品 呢？
Rán'ér，jiūjìng shénme shì yǒujī shípǐn ne？

3. 乳牛 牧场 的 土壤 必须 首先 经过 3 年 或 以上 的 净化。
Rǔniú mùchǎng de tǔrǎng bìxū shǒuxiān jīngguò sān nián huò yǐshàng de jìnghuà.

4. 牧草 的 种子 或 种苗 必须来自 自然界，未 经 基因 工程 技术 改造过。
Mùcǎo de zhǒngzi huò zhǒngmiáo bìxū láizì zìránjiè，wèi jīng jīyīn gōngchéng jìshù gǎizàoguo.

5. 在 养殖、 生产、 物流、 销售 等 各 环节 都 要 严格 监控，不 得 有 任何 污染……
Zài yǎngzhí、shēngchǎn、wùliú、xiāoshòu děng gè huánjié dōu yào yángé jiānkòng，bù dé yǒu rènhé wūrǎn…

6. 有机 食品 近乎 严苛 的 认证 标准 保证了 其 与 其他 食品 相 比 更 为 健康、 含有 较 少 的 化学 物质。
Yǒujī shípǐn jìnhū yánkē de rènzhèng biāozhǔn bǎozhèngle qí yǔ qítā shípǐn xiāng bǐ gèng wéi jiànkāng、hányǒu jiào shǎo de huàxué wùzhì.

7. 与 发达 国家 平均 水平 相 比， 相 差 近 百 倍。
Yǔ fādá guójiā píngjūn shuǐpíng xiāng bǐ，xiāng chà jìn bǎi bèi.

8. 有机 食品 行业 必将 成为 下 一 个 朝阳 行业。
Yǒujī shípǐn hángyè bìjiāng chéngwéi xià yī ge zhāoyáng hángyè.

读会话

商家： Shāngjiā：	有机 食品 就 是 有机 农业 生产 出来 的，经过 严格 认证 的 产品。 Yǒujī shípǐn jiù shì yǒujī nóngyè shēngchǎn chulai de，jīngguò yángé rènzhèng de chǎnpǐn.
消费者： Xiāofèizhě：	它 很 安全 吗？ Tā hěn ānquán ma？
商家： Shāngjiā：	当然， 如果 乳牛 吃 的 草 上 有 一点点 农药 残留， 它 的 奶 都 不 可能 成为 合格 的 有机 牛奶！ Dāngrán，rúguǒ rǔniú chī de cǎo shang yǒu yīdiǎndiǎn nóngyào cánliú，tā de nǎi dōu bù kěnéng chéngwéi hégé de yǒujī niúnǎi！
消费者： Xiāofèizhě：	它 和 绿色 食品、 天然 食品 什么的 有 什么 不 同 吗？ Tā hé lǜsè shípǐn、tiānrán shípǐn shénmede yǒu shénme bù tóng ma？

商家： Shāngjiā：	有机 食品 更 健康， 含有 更 少 的 化学 物质。 Yǒujī shípǐn gèng jiànkāng，hányǒu gèng shǎo de huàxué wùzhì.
消费者： Xiāofèizhě：	这么 说 来，我们 应该 多 吃 有机 食品 啦？ Zhème shuō lái，wǒmen yīnggāi duō chī yǒujī shípǐn la？
商家： Shāngjiā：	对，所以 将来 会 有 更 多、更 好 的 有机 食品 供 Duì，suǒyǐ jiānglái huì yǒu gèng duō、gèng hǎo de yǒujī shípǐn gōng 大家 享用。 dàjiā xiǎngyòng.

表达练习

1. 复述课文

词语提示：

有机食品　频繁　餐桌　农业　规范　认证　产品　土壤　净化　改造
环节　监控　残留　严苛　保护　生态　销售额　相差　行业　朝阳

2. 谈谈你对食品安全的认识

提示：

可以谈谈应如何保证食品安全，也可以谈谈你所知道的国内外保证食品安全的做法。

3. 看图说话

提示：

谈谈下图中的现象及你的想法和认识。

普通话与粤语对比

（一）日常用语——科技

请读与粤语对应的普通话词语

普通话	粤语
宽带	宽带
占线	（电话）用紧
显示器	芒
接口	驳口
硬盘	硬盘机
光标	游标

普通话	粤语
移动电话	流动电话
固定电话	固网电话
刻录	刻录
死机	当机
来电转移	飞线
服务器	服务器

（二）语法——比较句（2）

除了“过”以外，粤语还用“得多”来表示比较，这与普通话一样，不过用法上略有不同，粤语“得多”前是动词或短语时，在普通话中常常要在句中加“更”。如粤语“入脑得多”，普通话则说“更入脑（更容易记住）”。

比较句中有一种是无差别比较，即比较双方一致，这种情况下普通话与粤语基本句式是一样的，区别只在于介词：粤语常用“同”，而普通话常用“和”、“跟”，只在少数书面语体中才用“同”。如粤语说“我同佢一样高”，普通话则说“我跟他一样高”。

而在否定形式中，普通话与粤语的区别更大，主要是语序不同，普通话更常用“跟……不一样”句式。如粤语“我唔同你嘅”，普通话则为“我跟你不同（我跟你不一样）”。

请把下面的粤语句子翻译成普通话句子，然后写在横线上

（1）咁样好做得多。 ____________________

（2）咁又唔同得多。 ____________________

（3）佢跳舞同老杨一样咁好。 ____________________

（4）午餐同晚餐咁上下啦。 ____________________

（5）个样亦回复返同以前差唔多嘞。 ____________________

○副课文

点菜与品位

我越来越怕去饭店了，尤其是怕点菜，前几天一次“丢脸”的
Wǒ yuè lái yuè pà qù fàndiàn le，yóuqí shì pà diǎn cài，qián jǐ tiān yī cì “diūliǎn” de

经历更是让我对点菜避之唯恐不及。
jīnglì gèng shì ràng wǒ duì diǎn cài bì zhī wéikǒng bù jí.

前几天被一个地产界的朋友邀请去参加一个聚会，来到了
Qián jǐ tiān bèi yī ge dìchǎnjiè de péngyou yāoqǐng qù cānjiā yī ge jùhuì，láidàole

一家富丽堂皇的饭店。点菜时，我点了一个酱牛肉，服务员
yī jiā fùlì-tánghuáng de fàndiàn. Diǎn cài shí，wǒ diǎnle yī ge jiàngniúròu，fúwùyuán

扬着下巴说：“对不起，这里没有这个菜！”同桌的几个人相
yángzhe xiàba shuō：“Duìbuqǐ，zhèli méiyǒu zhège cài！” Tóng zhuō de jǐ ge rén xiāng

视了一下儿，再看我时，眼神中俨然多了几分鄙视。再看看
shì le yīxiàr，zài kàn wǒ shí，yǎnshén zhōng yǎnrán duōle jǐ fēn bǐshì. Zài kànkan

人家点的菜，不仅名贵，菜名也很优雅、浪漫。席间，几位又
rénjia diǎn de cài，bùjǐn míngguì，càimíng yě hěn yōuyǎ、làngmàn. Xí jiān，jǐ wèi yòu

聊起了美食，中国的珍馐美味似乎已经俗不可耐了，神户的牛
liáoqǐle měishí，Zhōngguó de zhēnxiū měiwèi sìhū yǐjīng súbùkěnài le，Shénhù de niú-

肉、意大利的松露……似乎才更符合他们的“品位”。
ròu、Yìdàlì de sōnglù… sìhū cái gèng fúhé tāmen de “pǐnwèi”.

我真是佩服得五体投地，人家的品位太高了。那些菜名自己
Wǒ zhēn shì pèifu de wǔtǐ-tóudì，rénjia de pǐnwèi tài gāo le. Nàxiē càimíng zìjǐ

听都没听过，就算我点了，我也绝对吃不出如菜名那般
tīng dōu méi tīngguo，jiùsuàn wǒ diǎn le，wǒ yě juéduì chī bu chū rú càimíng nà bān

浪漫的滋味。
làngmàn de zīwèi.

在大学时，老师谆谆教导：“腹有诗书气自华。”而如今，品
Zài dàxué shí，lǎoshī zhūnzhūn jiàodǎo：“Fù yǒu shīshū qì zì huá.” Ér rújīn，pǐn-

位不仅要由点菜来体现，更要由喝酒、穿衣来展现。
wèi bùjǐn yào yóu diǎn cài lái tǐxiàn，gèng yào yóu hē jiǔ、chuān yī lái zhǎnxiàn.

我住的小区外面新开了一家整形医院，开医院的老板
Wǒ zhù de xiǎoqū wàimian xīn kāile yī jiā zhěngxíng yīyuàn，kāi yīyuàn de lǎobǎn

找我给他们写条横幅。我写好了：“美丽的脸和高雅的品位一样，
zhǎo wǒ gěi tāmen xiě tiáo héngfú. Wǒ xiěhǎole：“Měilì de liǎn hé gāoyǎ de pǐnwèi yīyàng，

都是可以‘装’出来的！”
dōu shì kěyǐ ‘zhuāng’ chulai de！”

三 读词语

1. 请跟读与第一声相连的词语

cānjiā （参加）	chuān yī （穿衣）	shīshū （诗书）
zhēnxiū （珍馐）	zhūnzhūn jiàodǎo （谆谆教导）	gāoyǎ （高雅）
yāoqǐng （邀请）	yōuyǎ （优雅）	sōnglù （松露）
xiāng shì （相视）	zīwèi （滋味）	

2. 请跟读第二声和与第二声相连的词语

huá （华）	yáng （扬）	fúhé （符合）
héngfú （横幅）	yóuqí （尤其）	rújīn （如今）
xí jiān （席间）	juéduì （绝对）	míngguì （名贵）
Shénhù （神户）		

3. 请跟读与第三声相连的词语

lǎobǎn （老板）	wǔtǐ-tóudì （五体投地）	xiǎoqū （小区）
měishí （美食）	yǎnrán （俨然）	yǎnshén （眼神）
zhěngxíng （整形）	bǐshì （鄙视）	diǎn cài （点菜）
měilì （美丽）	pǐnwèi （品位）	tǐxiàn （体现）
zhǎnxiàn （展现）		

4. 请跟读第四声和与第四声相连的词语

fù （腹）	fàndiàn （饭店）	fùlì-tánghuáng （富丽堂皇）
jùhuì （聚会）	làngmàn （浪漫）	Yìdàlì （意大利）
jiàngniúròu （酱牛肉）	pèifu （佩服）	dìchǎnjiè （地产界）

5. 请跟读与“一”相连的词语

yì jiā （一家）	yí cì （一次）	yíyàng （一样）

6. 请跟读与“不”相连的词语

bì zhī wéikǒng bù jí （避之唯恐不及）	bùjǐn （不仅）	súbùkěnài （俗不可耐）

7. 请跟读轻声词

tīngguo（听过）	péngyou（朋友）	rénjia（人家）
yángzhe（扬着）	duìbuqǐ（对不起）	wàimian（外面）
xiàba（下巴）		

8. 请跟读儿化词

yīxiàr（一下儿）		

读句子

1. 前几天一次"丢脸"的经历更是让我对点菜避之唯恐不及。
Qián jǐ tiān yī cì "diūliǎn" de jīnglì gèng shì ràng wǒ duì diǎn cài bì zhī wéikǒng bù jí.

2. 前几天被一个地产界的朋友邀请去参加一个聚会，来到了一家富丽堂皇的饭店。
Qián jǐ tiān bèi yī ge dìchǎnjiè de péngyou yāoqǐng qù cānjiā yī ge jùhuì，láidàole yī jiā fùlì-tánghuáng de fàndiàn.

3. 服务员扬着下巴说："对不起，这里没有这个菜！"
Fúwùyuán yángzhe xiàba shuō："Duìbuqǐ，zhèli méiyǒu zhège cài！"

4. 同桌的几个人相视了一下儿，再看我时，眼神中俨然多了几分鄙视。
Tóng zhuō de jǐ ge rén xiāng shì le yīxiàr，zài kàn wǒ shí，yǎnshén zhōng yǎnrán duōle jǐ fēn bǐshì.

5. 我真是佩服得五体投地，人家的品位太高了。
Wǒ zhēn shì pèifu de wǔtǐ-tóudì，rénjia de pǐnwèi tài gāo le.

6. 我也绝对吃不出如菜名那般浪漫的滋味。
Wǒ yě juéduì chī bu chū rú càimíng nà bān làngmàn de zīwèi.

7. 在大学时，老师谆谆教导："腹有诗书气自华。"
Zài dàxué shí，lǎoshī zhūnzhūn jiàodǎo："Fù yǒu shīshū qì zì huá."

8. 美丽的脸和高雅的品位一样，都是可以"装"出来的！
Měilì de liǎn hé gāoyǎ de pǐnwèi yīyàng，dōu shì kěyǐ "zhuāng" chulai de！

读会话

朋友： Péngyou：	什么 时候 有 空儿， 请 你 去 个 大 饭店 吃 一 顿？ Shénme shíhou yǒu kòngr，qǐng nǐ qù ge dà fàndiàn chī yī dùn？
我： Wǒ：	千万 不要！ 我 最近 越 来 越 怕 去 大 饭店 了，尤其 是 点 菜。 Qiānwàn bùyào！ Wǒ zuìjìn yuè lái yuè pà qù dà fàndiàn le，yóuqí shì diǎn cài.
朋友： Péngyou：	发生 什么 事 了？ Fāshēng shénme shì le？
我： Wǒ：	前 几 天 去 一 家 特别 豪华 的 饭店， 点 菜 时，我 要了 一 个 酱牛肉。 Qián jǐ tiān qù yī jiā tèbié háohuá de fàndiàn，diǎn cài shí，wǒ yàole yī ge jiàngniúròu.
朋友： Péngyou：	你 一定 被 别人 嘲笑 了 吧？ Nǐ yīdìng bèi biérén cháoxiào le ba？
我： Wǒ：	不止 被 嘲笑， 还 被 鄙视 了。 Bùzhǐ bèi cháoxiào，hái bèi bǐshì le.
朋友： Péngyou：	那 别人 点 的 菜 很 名贵 吗？ Nà biérén diǎn de cài hěn míngguì ma？
我： Wǒ：	是 啊，看 起来 他们 的 品位 都 太 高 了， 好像 通过 点 菜 就 能 体现 出来。 Shì a，kàn qilai tāmen de pǐnwèi dōu tài gāo le，hǎoxiàng tōngguò diǎn cài jiù néng tǐxiàn chulai.

表达练习

1. 复述课文

词语提示：

点菜 丢脸 邀请 富丽堂皇 相视 鄙视 名贵 优雅 美食 俗不可耐 品位 五体投地 绝对 谆谆 教导 展现 整形 装

2. 谈谈什么是有品位

提示：

可以谈谈你认为有助于提高品位的办法，也可以说说点菜与品位的关系。

第二十五课

橘汁与蜂蜜水

读词语

1. 教授	2. 演讲	3. 两杯	4. 黄色	5. 白色
6. 液体	7. 表情	8. 神秘	9. 选择	10. 味道
11. 如何	12. 实验	13. 解释	14. 随后	15. 前排
16. 旁边	17. 同样	18. 参加	19. 测试	20. 皱着
21. 眉头	22. 黄连水	23. 橘汁	24. 大声	25. 蜂蜜
26. 色素	27. 放弃	28. 鲜艳	29. 平淡无奇	30. 追求
31. 外观	32. 苦果	33. 现实	34. 甘甜	35. 滋味

读后说

（一）短文一

1. 请用普通话朗读下面一段话

教授准备了两杯水，里面分别装着黄色和白色的液体。教授表情神秘地对我们说："一会儿我要请你们每个人从这两杯水中选择一杯尝一下儿。不管它味道如何，请先不要说出来，等实验做完以后我再向大家解释。"

2. 请读下面的题目并回答问题

（1）教授准备了什么？
（2）教授有几个要求？
（3）教授的第一个要求是什么？
（4）教授的第二个要求是什么？
（5）教授什么时候才能作答？

（二）短文二

1. 请用普通话朗读下面一段话

随后，教授先问了前排的两个同学想喝哪杯，两人都选了黄色的那杯。接着，他又问旁边的第三和第四个同学，他们两人同样也说想尝尝黄色的那杯。就这样，一共有 120 多个同学参加了测试，其中大约四分之三的同学都选择了黄色的那杯。

2. 请读下面的题目并回答问题

（1）接着，教授先问了几个同学？他们选择喝什么颜色的水？
（2）教授又问了第几个同学？他们选择喝什么水？
（3）有多少人参加了这次实验？选择黄色水的人占多少？

（三）短文三

1. 请用普通话朗读下面一段话

实验结束后，教授问同学们：“那杯黄色的水味道怎么样？”那四分之三的同学都皱着眉头回答说：“实在太苦了！”教授马上说：“对不起，因为那是一杯黄连水啊。刚才你们为什么要选这杯呢？”那些同学回答：“因为它看起来像橘汁。”教授笑了笑，接着又问另外那四分之一的同学：“白色的水味道怎么样？”他们大声地抢着说：“好喝！”“很甜！”“对，因为这是蜂蜜水。刚才你们为什么选择喝白色的这杯呢？”“那杯黄色的水颜色很好看，但是我们担心里面加了色素。”那些喝过蜂蜜水的同学答道。

2. 请读下面的题目并回答问题

（1）实验结束后，教授做了什么？
（2）喝黄色水的同学认为水味道怎么样？
（3）喝白色水的同学认为水味道怎么样？
（4）教授告诉同学们黄色的水为什么苦？
（5）教授告诉同学们白色的水为什么甜？
（6）四分之三的同学为什么选择黄色水？
（7）四分之一的同学为什么选择白色水？

（四）短文四

1. 请用普通话朗读下面一段话

教授听完又笑了笑说：“绝大多数同学选择了很苦的黄连水，因为它看起来像橘汁，只有极少数的同学尝到了蜂蜜水，这里有什么道理呢？其实，大家想一想，人们选择自己人生之路的过程，就像选择两杯不同颜色的水。一旦选择了一种，就等于放弃了另一种。大多数人都会选择颜色鲜艳的那杯，只有极少数人会选择颜色平淡无奇的、看着不起眼儿的这杯。前一种人因为过于追求外观，反而往往会尝到苦果；而后一种人并不看重外观，而看重现实，反而能尝到甘甜的滋味。”

2. 请读下面的题目并回答问题

（1）教授用什么来比喻人生？
（2）人生的选择的规律是什么？

（3）人们选择颜色鲜艳的黄色水寓意是什么？结果是什么？
（4）人们选择颜色平淡无奇的白色水寓意是什么？结果是什么？

（五）短文五

1. 请用普通话朗读下面的文章

多年前，我们学校曾请来一位著名的教授做演讲。教授准备了两杯水，里面分别装着黄色和白色的液体。教授表情神秘地对我们说："一会儿我要请你们每个人从这两杯水中选择一杯尝一下儿。不管它味道如何，请先不要说出来，等实验做完以后我再向大家解释。"

随后，教授先问了前排的两个同学想喝哪杯，两人都选了黄色的那杯。接着，他又问旁边的第三和第四个同学，他们两人同样也说想尝尝黄色的那杯。就这样，一共有 120 多个同学参加了测试，其中大约四分之三的同学都选择了黄色的那杯。

实验结束后，教授问同学们："那杯黄色的水味道怎么样？"那四分之三的同学都皱着眉头回答说："实在太苦了！"教授马上说："对不起，因为那是一杯黄连水啊。刚才你们为什么要选这杯呢？"那些同学回答："因为它看起来像橘汁。"教授笑了笑，接着又问另外那四分之一的同学："白色的水味道怎么样？"他们大声地抢着说："好喝！""很甜！""对，因为这是蜂蜜水。刚才你们为什么选择喝白色的这杯呢？""那杯黄色的水颜色很好看，但是我们担心里面加了色素。"那些喝过蜂蜜水的同学答道。

教授听完又笑了笑说："绝大多数同学选择了很苦的黄连水，因为它看起来像橘汁，只有极少数的同学尝到了蜂蜜水，这里有什么道理呢？其实，大家想一想，人们选择自己人生之路的过程，就像选择两杯不同颜色的水。一旦选择了一种，就等于放弃了另一种。大多数人都会选择颜色鲜艳的那杯，只有极少数人会选择颜色平淡无奇的、看着不起眼儿的这杯。前一种人因为过于追求外观，反而往往会尝到苦果；而后一种人并不看重外观，而看重现实，反而能尝到甘甜的滋味。"

这次演讲已经过去好多年了，但是教授的这番话我依然记得很清楚。

2. 请读下列句子，并根据文章内容判断正误，错误的请说明原因（"√"表示正确，"×"表示错误）

（1）最近我们学校请来一位著名的物理学教授来做演讲。（　　）
（2）在演讲中，教授做了一个让同学们选择水尝味道的实验。（　　）
（3）其中有四分之一的人选择了黄色水，四分之三的人选择了白色水。（　　）
（4）黄色水很苦，是黄连水；白色水很甜，是蜂蜜水。（　　）
（5）选黄色水的同学是因为黄色水像橘汁，选白色水的同学是因为白色水没加色素。（　　）
（6）教授是想用这个实验来说明人生的选择与水的选择是一样的。（　　）
（7）选择黄色水追求的是外观，选择白色水不看重外表，而看重现实。（　　）
（8）我一直清楚地记得教授关于选择人生的一番话。（　　）

3. 请读下面的题目并回答问题

（1）教授用什么来比喻人生的选择？
（2）人生的选择的规律是什么？
（3）人们选择颜色鲜艳的黄色水寓意是什么？
（4）人们选择颜色平淡无奇的白色水寓意是什么？

4. 请读下面的词语，然后用这些词语填空

选择	解释	演讲	追求	分别	鲜艳	人生	大部分	等于
就像	苦果	依然	味道	平淡	色素			

（1）教授准备了两杯水，里面______装着黄色和白色的液体。
（2）请你们每个人从这两杯水中______一杯尝一下儿。
（3）不管它______如何，请先不要说出来，等实验做完以后我再向大家______。
（4）一共有 120 多个同学参加了测试，其中______同学都选择了黄色的水。
（5）那杯黄色的水颜色很好看，因为我们在里面加了______。
（6）其实，人们选择自己______之路的过程，______选择两杯不同颜色的水。
（7）一旦选择了一种，就______放弃了另一种。
（8）大多数人都会选择颜色______的那杯，只有极少数人会选择颜色______无奇的、看着不起眼儿的这杯。
（9）前一种人因为过于______外观，反而往往会尝到______。
（10）这次______已经过去好多年了，但是教授的这番话我______记得很清楚。

5. 请复述文章内容

提示词语：

著名	教授	做演讲	黄色	白色	液体	选择	味道	实验	解释
黄连水	橘汁	蜂蜜水	担心	色素	人生	放弃	鲜艳	平淡无奇	
不起眼儿	追求外观	苦果	看重现实	甘甜	滋味	依然	清楚		

▣ 表达练习

1. 看图说话

提示：

描述下图，并谈谈生活中有没有类似的现象。

2. 谈谈你眼中的外在和内在

提示：

可以直接阐述外在和内在的关系，也可以举一个身边的例子来说明你的看法。

部分练习答案

第一课

请把下面的粤语句子翻译成普通话句子，然后写在横线上

(1) 点话点好喇。 怎么说就怎么是吧。
(2) 搅成点呀? 弄得怎么样了?
(3) 好似佢咁点得? 像他那样怎么行?
(4) 使乜咁紧张喎。 用不着那么紧张的。
(5) 佢行得咁快嘅! 他走得那么快呀!

第二课

请把下面的粤语句子翻译成普通话句子，然后写在横线上

(1) 有咩桥妙讲嚟听吓喇。 有什么奥妙给我讲讲吧。
(2) 揾间阔落啲嘅房先好。 找个宽敞点儿的房间才好。
(3) 你咪喺度嗌生晒! 你别在这儿瞎喊!
(4) 你行先，我跟尾。 你先走，我跟在后边。
(5) 个细路肥嘟嘟好趣致。 这个小孩儿胖胖的很讨人喜欢。

第三课

请把下面的粤语句子翻译成普通话句子，然后写在横线上

(1) 快啲都唔得? 快些可以吗?
(2) 同我攞埋。 把我的也拿来。
(3) 成个靓晒。 看着更漂亮了。
(4) 成日落雨添。 还整天下雨呢。
(5) 礼拜奉旨唔返工。 星期天照例不上班。

第四课

请把下面的粤语句子翻译成普通话句子，然后写在横线上

(1) 一丁人都冇。 一个人都没有。
(2) 截架的士回家。 打一辆出租车回家。
(3) 嗰条题目唔识做。 不会做那道题。
(4) 仲未饮完杯茶。 那杯茶还没喝完。
(5) 件衫嘅色水几好。 这件衣服的颜色挺好的。

第五课

请把下面的粤语句子翻译成普通话句子，然后写在横线上

（1）你喺处等住我返嚟。 你在这儿等着我回来。

（2）我都食过呢啲餸啊。 我也吃过这些菜呢。

（3）打嚫电话揾佢都揾唔到。 每次打电话找他都找不到。

（4）搭车罢喇。 坐车得了。

（5）佢哋都应承咗咯可。 他们也答应了，是吧？

第六课

请把下面的粤语句子翻译成普通话句子，然后写在横线上

（1）啊？咁邋遢嘅！ 啊？这么脏！

（2）长返啲就啱嘞，呵？ 呵？再长点儿就合适了，对吧？

（3）嗄？你头先讲乜嘢？ 啊？你刚才说什么？

（4）咦？你几时嚟？ 咦？你什么时候来的？

（5）哗！真系有咁大？ 嗬！真的有那么大呀？

第七课

请把下面的粤语句子翻译成普通话句子，然后写在横线上

（1）房度有人。 房间里有人。

（2）坐喺我隔篱。 坐在我旁边。

（3）住喺我隔篱。 住在我隔壁。

（4）咭片喺袋度。 名片在口袋里。

（5）喺地牢下便。 在下边的地下室里。

第八课

请把下面的粤语句子翻译成普通话句子，然后写在横线上

（1）畀三蚊过我。 给我三块钱。

（2）我行得快过你。 我走得比你快。

（3）跟住我行喇。 跟着我走吧。

（4）畀狗咬嚫。 被狗咬了。

（5）扮到好似个伯爷婆咁。 打扮得像老太太似的。

第九课

请把下面的粤语句子翻译成普通话句子，然后写在横线上

（1）唯有佢唔去。 只有他不去。

(2) 系你定系佢?　是你还是他?
(3) 一系你嚟喇。　要么你来吧。
(4) 唯有系咁喇。　只好这样了。
(5) 我同佢去。　我跟他去。

第十课

请把下面的粤语句子翻译成普通话句子，然后写在横线上

(1) 笑到揭揭声。　咯咯地笑。
(2) 揸揸声使晒啲銭。　钱哗哗地都用光了。
(3) 佢痛到呀呀声。　他疼得直哼哼。
(4) 时时沙沙落紧微雨。　沙沙地下着小雨。
(5) 卜一声个波爆咗。　扑哧一声气球爆了。

第十一课

请把下面的粤语句子翻译成普通话句子，然后写在横线上

(1) 呢个细路真系得意。　这个小孩儿真好玩儿。
(2) 唔该畀份章程睇吓。　劳驾，给我一份简章看看。
(3) 李先生喺班房度等紧你。　李先生正在教室等你。
(4) 请你试吓我啲手势。　请你试试我的手艺。
(5) 捞松唔钟意食马。　北方人不喜欢吃荸荠。

第十二课

请把下面的粤语句子翻译成普通话句子，然后写在横线上

(1) 架车扒咗头。　这辆车超过去了。
(2) 渌吓筷子。　把筷子烫一下。
(3) 笠件衫落身。　把衣服套在身上。
(4) 掺埋佢玩。　让他来一起玩儿。
(5) 你愿唔愿去吖?　你愿意去吗?

第十三课

请把下面的粤语句子翻译成普通话句子，然后写在横线上

(1) 这样点心好松化，唔似那样硬瓜瓜。　这种点心很软，不像那种那样硬邦邦的。
(2) 小丽的提包胀卜卜。　小丽的提包鼓鼓的。
(3) 你的小宝贝大大只，好搞嘢。　你的小宝贝长得很大，很好玩儿。
(4) 这个小孩眼仔碌碌，看样子就知道好醒目。　这个小孩儿眼睛转来转去的，一看就知道很聪明。
(5) 你自己浑头浑脑，做什么嘁咁口?　你自己傻乎乎的，为什么还哭丧着脸?

第十四课

请把下面的粤语句子翻译成普通话句子，然后写在横线上

（1）坐多一阵间添啦。 再多坐一会儿吧。

（2）唔该你畀多的我。 请你多给我点儿。

（3）重系食少几支烟为好。 还是少抽点儿烟比较好。/最好还是少抽点儿烟。

（4）你喺处住多两日先走啦。 你在这儿多住几天再走吧。

（5）你着少佐件衫，唔怕冻亲咩？ 你衣服穿得太少了/你少穿了一件衣服，不怕被冻坏了吗？

第十五课

请把下面的粤语句子翻译成普通话句子，然后写在横线上

（1）唔该你斟杯茶畀我先。 请你先给我倒杯茶。

（2）食啲添，咪客气。 再多吃点儿，别客气。

（3）呢块布颜色淡翻的就好喇。 这块布颜色再淡一点儿就好了。

（4）坐得远过头睇唔清楚。 坐得太远看不清楚。

（5）佢冇笑乜滞。 他没怎么笑。

（6）架车洗得干净得滞。 这辆车洗得太干净了。

第十六课

请把下面的粤语句子翻译成普通话句子，然后写在横线上

（1）边间系你住嘅？ 你住哪一间？

（2）你个仔有几大？ 你儿子多大了？

（3）而家觉得点啊？ 现在觉得怎么样啊？

（4）学到点样至算学会？ 学到什么程度算是学会啊？

（5）你点解迟到呀？ 你为什么迟到啊？

（6）唔通你中意佢？ 难道你喜欢他？

第十七课

请把下面的粤语句子翻译成普通话句子，然后写在横线上

（1）你习唔习惯？ 你习不习惯？/你习惯不习惯？

（2）呢个问题我哋重讨唔讨论呀？ 这个问题我们还讨论不讨论？

（3）你睇唔睇得见？ 你看得见看不见？

（4）你爬唔爬得上去？ 你爬得上去爬不上去？

（5）你去学校唔去？ 你去不去学校？

（6）你去佢处唔去？ 你去不去他家？

第十八课

请把下面的粤语句子翻译成普通话句子，然后写在横线上

（1）你唔使忧。 你不要担心。
（2）会重未开完。 会还没开完呢。
（3）我冇话过。 我没说过。
（4）未曾有人入去。 没有人进去过。
（5）我冇写信畀佢。 我没给他写过信。

第十九课

请把下面的粤语句子翻译成普通话句子，然后写在横线上

（1）佢要我话你知，货听日到。 他让我告诉你，货明天到。
（2）妈妈话今餐食炒粉。 妈妈说这顿吃炒米粉。
（3）人哋话食在广州。 大家都说“吃在广州”。
（4）粤语残片话斋，老窦跪仔，个仔会晕架。 粤语长片里说，爸爸给儿子下跪，儿子会晕倒的。
（5）佢话低十二点钟翻嚟。 他留下话说十二点回来。

第二十课

请把下面的粤语句子翻译成普通话句子，然后写在横线上

（1）畀三本书过你。 给过你三本书。
（2）带封信畀老师。 给老师带一封信。
（3）话个消息畀爸爸知。 把这个消息告诉爸爸。
（4）打个电话畀过佢。 给他打过一个电话。
（5）话啲嘢你知。 告诉你一件事。

第二十一课

请把下面的粤语句子翻译成普通话句子，然后写在横线上

（1）佢有留意。 他曾经留意过。
（2）我哋都有瞓觉。 我们都睡过觉了。
（3）你有冇写信？ 你写信了没有？/你写没写信？
（4）佢有冇食饭呀？ 他吃饭了没有？/他吃没吃饭？
（5）你有冇答应佢？ 你答应他了没有？/你答没答应他？

第二十二课

请把下面的粤语句子翻译成普通话句子，然后写在横线上

（1）你打我唔赢。 你打不过我。/你打不赢我。

（2）我讲你唔掂。 我说不过你。
（3）我避佢唔开。 我躲不开他。
（4）边个都叫佢唔嘟。 谁都叫不动他。
（5）点都打佢唔烂。 怎么打也打不坏（它）。

第二十三课

请把下面的粤语句子翻译成普通话句子，然后写在横线上

（1）细佬肥过大佬。 弟弟比哥哥胖。
（2）男仔高过女仔。 男孩儿比女孩儿高。
（3）今日暖过琴日。 今天比昨天暖和。
（4）边个叻得过我？ 谁会比我更聪明？
（5）我仲瞓得过你。 我比你还能睡。

第二十四课

请把下面的粤语句子翻译成普通话句子，然后写在横线上

（1）咁样好做得多。 这样更好做。/这样好做得多。
（2）咁又唔同得多。 这就更不一样了。
（3）佢跳舞同老杨一样咁好。 她跳舞跳得跟老杨一样（那么）好。
（4）午餐同晚餐咁上下啦。 午饭跟晚饭差不多吧。
（5）个样亦回复返同以前差唔多嘞。 样子也恢复得跟以前差不多了。

第二十五课

（一）短文一

2. 请读下面的题目并回答问题

（1）教授准备了什么？ 两杯分别装着黄色和白色的水。
（2）教授有几个要求？ 两个。
（3）教授的第一个要求是什么？ 每个人选择一杯水尝一下。
（4）教授的第二个要求是什么？ 尝出的味道先不要说出来。
（5）教授什么时候才能作答？ 实验做完后。

（二）短文二

2. 请读下面的题目并回答问题

（1）接着，教授先问了几个同学？他们选择喝什么颜色的水？
两个同学，他们都选择喝黄色水。
（2）教授又问了第几个同学？他们选择喝什么水？
第三个、第四个同学，他们也选择喝黄色水。
（3）有多少人参加了这次实验？选择黄色水的人占多少？
有 120 多个同学参加了这次试验，大约四分之三的同学选择了黄色水。

（三）短文三

2. 请读下面的题目并回答问题

（1）实验结束后，教授做了什么？ 问了喝不同水的同学的感受。
（2）喝黄色水的同学认为水味道怎么样？ 认为水实在太苦了。
（3）喝白色水的同学认为水味道怎么样？ 好喝、很甜。
（4）教授告诉同学们黄色的水为什么苦？ 因为是黄连水。
（5）教授告诉同学们白色的水为什么甜？ 因为是蜂蜜水。
（6）四分之三的同学为什么选择黄色水？ 因为看起来像橘汁。
（7）四分之一的同学为什么选择白色水？ 因为担心黄色水里加了色素。

（四）短文四

2. 请读下面的题目并回答问题

（1）教授用什么来比喻人生？
用选择黄色水和白色水来比喻人生。
（2）人生的选择的规律是什么？
一旦选择了一种，就等于放弃了另一种。
（3）人们选择颜色鲜艳的黄色水寓意什么？结果是什么？
过于追求外观，往往会尝到苦果。
（4）人们选择颜色平淡无奇的白色水寓意什么？结果是什么？
并不看重外观，而看重现实，反而能尝到甘甜的滋味。

（四）短文五

2. 请读下面的题目并回答问题

（1）最近我们学校请来一位著名的物理学教授来做演讲。（×）
（2）在演讲中，教授做了一个让同学选择水尝味道的实验。（√）
（3）其中有四分之一的人选择了黄色水，四分之三的人选择了白色水。（×）
（4）黄色水很苦，是黄连水；白色水很甜，是蜂蜜水。（√）
（5）选黄色水的同学是因为黄色水像橘汁，选白色水的同学是因为白色水没加色素。（√）
（6）教授是想用这个实验来说明人生的选择与水的选择是一样的。（×）
（7）选择黄色水追求的是外观，选择白色水不看重外表，而看重现实。（√）
（8）我一直清楚地记着教授关于选择人生的一番话。（√）

3. 请读下面的题目并回答问题

（1）教授用什么来比喻人生的选择？
两杯不同颜色的水。
（2）人生的选择的规律是什么？
一旦选择了一种，就等于放弃了另一种。

（3）人们选择颜色鲜艳的黄色水寓意着什么？
过于追求外观，反而往往会尝到苦果。

（4）人们选择颜色平淡无奇的白色水寓意着什么？
看重现实，能尝到甘甜的滋味。

4. 请读下面的词语，然后用这些词语填空

（1）教授准备了两杯水，里面＿分别＿装着黄色和白色的液体。
（2）请你们每个人从这两杯水中＿选择＿一杯尝一下儿。
（3）不管它＿味道＿如何，请先不要说出来，等实验做完以后我再向大家解释。
（4）一共有120多个同学参加了测试，其中＿大部分＿同学都选择了黄色的水。
（5）那杯黄色的水颜色很好看，因为我们在里面加了＿色素＿。
（6）其实，人们选择自己＿人生＿之路的过程，＿就像＿选择两杯不同颜色的水。
（7）一旦选择了一种，就＿等于＿放弃了另一种。
（8）大多数人都会选择颜色＿鲜艳＿的那杯，只有极少数人会选择颜色＿平淡＿无奇的、看着不起眼的这杯。
（9）前一种人因为过于＿追求＿外观，反而往往会尝到＿苦果＿。
（10）这次＿演讲＿已经过去好多年了，但是教授的这番话我＿依然＿记得很清楚。